洪學兄仕翰先生雅正！

哂

區志堅 謹上

二〇一四年十月

北學南移

港台文史哲溯源

（學人卷I）

鮑紹霖・黃兆強・區志堅——主編

序 「北學南移」學術研討會之緣起及規劃

新亞研究所所長
廖伯源

一

　　香港新亞研究所、香港樹仁大學歷史系、國立中央大學中國文學系合辦「北學南移」學術研討會，將於二○一三年八月廿九－卅一日三天，假香港樹仁大學及新亞研究所舉行。

　　一九四九年，中國大陸政權轉移，馬列共黨當道。不少學者避居香港、臺灣，憂心中國傳統文化之衰落以至滅絕，故辦學興教，宣揚傳統中國文化，傳道授業，培植中華文化之靈根，此為新亞書院與新亞研究所建立之背景。此二機構所聚集之新亞學人，以溫情與敬意研究中國傳統典籍與文化，並反思近世中國之困厄，求索中國文化之出路。此輩學人，指出中國文化對世界文化之發展，必有重大之貢獻。此學術思潮之發展，乃有日後「當代新儒家」之名目。

二

　　民國以來，中國人文科學及社會科學之發展，深受西方學術影響而日趨現代化。一九四九年之變動，避居香港、臺灣之學者言傳身教，造就人才；今日香港、臺灣之人文學者，多為當日自北南來學人之弟子或再傳三傳弟子，此兩地之學術發展，實繼承一九四九年以前大陸之學術基礎而發揚光大。反之，一九四九年後之大陸地區，以政治掛帥，政治領導一切，學術為政治服務，數十年間，文史哲及社會科學等皆不得自由發展，停頓枯萎，至八十年代改革開放始逐漸復甦。一九四九年之變動，對香港、臺

灣學術界而言，可謂「北學南來」，而對整個中國學術界而言，則是「北學南移」，實為二十世紀中國學術史之重大事件。

三

數年前，新亞研究所在臺灣之校友茶聚，臺南成功大學歷史系系主任鄭永常教授語及：一九五〇年代，不少來自大陸之學人在香港創辦學校，傳道授業，此事件為香港教育文化史之大事；而研究南來學者之生平學術及其創辦之文化機構，意義重大云云。我有同感。二〇一一年秋，我回母校新亞研究所服務，熟悉工作數月後，遂提出於二〇一三年暑期舉辦「北學南移」學術研討會之計劃。

四

錢穆先生於一九五三年創辦新亞研究所，為新亞書院之附屬機構，蓋為培養中國文史哲學科之大學師資。二〇一三年為新亞研究所成立六十周年，故研究所計劃舉辦「北學南移」學術研討會，作為六十周年所慶系列活動之一。新亞研究所自一九七四年脫離新亞書院後，接受臺灣教育部資助，招收碩士研究生不斷，一九八一年更增辦博士班。一九九七年後，來自臺灣之資助減少，二〇〇三年更完全斷絕。此後，新亞研究所惟賴學生之學費經營，不足之數，則依賴新亞教育文化會之基金挹注支持。然基金數量甚小，僅用作支持教學營運之必要開銷，研討會乃額外籌辦之事項，實不宜動用基金。故初步構想，研討會之講員與聽眾，皆以新亞研究所之校友為主，就「北學南移」之題目，舉辦若干場演講及座談會，地點在本所之誠明堂，不需費用，而達到研討學術之目的。

五

此構想揭露之後，臺灣國立中央大學中國文學系及香港樹仁大學歷史系，皆有意合辦此研討會。中央大學中國文學系系主任楊祖漢教授為本所校友，謂該校有研究基金，可以資助中文系及哲學系約十餘位教授來港參加會議之旅費及住宿費，會後如出版論文集，該校可按出席人數之比例攤

付出版費。樹仁大學歷史系副系主任羅永生教授謂該系原有研究「新亞研究所所史」之計劃，而樹仁大學亦可提供研討會之會場及外地學者之住宿客房。經三方會議，決定由三方共同組織籌備委員會，合辦「北學南移」學術研討會。

　　「北學南移」學術研討會以廖伯源、楊祖漢、羅永生、黃兆強、張偉國、鄭永常、李啟文、區志堅為籌備委員，規劃籌備會議。「北學南移」學術研討會，研討之子題如下：　南來學者之生平與學術。　南來學者之教育文化事業。　「當代新儒家」之思潮。　新亞書院與新亞研究所之歷史。　新亞研究所校友及各方學者有意參與「北學南移」學術研討會者甚眾，其中五十四位將於會議中宣讀論文。

六

　　「北學南移」學術研討會之議程規劃，請參看：
newasiaiacs.wordpress.com

＊RH2290

序

中央大學中國文學系
楊祖漢

　　廖伯源兄接掌新亞研究所之初，便提議舉辦學術會議，以慶祝新亞研究所成立六十週年，會議的名稱從「北學南來」，改為「北學南移」，大概是用錢穆先生《國史大綱》中所說「中國文化經濟重心的南移」之意。的確，一九四九年中共政權成立，此後之三十年是中國傳統文化備受摧殘的時代，而香港、台灣則成為有幸逃離大陸的中國知識份子托命之地，如果沒有港台學人的艱苦奮鬥，中國文化能否像現在於神州大陸有再起的機運，是誰也不敢肯定的。從此意來看，北學南移，或中國文化的重心在一九四九年之後的三十年，已經移到港台，是說得通的。而且即使是開放改革了三十多年的現在，中國大陸是否已恢復作為中國文化的中心的地位，還是令人懷疑的。如果沒有真心肯定傳統的中國文化，不肯定儒學是中國文化的骨幹，而且進一步順著儒家內聖外王的理想，開出民主、法治的精神，傳統的中國文化精神便不能真正的在現在的中國土地上昂首挺立。故如何使現代的中國真正體現中國文化，表現從古到今一直都存在的活的中國文化精神，是往聖先賢的共同願望。儒道佛三教及中國的傳統史學、文學與藝術的精神，都表現了高度的理性與智慧，那裡有以理性的精神為內容的文化思想會反對民主、法治與科學？如果中國文化的重心真正回到大陸上，則海外的中國知識份子所堅持的文化理想、人文精神必須在大陸上重新作主，不然此一北學南移的趨勢不會停止。

　　這次會議得到香港樹仁大學歷史系參與主辦，使得遠來的學者能夠順利出席會議，做了深度的學術交流。對於樹仁大學，尤其是該校歷史系的仗義幫忙，吾人十分欽佩與感激。國立中央大學香港研究中心為了支持此一會議，在經濟拮据的情況下，仍支持了中央中文系及哲研所的師生七人

參加，又提供了會議印製論文及一些雜支的費用，我們對香港研究中心的
主持人李誠教授，特表謝意。

編者序

編輯

鮑紹霖、黃兆強、區志堅

　　香港學術文化的特色既傳承自中國傳統文化，又吸收西方文化，漸漸形成一種東西文化交融的特色。從香港的新界祠堂及學塾，已見香港蘊藏的中國文化乃傳承自中國內地，隨很多學者相繼自內地遷往香港，進一步把中國傳統文化廣披香江；另一方面，自清末、民初，中國出現的新文化、新學術、新史學和新思潮，及後也隨學人南下，更把新文化與傳統文化流播香港、澳門、臺灣及東南亞等地，南下的中國傳統文化，又與香港的歷史文化相融合，也因南下學人執教港、臺等地高等院校，把學術靈根繁殖香港，培育年青一代學者，「北學南移」成為一時精神的重要特色。同時，隨早前南下的當代學人，如錢穆、唐君毅、牟宗三、徐復觀、牟潤孫、全漢昇、嚴耕望、王德昭、郭廷以、余英時等學者的著述，相繼在中國內地重新出版，使早前在港、臺的學術研究成果及觀點，得以傳返內地，故有學者提倡「南學北移」之論。談及一九四九年初「北學南移」對香港、臺等地的影響，不可不注意新亞研究所及整個新亞文化事業的發展，新亞研究所及新亞書院更是當代新儒家發展的基地，新儒家學人首先在新亞相聚，結合成量，其後更成為影響海外的鵝湖學派，新儒家學脈得以廣傳海外，新亞研究所及新亞書院，極具貢獻！今天處在二十一世紀的開端，相信是一個重要的時刻，為學界提供一個討論平台，總結上世紀「北學南移」的學風，正值二〇一三年為新亞研究所成立六十周年，故研究所計劃舉辦「北學南移」學術研討會，作為六十周年所慶系列活動之一，因感新亞學人不獨對香港的歷史文化教育貢獻甚大，畢業生日後均任教海內外的高等院校，也於國內外延續新亞辦學精神，居功至偉！香港樹仁大學歷史也是以推動歷史文化教育為己任，更深刻地感受到新亞辦學精神對啟導香港文化教育的重要，自是義不容辭地與新亞研究所，及臺灣的

中央大學文學院於二〇一三年八月二十九日至三十一日，合辦「北學南移國際學術研討會」。

是次研討會得到中國內地、港、臺及海外學者參加盛會，惠賜鴻文，在此謹代表大會先向各位與會者致以衷心感謝，更代表大會向新亞研究所及中央大學文學院，感謝給予合辦是次研討會的機會，因為各人的努力，使是次研討會得以順利舉行。在是次研討會之後，各位與會者均贊成出版論文集，保存是次研究成果。有關是次論文集內各位學者的觀點，現概括如下：

其一，通論及宏觀北學南移發展的論文，多述及一九四九年前後中國學者及學風自北方遷往香港及臺灣的流播情況。呂芳上（中央研究院近代史研究所、國史館）在〈「文化跨海」：戰後初期臺灣學術與文化走向─以許壽裳、傅斯年領導的機構為例〉一文，研究一九四五年八月中國戰勝日本，隨著臺灣光復，中華民國政府接收臺灣，民國政制及文化跨海而往臺灣，許壽裳受命創辦臺灣編譯館，使中華文化在臺灣廣播，至一九四九年國民黨與蔣介石遷臺，臺灣成為民國政府托命所寄，中國文化也以完全不同於中國大陸的命運而延續，傅斯年也於此時主持臺大，傅氏辦學既上承日人辦學的傳統，也具有五四以來學術自由、教育獨立精神，此文尤可以呈現臺灣在二次大戰後，文化與政治的互動關聯下，重塑臺灣社會文化的面貌。李瑞全（中央大學哲學研究所）在〈當代新儒家之課題與發展：論唐君毅、牟宗三、徐復觀三先生之學思方向〉，指出唐君毅、牟宗三、徐復觀三位先賢從中國大陸撤走至港、臺時，正值四十的壯年，唐、牟二先生在哲學界早具名聲，他們視港、臺為暫避戰亂之地，牟先生曾慨歎是否要遠走新加坡，存中國學脈於海外，然而他們對發揚中國文化，歸宗儒家，樹立心懷宇宙的典範，均具貢獻！廖伯源（新亞研究所）在〈錢穆先生與新亞研究所〉一文，宏觀地研究過去新亞書院及新亞研究所的發展，突出五十年代南來學人如錢穆先生、唐君毅先生等學者，任教新亞書院及新亞研究所的情況，並研究錢先生帶領下，新亞學人的凝聚、南來學人治學方法、新亞的課程設計、學人培養，與學風形成的關係。陳學然（香港城市大學中文及歷史學系）發表〈從「失養於祖國」到「被逼回歸」：南來與本土論述中的香港變貌〉，從域外殖民者、南來香港的文化人與作家，本土論述中的文學作品與評論等，觀察香港從過去到現在的歷史身份塑造問題，及自我認同趨向問題，展示一個從早期「失養於祖國」的「壓

抑」到回歸前後「被逼回歸」的「反抗壓抑」思想發展脈絡，進而反思目前香港的定位與走向。劉建平（西南大學文學院）在〈當代新儒學的「西遷」與「南移」〉一文，指出當代新儒家的「西遷」和「南移」為二十世紀的重要事情，「西遷」的新儒家「價值闡發」也為「南移」後新儒家的「價值重構」，確立理論及思想基礎。

　　其二，也有論文研究自北方南下學人及作品對地域學風的影響。趙雨樂（香港公開大學人文社會科學院）發表〈北學南來的地域文化反思─談1927年的《魯迅在廣東》〉一文，指出一九二〇年代中期，魯迅成為新文學陣營的代表人物，因魯迅嚴屬批評北京腐敗政治人物，致有南下廈門大學及中山大學之舉，此文研究一九二七年鍾敬文編《魯迅在廣東》內多篇論文，以見南北地緣與新舊學問的觀念分歧，和近代中國在轉折期內微妙的學術變化。許振興（香港大學中文學院）在〈北學南移與香港大學〉研究二次大戰後香港為不少學人避地南來的駐足點，香港大學的中文系與東方文化研究院成為戰後其中一批南來學者的匯聚地，他們的貢獻為戰後復校的香港大學中文系確立發展基礎。姚繼斌（香港教育學院社會科學系）的〈南來學者與國史教育：以1950年前後香港教師會出版刊物為中心〉一文，指出香港教師會創辦於一九三四年，為早期香港的重要教師組織，此會於一九五〇年前後出版刊物 *Common Room-Monthy Magazine of the Hong Kong Teachers'Association* 和 *The Path of Learning-The Journal of the Hong Kong Teachers'Association*，此兩份刊物為南來學者及教育工作者，提供發表歷史教育論文的園地，他們的言論對國史及文化教育均甚有影響。鄭永常、范棋崴（成功大學歷史系）在〈戰後（1950-1997）香港私立研究所對學術人才培育之貢獻〉中，指出一九四九年，中國內地出現了大規模的政治運動及經濟困難，不少來自內地高等院校，相繼在香港復校，有些學者更認為七、八十年代香港仍有十三間私立高等院校，而且不少私立高等院校在臺灣教育部立案，又擴建發展研究所，自過去至今，香港一地的私立高等院校均為培養港、臺二地人才的重要地方。區志堅（香港樹仁大學歷史系）發表〈非僅指的是吃苦奮鬥─從《新亞校刊》看五十年代「新亞精神」的實踐〉一文，指出新亞創校精神及辦學宗旨，既指示新亞辦學團體的發展方向，而且師生在校園生活也實踐新亞精神，作者研究一九五二至五七年新亞知識群體出版《新亞校刊》，尤注意此刊物記載新亞師生的生活，引證新亞師生不獨過著「吃苦奮鬥」的生活，更在生活中實踐了

「新亞精神」及推動中國文化教育的活動，還有，在《新亞校刊》發表文章的年青人，不少成為影響港、臺等地的重要學人。

　　當然也有學者發表一九四九年後，隨北學南移之風，對臺灣歷史文化教育的影響。李元皓（中央大學中國文學系）在〈從北京到臺北—京劇《硃砂痣》演出變遷考略〉一文，表述了《硃砂痣》首見於一八八七年代刊行的京劇劇本集《庶幾堂今樂》，《硃砂痣》後為京劇後三傑的常演劇目，並為孫菊仙「孫派」的代表作，及至一九五〇年代孫派風格僅保留在臺灣，成為僅存的孫派完整全劇錄音的資料之一。侯勵英（香港教育學院文學及文化學系）的〈陶鑄後進：郭廷以與學生的學術承傳〉表述一九四九年前，已就讀東南大學及任教中央大學歷史系的郭廷以，其後隨國府遷臺，任教國立師範大學歷史系和任職中央研究院近代史研究所首任所長，郭氏致力培育臺灣史學的發展，尤注意為研究近代史學人才的培訓工作和建立近代史學研究的學術制度，確立下中研院近史所為臺灣和國際學術界的重要地位。

　　其三，談及學術自北南移，要注意學風傳承與創新的研究課題，這樣便要研究個別學人的治學觀點。

　　新亞知識群體在香港辦學，日後也使香港成為宏揚新儒家思想的中心，促使香港歷史文化在國際學術上，扮演了一個把傳統文化植根香江，又把香港成為中外文化交流的要地，這樣必要談及學人治學觀點和其研究方法，與塑造一代學風的關係。研究新亞學人的文章，有徐國利（安徽大學歷史系）的〈錢穆新史學理論的創建及其與傳統史學的關係〉一文，研究錢穆先生在一九三六至三七年發表〈論近代中國新史學之創造〉等四篇文章，其後也發表多篇文章闡述歷史的本質及特性，錢氏倡導的新史學既有傳統史學的因素，也呼應民國新史學界提出的觀點。陳勇（上海大學歷史系）在〈錢穆與港臺新儒家交往述略〉表述新亞書院創辦人錢穆先生與港臺新儒家代表人物唐君毅、徐復觀等學人的交往，和他們對文化關懷，考察一九四五年錢氏拒簽〈為中國文化敬告世界人士宣言〉的原因，並分析錢氏與當代新儒家治學理念及思想相異之處。宋敘五（新亞研究所）在〈一九四九年前後，北學南移潮流中的張丕介先生與楊汝梅先生〉以兩人合傳的方式，把張丕介先生及楊汝梅先生合傳，並述二位先生在南下香港之前的成就，同時，也談及二氏來港後對香港社會及發揚新亞文化的貢獻。李學銘（新亞研究所）在〈牟潤孫先生與「南來」之學〉一文，研究

牟潤孫先生治史的觀點與陳垣先生及柯劭忞先生的淵源，並述及牟先生秉承師教，以北方所學，南下香江教導學生，使北學南下，又略述牟先生為香港培育史學人才的貢獻。梁耀強（新亞研究所）在〈羅夢冊教授—站在二十世紀中途　論析中國社會形態〉研究青年時的羅夢冊先生，已致力推動中國新文學運動，三十年代的羅先生更研究中外法制，四十年代的羅氏更成為「主流社」的領導者，並撰述《福利宣言》，而居港後的羅先生籌辦《主流》雜誌，致力推動民主政治教育。官德祥（新亞研究所）發表的〈我印象中的嚴耕望教授〉一文，記述了作者受學嚴耕望先生的情況，也闡述嚴先生研究中國史的精義，此文對了解嚴先生治學風貌及精神，甚有幫助。

　　還有，研究新儒家學者的文章，有盧雪崑（新亞研究所）的〈關於「天理人欲，同行而異情」的哲學解釋〉闡述朱子提出「蓋必其有以盡夫天理之極，而無一毫人欲之私也」的觀點，並從牟宗三先生提出的觀點，作進一步的引伸。韓曉華（新亞研究所）在〈論牟宗三先生對王塘南「透性研幾」的詮釋〉一文，先指出牟先生曾評論黃宗羲對王塘南詮釋「良知」是「最為諦當」的說法，再依此研究牟先生對王塘南「透性研幾」的定位，從而得見牟先生判語的真知灼見。何一（宜賓學院政府管理學院）發表〈北學南移：現代新儒家的遺民情結及其價值—以唐君毅為例〉一文，指出唐君毅先生為新儒家的代表人物，表現在清理傳統文化，繼續傳統文化的價值及實踐，保持了華人世界東西文化生態的平衡，保留了公共知識份子的存在及中國傳統文化的價值。岑詠芳（Institut des Hautes Etudes Chinoises, Collège de France）在〈唐君毅及牟宗三兩位先生對《楞伽經》中如來藏思想的詮釋〉一文，表述作者以個人受學於唐、牟二先生的經歷，又引用二位先生的著作，得見二氏詮釋《楞伽經》中如來藏思想的相異處。楊祖漢（中央大學文學院）發表〈牟宗三先生對宋明理學的詮釋〉一文，認為牟宗三先生對朱子學的衡定，可以作出微調，作者更認為從康德與朱子，孟子與陸王二種學術系統，既可以會通，也是儒學發展的兩個不可少的義理型態。蔡家和（東海大學哲學系）的〈唐君毅對船山「心性理氣」概念之闡發—以《中國哲學原論・原教篇》為例〉指出唐君毅先生於《原教篇》闡述船山學的理、氣、心、性、才、太極等概念，又認為先生的船山學，是準確而能合於船山的本意。周國良（香港樹仁大學中國語言文學系）發表〈從「實現之理」及「形構之理」論牟宗三先生及

唐君毅先生對中西形上學之了解與會通〉，認為唐君毅先生及牟宗三先生曾在著述中用過一對概念：「實現之理」、「形構之理」，二氏均顯示中國與西方對形上學的「本體論」與「宇宙論」的了解及詮釋，在性格及形態上的區別。賴柯助（中央大學哲學研究所）的〈以「心具眾理」作為詮釋「心」之意涵的起點：不同於牟宗三的「詮釋進路轉向」探究〉表述牟宗三先生以「心之知覺」作為「心具眾理」的先決條件之詮釋進路，牟先生更能清楚及廣泛詮釋朱子的文獻。周栢喬（港專社會科學研究中心）在〈牟宗三的生命與學問〉先述及牟宗三先生的主要學術貢獻，再述及牟先生相信生命有其活力，須要調適，而且不滿足於達己，也在達人的觀點，最後述及牟先生一生堅決反對的事情。呂銘崴（中央大學中國文學研究所）在〈朱子讀書法的工夫進路—以唐君毅的朱子學詮釋為考察〉認為唐君毅先生及牟宗三先生，二氏理解朱子言心的意義，均有不同。楊俊強（新亞研究所）在〈錢穆、唐君毅、牟宗三先生對惠施歷物學說析論之比較〉先研究先秦名家代表惠施倡「歷物之意」，又比較錢穆、牟宗三、唐君毅，三位先生析論惠施學說的異同。何仁富（浙江傳媒學院生命學與生命教育研究所）在〈從錢穆、唐君毅釋「誠明」看新亞的教育理想〉指出錢穆先生及唐君毅先生闡釋新亞書院校訓「誠明」觀點的相異處，從而可知「誠明」雖為新亞人提供有性情的教育人生目標，由是以此解釋當新亞教育理想面臨挑戰時，錢先生可以「理性」地離開，唐先生則用自己的全副生命引證「真理」的行為。黃兆強（東吳大學歷史學系）發表〈徐復觀與毛澤東之接觸及對話〉一文，指出徐復觀先生治史，多述研究歷史要宏揚道德心的觀點，而徐先生批判毛澤東的觀點，是具有史學、史德、史心及史才的治史特色。楊自平（中央大學中國文學系）在〈徐復觀論《易》析論〉一文，探討徐復觀先生闡述《易》學的要義，並確立《易》學在現代的地位，作者也指出徐氏治《易》是回應了同時代古史辨派的觀點。容啟聰（香港理工大學中國文化學系）在〈民主社會主義、儒學傳統與現代化：張君勱晚年政治思想研究（1949-1969）〉一文，研究張君勱先生於一九四九年後在美國的政治活動及著作，以見張氏晚年對民主社會主義和儒家傳統的看法，及其對儒家傳統與中國現代化關係的觀點。

　　也有學者從追源溯流的觀點，研究新儒家的論文，尤注意研究一九四九年新儒家學者提出的觀點，對後世的啟發。吳明（新亞研究所）在〈論賀麟新心學及對辯證法唯物論之批判—〈唯心論與現代中國哲學〉

節錄〉分析賀麟〈近代唯心簡釋〉的要，並述及賀麟自我否定及自我竄改的問題。許剛（華中師範大學國學院）在〈獨步古今，自證體用，平章華梵，對話中西—熊十力先生「欲為」之作中的學術旨趣與文化理念〉表述熊十力先生對中西哲學、道德文化的關注，更以心性體悟中國文化的重要性，熊氏提出的觀點，對日後新儒家治學影響甚大。區永超（復旦大學）在〈馬一浮詩學：從徐復觀先生所藏「馬一浮遺墨《詩人四德》」論「北學南移」〉研究馬一浮先生倡導「詩人四德」的觀點，及此觀點被香港學界的接受情形，從而探討一九四九年政治轉變、人物遷徙與香港學術發展的互動因緣。

　　當然，也有學者研究除了新亞學人及新儒家以外，其他南來學人的治學特色。蕭國健（珠海書院中國文學系）在〈羅香林教授及其香港前代史研究〉，指出先後任教香港大學中文系及香港珠海書院文學院的羅香林先生，對香港史、香港宗教文化史的教研工作，貢獻甚多！文中更闡述羅先生的治史特色。李宜學（中央大學中國文學系）在〈論葉嘉瑩閱讀李商隱詩的三次視野改變—審美、感覺的閱讀〉一文，論及葉嘉瑩先生一生的學術事業，尤注意葉嘉瑩鍾愛李商隱詩，作者便以李先生研究李商隱詩的三個階段，及分析在不同階段視野轉變的原因、內涵，及其體現詩學意義。胡春惠（珠海學院文學院）發表〈南流臺灣的鄒文海景蘇先生〉一文，研究自北方南流往臺灣的學者鄒文海先生，表述了鄒先生的治學思想、心志及行事，更述及鄒先生開拓臺灣學風的貢獻。張文偉（聖公會鄧肇堅中學）發表〈融貫耶儒，交匯中西的教育思想與實踐：以何世明法政牧師的文化教育事工為例〉一文，研究何世明法政牧師的教育思想及實踐工作，並指出何氏對教會中的牧養及教導，融貫神學的探討，致力於建立國學化神學，及對香港聖公會發展的貢獻。侯杰（南開大學歷史學院）在〈倓虛法師與北學南移—以《影塵回憶錄》和《香港佛教‧倓虛大師追思錄》為中心〉中，倓虛大師為近代中國著名三虛之一，於一九四九年法師應香港佛教界的邀請，與弟子十多人南下香港弘法，作者以倓虛法師口述，弟子大光記述的《影塵回憶錄》及其他相關文獻，以見佛學自北學南移進程中，法師的心路歷程。

　　誠然，本論文集主要從縱、橫兩方面，研究一九四九年前後，學風自北方南下粵港及臺灣的情況，更關注一代學風的形成與學人生活和治學觀點，及每一時代的政治文化之互動關係，同時，為求深入了解各學者處

於世變時之所思所想，由是作者也發表專題論文，研究各位學者及先賢的治學思想、特色及其建立一個時代學風的貢獻。本論文集的各位編輯，深信學術研究成果得以推陳出新，必然是建基在前人研究成果之上，這就是「傳承與創新」的成效，並寄望本論文集的出版，能帶動學界多注意「北學南移」的課題，藉闡發前賢學人的治學及行事特色，以為後學所效法。又是次研討會得以舉辦成功及本論文集可以順利出版，除了有賴新亞研究所、中央大學中國文學系及香港樹仁大學歷史系的研究生和行政人員的協助外，特別感謝李學銘教授、李啟文博士給予寶貴意見，郭泳希先生、禤駿生先生協助校正文稿，更感謝秀威出版社編輯蔡登山先生及秀威出版社的出版團隊，答允及協助出版本論文集，也要感謝兩位評審人評論本論文集各篇論文，當然，尤為重要者，是感謝參加「北學南移國際學術研討會」的各位學者，及在研討會後，惠賜修改文稿，並予以出版的各位學友，沒有以上學術機構，各位行政人員及各位學者的支持及鼓勵，本論文集不能順利出版，謹此致以衷心感謝！

編輯　鮑紹霖、黃兆強、區志堅　謹識

二〇一四年九月三十日

學人卷I　目次

卷 I

學人

第一章 錢穆新史學理論的創建及其與傳統史學的關係*

安徽大學歷史系
徐國利

如何認識中國近現代新史學的創建及與傳統史學的關係，是中國近現代史學界的根本問題之一。20世紀上半葉，許多中國史學家從不同的文化立場和史學視角進行了大量的理論和實踐探索，其中，中國現代著名史家錢穆所做了貢獻尤其重要和顯著。他在20世紀三、四十年代逐步創建起新史學理論體系。錢穆新史學理論的創建萌發於20世紀30年代初到北京大學任教後。學生回憶說，錢穆在西南聯大上課時曾說，自己研究中國通史，「是從『九一八』事變後開始的，就是要探究我們國家民族還有沒有希望。」[1]此後，日寇侵華不斷加劇所導致的民族危機愈益深重，更讓他感到全面研究中國歷史文化的緊迫性。1933年秋，他被北大聘請單獨教授中國通史。1934年，他以公沙為筆名撰文指出：

> 今又值曠古未有之新局，民族存亡絕續之交，新舊之嬗遞，方不知蛻獲之所屆。鑒古知今，端賴歷史。……今日所急需者，厥為一種簡要而有系統之通史，與國人以一種對於已往大體明晰之認識，為進而治本國政治社會文化學術種種學問樹其基礎。尤當為解決當前種種問題提供以活潑新鮮之刺激。[2]

* 項目資助：1，《多維視角下傳統史學與中國現代新史學關係研究》（12BZS002），國家社科基金一般項目。2，《傳統史學與中國現代史學轉型關係研究》，安徽大學首批傑出青年科學研究培養基金（2010年）。
[1] 吳沛瀾：〈憶賓四師〉，江蘇省無錫縣政協編：《錢穆紀念文集》（上海：上海人民出版社，1992年），頁52。
[2] 公沙：《評夏曾佑先生所著〈中國古代史〉》，《圖書季刊》第1卷第2期（1934年6月）。

　　1936年9月至1937年1月，錢穆在《中央日報》連續發表〈論近代中國新史學之創造〉等4篇文章，首次明確和較系統地闡述了新史學理論。[3]1939年，其《國史大綱》「引論」在《中央日報》發表，該文結合中國通史研究與撰述，對新史學的性質、內容、方法和價值做了系統和深入的闡述。1943年，他撰寫〈中國今日所需要之新史學與新史學家〉一文，從歷史哲學的高度論述了中國現代所需新史學的本質特徵和新史家應具備的基本素質。至此，錢穆基本構建起一個比較完整和系統的新史學理論體系。[4]此外，他還在此前及同時期的其它著述中對新史學各方面的內容做過不同程度的闡述。錢穆新史學理論的創建固然吸收了近現代諸多新史學的理論與方法，但是，核心思想是對中國傳統史學的繼承和發展，價值取向亦是期望建立具有傳統史學精神和文化特徵的中國現代新史學。學術界對錢穆新史學理論的創建及其與傳統史學的關係研究頗少，故，拙文擬對此做初步探討和評析。[5]文章的前五部分對錢穆新史學理論的基本內容、主張及其歷史哲學依據加以介紹和評述，第六部分對其新史學與傳統史學的關

---

[3]　這4篇文章後來被錢穆集為〈略論治史方法〉一文，收於錢穆《中國歷史研究法》一書的「附錄」。

[4]　20世紀50年代以後，錢穆撰寫了大量著述，對中國傳統史學的內容和精神、中國傳統史學與中國文化的關係、中西史學比較等做了系統論述，使其新史學思想愈加完善和豐滿。（參見拙著《錢穆史學思想研究》下篇《錢穆的人文主義生命史學觀》的相關內容，臺北：臺灣商務印書館2004年版。）

[5]　史學界的相關研究主要有：1.王晴佳《錢穆與新史學之離合關係，1902-1950》（國學資訊／理論觀點／，網址：http://news.guoxue.com/article.php?articleid=16317）。此文所說新史學是指中國現代科學史學，主要探討了20世紀30年代前後錢穆與以顧頡剛、胡適、傅斯年等疑古史學、史料學派及其史家的交往與史學思想離合關係，對錢穆新史學理論的基本內容及與傳統史學的關係未加探討。此文原題《錢穆與科學史學之離合關係：1926-1950》，《台大歷史學報》第26期。2.劉巍《抗戰期間錢穆所致力的「新史學」——以〈國史大綱〉為中心的探討》（中國社會科學院近代史研究所編《中國社會科學院近代史研究所青年學術論壇2001年卷》）。此文圍繞《國史大綱》揭示錢穆新史學創立的背景和內涵等，探討了錢穆史學的類型、旨趣、個性及在近代學術思想史上的地位；但是，沒有明確和系統論及錢穆新史學的創建及其傳統史學的關係。3.拙著《錢穆史學思想研究》對錢穆史學思想的形成、發展過程和錢穆人文主義生命史學觀的基本內容做了詳盡敘述和分析，諸多內容涉及該問題，但未做專門和系統的探討。

在當代新儒學界，有學者將錢穆的「新史學」歸入中國現代新儒學來論述，但多缺乏系統性。如，向世陵說，20世紀20-40年代，梁漱溟的「新孔學」、熊十力的「新唯識學」、馬一浮的「新經學」、張君勱的「新宋學」、馮友蘭的「新理學」、賀麟的「新心學」、錢穆的「新史學」和張岱年的「新氣學」等蔚為大觀，一起構成了「大陸新儒學」。（向世陵主編《理學與現代新儒學》，長春：長春出版社2011年版，第22頁。）羅義俊（《論〈國史大綱〉與當代新儒學——略及錢賓四先生史學的特性與意義》《史林》1992年第4期）一文指出，此書體現的史學思想已經展現其新儒家思想，「亦是錢穆先生的新儒學（意義）的主要代表作」。

係進行探討和分析，餘論部分則對錢穆新史學理論及其實踐的本質和在中國現代史學發展史上的意義加以分析和評判。

一、歷史的文化生命性與歷史的通貫研究

　　史學家的歷史觀決定了其史學觀。錢穆的新史學理論是建立在民族文化生命史觀基礎上的。他認為，歷史是人事演進，而人事是從過去穿透至現在、而直達將來的一有寬度之現在；文化是歷史的核心，文化具有民族性，故，歷史為民族文化生命之演進。

　　錢穆說：「歷史乃人事之記載，故史學亦為一種人事之研究。」[6]那麼，歷史的本質和特徵是什麼呢？他認為，歷史所載人事雖過去，但因其有持續性，有持續數年者，亦有持續數十年、數百年乃至數千年以上者，故，歷史所載人事不得遽目之謂過去，亦不得盡目今日以下者為未來，「惟其有必然之持續，故未來者等於已來。惟其有可能之演變，故已往者實尚未往。」正是由於歷史事變同在持續的演變中，「始知人事乃由過去穿透現在而直達將來，過去與將來凝成一片，而共成其為一有寬度之現在。」[7]錢穆由此闡述了歷史研究的主要任務：

> 故研究歷史者，其最要宗旨，厥為研究此當前活躍現在一大事，直上直下，無過去無將來而一囊括盡，非此則不足以語夫歷史研究之終極意義，而克勝任愉快者。[8]

他還從歷史的時間性闡明了歷史的生命性和史學的性質，說，歷史時間與心理物理時間不同，沒有過去、現在與未來之分，「歷史正為一大事業，一大生命。故歷史上之過去非過去，而歷史上之未來非未來，歷史學者當凝合過去未來為一大現在，而後始克當歷史研究之任務。」「故凡歷史上

---

[6]　錢穆：〈中國今日所需要之新史學與新史學家〉，蔣大椿主編：《史學探淵 中國近代史學理論文編》（長春：吉林教育出版社，1991年），頁1046。

[7]　同前註，頁1048。

[8]　同前註，頁1049。

之事變，扼要言之，乃盡屬一種改變過去與改變將來之事業也。……研究歷史，即謂之乃研究如何改進現在人事之一種學問，亦無不可。」[9]

歷史生命本質上是文化生命，文化是民族和國家歷史發展的根本所在，歷史各方面則是文化的表相。錢穆說：

> 普通我們說文化，是指人類的生活。人類各方面各種樣的生活總括匯合起來，就叫它做文化。……一國家一民族各方面各種樣的生活，加進綿延不斷的時間演進，歷史演進，便成所謂「文化」。因此文化也就是此國家民族的「生命」。如果一個國家民族沒有了文化，那就等於沒有了生命。因此凡所謂文化，必定有一段時間上的綿延精神。換言之，凡文化，必有它的傳統的歷史意義。故我們說文化，並不是平面，而是立體的。[10]

故此，人類群體能摶成民族和國家者，惟視其「文化」，「民族之摶成，國家之創建，胥皆『文化』演進中之一階程也。故民族與國家者，皆人類文化之產物也。……若其所負文化演進之使命既中輟，則國家可以消失，民族可以離散。」[11]中國文化在世界是最悠久淵深和最具生命力的，「環顧斯世，我民族命運之悠久，我國家規模之偉大，可謂絕出寡儔，獨步於古今矣。此我先民所負文化使命價值之真憑實據也。……以我國人今日之不肖，文化之墮落，而猶可以言抗戰，猶可以言建國，則以我先民文化傳統猶未全息絕故。」[12]而且，文化是內生的，不能從外部輸入。外部的文化，必須內化以後才能轉化為一個民族自己的文化。因此，中國的現代復興，有待國人正確認識自己的歷史和文化的偉大，進而樹立民族愛國情感。

由於歷史是從古到今和走向未來的一大事業，是民族文化綿延不息的生命體，因此，研究歷史必須從通史入門，要有「通識」意識。錢穆說：「竊謂今日治史要端，厥當先從通史入門。」具體說即是：

---

[9] 同前註，頁1050-1051。

[10] 錢穆：〈中國文化傳統之演進〉，錢穆《中國文化史導論》（北京：商務印書館，1994年），〈附錄〉。

[11] 錢穆：《國史大綱》（北京：商務印書館，1997年），〈引論〉，頁31-32。

[12] 同前註，頁32。

> 竊謂治史者當先務大體，先注意於全時期之各方面，而不必為某一
> 時期某些特項問題而耗盡全部之精力，以偏見概全史。當於全史之
> 各方面，從大體上融會貫通，然後其所見之系統，乃為較近實際。
> 其所持之見解，乃得較符真實。而其對於史料之搜羅與考訂，亦有
> 規轍，不致如游魂之無歸。治古史本求通今，苟能於史乘有通識，
> 始能對當身時務有貢獻，如是乃為史學之真貢獻。[13]

由於歷史貫通古今，具有時間性和現在性，因此，史學是一種研究改進現
在人事的學問。這就決定了史學必須服務現實，史學的價值在於幫助國民
瞭解現在和更好把握未來。他說：

> 然則研究歷史，「斷不在記憶過去，而在瞭解現在，把握將來，其
> 理自顯。……過去與未來相互擁抱，相互滲透，而其機括則操之於
> 現在。而現在則絕非一瞬息一剎那即過去，即未來，皆在此現在之
> 寬廣中。必領略此意，乃始於歷史研究得有神悟，得有妙契。[14]

錢穆批評當時史學界盛行的將史學視為新史料之搜集與舊史料考證的思
想，強調治史要有系統，不能只有零碎的事實，「治史而言系統，固非易
事。然若謂歷史只是一件件零碎事情之積疊，別無系統可求，則尤屬非
是。……歷史範圍過廣，苟非先立一研尋之目標，以為探討之準繩，則史
料盡如一堆流水賬，將見其搜之不勝搜，將終無系統可言。」[15]當然，強
調治史從通史入門，並非否定專精的研究。他說：

> 治史者貴能上下古今識其全部，超越時代束縛。故首當虛心耐煩，
> 先精熟一時代之專史，乃能深悉人事繁賾之一般。而對於各方面事
> 態之互相牽涉影響，及其輕重大小，先後緩急之間，亦漸次呈露。
> 如是，其心智始可漸達於深細邃密，廣大通明之一境。然後再以通
> 治各史，自知有所別擇。然後庶幾可以會通條理而無大謬。[16]

---

[13] 錢穆：〈略論治史方法〉，錢穆：《中國歷史研究法》（北京：三聯書店，2001年），頁153。
[14] 錢穆：〈中國今日所需之新史學與新史學家〉，頁1052-1053。
[15] 錢穆：〈略論治史方法〉，頁152-153。
[16] 同前註，頁154-155。

二、歷史資料、歷史知識的關係和歷史知識的時代性

　　錢穆認為，要獲取正確的歷史知識，對一個民族和國家的歷史有客觀認識，必須從歷史資料中求取；歷史知識要符合時代要求，解決時代發展提出的問題，貴在鑒古知今。

　　一是，歷史知識必須來自歷史資料才具有客觀性，才能真正發揮鑒古知今的功用。錢穆說，歷史知識與歷史材料不同，記載國家民族歷史流傳至今者只是歷史材料，「而非吾儕今日所需歷史的智識。材料累積而愈多，智識則與時以俱新」，前人所歷史材料，未必者有當於後人所欲知，「然後人欲求歷史智識，必從前人所傳史料中覓取。若蔑棄前人史料而空談史識，則所謂『史』者非史，而所謂『識』者無識，生乎今而臆古，無當於『鑒於古而知今』之任也。」[17]他猛烈抨擊近代史學「革新派」（宣傳派）未能正確處理好兩者的關係，稱其在傳授國民歷史知識和培養歷史情感上最有成績，然而，

> 彼於史實，往往一無所知。彼之所謂系統，不啻為空中之樓閣。彼治史之意義，轉成無意義。彼之把握全史，特把握其胸中所臆測之全史。彼對於國家民族已往文化之評價，特激發於其一時之熱情，而非有外在之根據。其綰合歷史於現實也，特借歷史口號為其宣傳改革現實之工具。……今我國人乃惟乞靈於此派史學之口吻，以獲得對於國史之認識，故今日國人對於國史，乃最為無識也。[18]

可見，由於革新派不從歷史材料尋求真實的歷史知識，只是將史學視為服務現實的宣傳工具，致使國民對國史最無知識。所以，要使歷史知識服務現實，只能在史材料中求取歷史知識。

　　二是，歷史知識必須隨時代發展不斷更新。錢穆說，中國曆古相傳之史籍僅是積存的歷史材料，並非我們今日所需要的歷史知識，「所謂歷史知識，貴能鑒古知今，使其與現代種種問題有其親切相聯之關係，從而指

---

[17] 錢穆：《國史大綱》（北京：商務印書館，1997年），〈引論〉，頁1-2。
[18] 同前註，頁4。

導吾人向前，以一種較明白之步驟。此等歷史知識，隨時代之變遷而與化
俱新」，「今日中國處極大之變動時代，需要新的歷史知識為尤亟。……
故中國雖為歷史最完備之國家，而今日之中國，卻為最缺乏歷史知識，同
時最需要整理以往歷史之時期。」[19]因此，治史之難在於求新，「史者一
成而不變，而治史者則每隨時變而異其求。故治史之難，莫難於時變之方
新。」[20]他說，傳統史學的特點之一是能適應時代要求，「時時從舊史裏
創寫新史，以供給新時代之需要，此不僅今日為然。即在以往，其歷史
雖一成不變，而無害新史之不斷創寫。」[21]他總結了中國史書體裁發展
史，說：

> 要之自《尚書》下逮《通志》，此皆有志於全史整面之敘述：今觀
> 其相互間體裁之不同，與夫內容之差別，可知中國舊史，固不斷在
> 改寫之中矣。[22]

可見，正是由於傳統史學能適應時代要求，創造出不同史書體裁以記載多
方面的歷史，從而為國民提供了豐富多樣的歷史知識，由此使中國傳統史
學得以充分發揮其價值和功用。

三、新的歷史知識的獲取與新通史（新史學）的創建

　　錢穆認為，真正有益於國家和民族的歷史知識只能通過通史研究和撰
著才能獲得。只有撰寫符合時代需要的新通史，才能給國民提供所需的歷
史知識，從而培養國民的愛國情感。新通史應當具有一貫的系統和客觀的
獨立性，能闡明中國民族文化的真精神和發展過程。

　　在他看來，中國古代史學是不斷創造和完善各類體裁、特別是通史體
裁，以提供新歷史知識的發展進程。然而，從宋代到現在的七百餘年間，
中國傳統史學未能再創造出新通史，提供適應時代要求的新歷史知識，是
「史學衰微之末運」，「因此國人對於國史之認識，乃愈昏昧無準則。前

---

[19] 未學齋主：〈論近代中國新史學之創造〉，《中央日報》，1937年1月17日。
[20] 錢穆、姚漢源編著：《黃帝》（重慶：勝利出版社，1944年），〈弁言〉。
[21] 未學齋主：〈論近代中國新史學之創造〉。
[22] 錢穆：《國史大綱》，〈引論〉，頁7-8。

述記誦、考訂、宣傳諸派，乃亦無一能發願為國史撰一新本者，則甚矣史
學之不振也。」[23]故，現代中國急需一部理想的新通史，此即新史學的任
務所在。他說：

> 竊謂今日當有一部理想之中國通史，供給一般治中國政治、社會、
> 文化、思想種種問題者一種共同必要的知識。……至於此種知識
> 之提供，則尚有待於今日本國史學界之努力，此則需有新史學之創
> 建。[24]

又說：

> 今日所需要之國史新本，將為自《尚書》以來下至《通志》一類之
> 一種新通史。此新通史應簡單而扼要，而又必具備兩條件：一者必
> 能將我國家民族已往文化演進之真相，明白示人，為一般有志認識
> 中國已往政治、社會、文化、思想種種演變者所必要之智識；二者
> 應能於舊史統貫中映照出現中國種種複雜難解之問題，為一般有志
> 革新現實者所必備之參考。前者在積極的求出國家民族永久生命之
> 泉源，為全部歷史所由推動之精神所寄；後者在消極的指出國家民
> 族最近病痛之證候，為改進當前之方案所本。此種新通史，其最主
> 要之任務，尤在將國史真態，傳播於國人之前，使曉然瞭解於我先
> 民對於國家民族所已盡之責任，而油然興其慨想，奮發愛惜保護之
> 摯意也。」[25]

錢穆還從新史學的內容和性質、價值和功能兩方面闡述了新史學，即新通
史必須具備的條件，說：

> 此種通史，無疑的將以記誦、考訂派之工夫，而達宣傳革新派之目
> 的。彼必將從積存的歷史材料中出頭，將於極艱苦之準備下，呈露

---

[23] 同前註，頁8。
[24] 未學齋主：〈論近代中國新史學之創造〉。
[25] 錢穆：《國史大綱》，〈引論〉，頁8。

> 其極平易之面相。將以專家畢生盡氣之精力所萃，而為國人月日瀏
> 覽之所能通貫。[26]

可見，錢穆主張的新通史既吸收了記誦派、考訂派重視史料考訂的優點，
又吸收了革新派重視以史學服務現實的長處。

關於新史學貫通性。錢穆說，新史學的創建，「要言之，此當為一
種極艱巨的工作，應扼要而簡單，應有一貫的系統，而自能照映我國家現
代種種複雜難解之問題。」[27]所謂一貫的系統即是新史學的貫通性。在他
看來，由於歷史研究的對象是一民族亘古至今的文化生命，所以，欲得歷
史研究的神悟妙契，研究者必先訓練其心智，養成一種「綜合貫通之看
法」，具體說即是：

> 就民族生命全程觀之，此乃生生不息中一過程，此過程尚活躍現
> 在，豈得謂是過去之陳迹。故於空間諸相不能融貫，即於時間諸相
> 亦難通透。今之所謂新史學，昔人未嘗不悟此意，司馬遷所謂通天人
> 之故，明古今之變，此即融貫空間諸相，通透時間諸相而綜合一視
> 之，故曰，述往事，思來者。惟昔人雖有此意，而未嘗以今世語道達
> 之，今則姑以名號相假借，曰此新史學也。史學殊無新舊，真有得於
> 史學者，則未有不能融貫空間相，通徹時間相，而綜合一視之者。[28]

總之，在錢穆看來，新史學應當是研究國家和民族貫通古今的學問；
中國古代史學已認識到歷史的生命性，只是未能以現代歷史哲學話語來詮
釋「通變」思想，古今史學一脈相承，本質上無新舊之別。這一思想最鮮
明地展示了他的文化保守主義史學觀。

四、新史學的任務與治史方法

錢穆認為，歷史研究的重要任務是探求國家和民族歷史發展的個性，
即精神所在。要完成此任務，就必須尋找國家和民族歷史發展中的「異」

---

[26] 同前註。
[27] 未學齋主：〈論近代中國新史學之創造〉。
[28] 錢穆：〈中國今日所需要之新史學與新史學家〉，頁1054。

和「同」，於諸異中見一同，於一同中見諸異。同時，還必須分清歷史發展的「生力」和「病態」。只有這樣，才能對中國歷史有客觀和正確的歷史認識，才不會用西方歷史發展模式來錯誤地看待中國歷史。

治國史的首要任務是求得國家和民族歷史發展的個性，即歷史精神所在，「治國史之第一任務，在能於國家民族之內部自身，求得其獨特精神之所在。」[29]那麼，如何才能求得國家和民族歷史發展的獨特精神呢？錢穆說，歷史包羅萬象，要寫一部既簡要、又系統的新國史，就必須抓住政治制度、學術思想、社會經濟三要事，三者的關係是：

> 「社會經濟」為其最下層之基礎，「政治制度」為其最上層之結頂，而「學術思想」則為其中層之幹柱。大體言之，歷史事態，要不出此三者之外。[30]

在歷史三要事中，何者決定歷史的發展，要綜觀歷史全局，動態考察它們在不同時代所起的作用，找出不同時代發展的特性所在，這樣才能求得國史的個性，即精神所在。

> 故治國史……仍當於客觀中求實證，通覽全史而覓取其動態。若某一時代之變動在『學術思想』，（例如戰國先秦。）我即著眼於當時之學術思想而看其如何為變。若某一時代之變動在『政治制度』，（例如秦漢。）我即著眼於當時之政治制度而看其如何為變。若某一時代之變動在『社會經濟』，（例如三國魏晉。）我即著眼於當時之社會經濟而看其如何為變。『變』之所在，即歷史精神之所在，亦即民族文化評價之所系。而所謂『變』者，即某種事態在前一時期所未有，而在後一時期中突然出現。[31]

而把握國家民族歷史的「個性」對國史的書寫同樣具有重要意義，他指出：

---

[29] 錢穆：《國史大綱》，〈引論〉，頁11。
[30] 同前註，頁9。
[31] 同前註，頁12。

寫國史者，必確切曉了其國家民族文化發展「個性」之所在，而後
能把握其特殊之「環境」與「事業」，而寫出其特殊之「精神」與
「面相」。然反言之，亦惟於其特殊之環境與事業中，乃可識其個
性之特殊點。[32]

新史學要完成此任務，就必須尋求歷史發展中的「異」和「同」，於
諸異中見同，於同中出諸異，以此劃分歷史的不同時代；然後，考察不同
時代所構成的一個國家和民族的歷史總體進程，從而認識其文化發展與民
族精神所在。錢穆說：

凡治史有兩端：一曰求其「異」，二曰求其「同」。何謂求其異？
凡某一時代之狀態，有與其先、後時代突然不同者，此即所由劃
分一時代之「特性」。從兩「狀態」之相異，即兩個「特性」之銜
接，而劃分為兩時代。從兩時代之劃分，而看出歷史之「變」。從
「變」之傾向，而看出其整個文化之動態。從其動態之暢遂與夭
閼，而衡論其文化之為進退。此一法也。何謂求其同？從各不同之
時代狀態中，求出其各「基相」。此各基相相銜接、相連貫而成一
整面，此為全史之動態。以各段之「變」，形成一全程之「動」。
即以一整體之「動」，而顯出各分部之「變」。於諸異中見一同，
即於一同中出諸異。全史之不斷變動，其中宛然有一進程。自其推
動向前而言，是謂其民族之「精神」，為其民族生命之泉源。自其
到達前程而言，是謂其民族之「文化」，為其民族文化發展所積累
之成績。此謂求其同。此又一法也。[33]

他認為，如果能夠真正明瞭中國史的變動與精神所在，就不會錯誤地以為
中國歷史停滯不前，就能客觀地認識中國歷史，「中國史之變動，即中國
史之精神所在。近人誤認為中國史自秦以下即絕少變動，其實皆由未嘗深

---

[32] 同前註，頁9-10。
[33] 同前註，頁11。

究國史之內容，而輕率立言之故。」[34]因此，「中國新史學家的責任，首在能指出中國歷史以往之動態，即其民族文化精神之表現。」[35]

　　上述觀點不僅闡明了新史學旨在揭示中國歷史發展精神所在，還從理論上批駁了近代各種歷史虛無主義和文化自譴論。錢穆認為在不同歷史發展階段，歷史三要素發揮的作用是不同的，這是歷史發展多元論，意在批駁近代以來文化思想界的歷史一元論。然而，他又是歷史一元論者。他視民族精神為歷史發展的動力與根本，歷史本質即民族文化精神；民族文化精神會外化和表現為政治制度、社會經濟、學術思想等。民族文化精神的表現因時代而異，在不同時代，民族文化精神會外化出不同的歷史事相。錢穆對歷史本質及其決定因素的這種理論認識存在著內在的邏輯矛盾。

　　其次，治史還必須探明民族和國家歷史演進的生力與病態。錢穆說：

> 一民族一國家歷史之演進，有其生力焉，亦有其病態焉。生力者，即其民族與國家歷史所由推動之根本動力也。病態者，即其歷史演進途中所時時不免遭遇之頓挫與波折也。人類歷史之演進，常如曲線形之波浪，而不能成一直線以前向。若以兩民族兩國家之歷史，相比並觀，則常見此時或彼升而我降，他時或彼降而我升。只橫切一點總論之，萬難得其真相。今日治國史者，適見我之驟落，並值彼之突進，意迷神惑，以為我有必落，彼有必進，並以一時之進落為彼、我全部歷史之評價，故雖一切毀我就人而不惜，惟求盡廢故常，以希近似於他人之萬一。不知所變者我，能變者亦我，變而成者依然為我。……故治史者，必明生力，明病態。生力自古以長存，病態隨時而忽起。[36]

而要探明歷史發展的「生原」和「病態」，只能采用通變古今的研究方式，「『生原』者，見於全部潛在之本力，而『病原』則發於一時外感之事變。故求一民族國家歷史之生原者，貴能探其本而攬其全；而論當前

---

[34] 未學齋主：《論近代中國新史學之創造》。
[35] 同前註。
[36] 錢穆：《國史大綱》，〈引論〉，頁25－26。

之病態者，則必辨於近而審其變。」[37]他還將歷史發展分為積極的和消極的，說：

> 積極者，乃此歷史大流之主潮。消極者，乃此歷史大流之漩洑，更有泡沫浪花，雖本歷史大流之一相，而實無當於大體。然則為吾中國歷史之主要大流者系何？曰此必為吾國家民族文化之綿歷與發皇，吾國家民族文化之奮鬥與爭存，舍此則皆不足以當歷史之主流。[38]

此言指明了中國歷史發展的主流是積極和富有生命力的，是史學研究應當研究的對象；同時，也是為了批駁近代以來的各種歷史虛無主義和反傳統的思想。

　　質言之，錢穆闡明新史學的任務和研究方法，旨在批駁中國近代以來學術思想界好以西方歷史發展模式來評判中國歷史進步與否的做法，他說，「近人治史，每易犯一謬見。若謂中國史自秦以下，即呈停頓狀態，無進步可說。此由誤用西人治史之眼光來治中史，才成此病。」「中國新史學之成立，端在以中國人的眼光，發現中國史自身內在之精神，而認識其以往之進程與動向。中國民族與中國文化最近將來應有之努力與其前途，庶幾可有幾分窺測。」[39]但是，這並不意味著反對學習西方。他說，中國史上的東西交接，至少已有近西的中印接觸、遠西的中回接觸和更遠西的中歐接觸，

> 前兩期各自經歷六七百年的時間長期間，已見中華民族對外來異文化之一般態度及其成效。現在的中歐接觸，自明末以來，為期只三百年，雖則西洋以其過強之勢力壓迫於我，但我們誠心接納吸收異文化之熱度，仍是與前一般。若以前兩期的成績來推論，再歷三百年，中華民族一定能完成吸收融和更遠西的歐洲文化。[40]

[37] 同前註，頁26。
[38] 錢穆：〈中國今日所需之新史學與新史學家〉，頁1049。
[39] 錢穆：〈略論治史方法〉，頁155-156。
[40] 錢穆：〈歷史教育幾點流行的誤解〉，錢穆：《中國歷史研究法》，頁165-166。

五、新史學的價值功能

　　錢穆對新史學功能的闡述主要包括三方面：第一，「歷史智識，貴能鑒古而知今。」[41]第二，歷史知識旨在培養國民的民族情感。第三，能為現實改革提供資鑒，同時為未來之嚮導。錢穆創建新史學的時代正逢各種歷史文化虛無主義盛行，中國的民族危機因日本侵華而空前加劇之際，故，他對新史學培養國民民族情感的功用做了更為集中和深入的闡述。

　　《國史大綱》扉頁首書「凡讀配本書請先具下列諸信念」，稱，任何一國之國民對於本國歷史應當略有所知，並對其抱有「一種溫情與敬意」，由此而不至於對其抱有偏激的虛無主義和文化自譴。只有這種國民比例不斷增加，「其國家乃再有向前發展之希望。否則其所改進，等於一個被征服國或次殖民地之改進，對其國家自身不發生關係。換言之，此種改進，無異是一種變相的文化征服，乃其文化自身之萎縮與消滅，並非其文化自身之轉變與發皇。」換一個角度看，此論說明瞭歷史知識對培養國民真實情感的重大價值。錢穆還從歷史認識與民族情感的關係對此做了深入闡述，指出人必先「認識」乃生「情感」，他說：

　　　　惟知之深，故愛之切；若一民族對其已往歷史無所了知，此必為無文化之民族。此民族中之分子，對其民族，必無甚深之愛，必不能為其民族真奮鬥而犧牲，此民族終將無爭存於並世之力量。今國人方蔑棄其本國已往之歷史，以為無足重視；既已對其民族已往文化，懵無所知，而猶空呼愛國。此其為愛，僅當於一種商業之愛，如農人之愛其牛。……

　　　　故欲其國民對國家有深厚之愛情，必先使其國民對國家已往歷史有深厚的認識。欲其國民對國家當前有真實之改進，必先使其國民對國家已往歷史有真實之瞭解。我人今日所需之歷史知識，其要在此。[42]

---

[41] 錢穆：《國史大綱》，〈引論〉，頁2。
[42] 同前註，頁2-3。

他認為，做一個真正中國人惟一的起碼條件是應當誠心愛國，應對民族傳統精神和文化有所認識，「這便是史地教育最大的任務」，因此，

> 今日史地教育更重要的責任，卻不盡在於國史知識之推廣與普及，而尤要的則更在於國史知識之提高與加深。易辭言之，不在於對依然知道愛好國家民族的民眾作宣傳，而在與對近百年來知識界一般空洞淺薄乃至於荒謬的國史觀念作糾偏。更要的，尤在於對全國民眾依然寢饋於斯的傳統文化，能重新加以一番新認識與新發揮。[43]

將使國民認識民族傳統和文化精神視為歷史教育的最大任務，表明錢穆對傳統史學經世致用的內涵有了新認識，即，史學首先不是資政，而是愛國。

當然，錢穆並不否定傳統史學的資政觀。革新必須知舊，史學有功於政治變革，所以，政治變革者和政治人物要瞭解國史，具有正確的歷史知識，他說：

> 今人率言「革新」，然革新固當知舊。不識病象，何施刀藥？僅為一種憑空抽象之理想，蠻幹強為，求其實現，鹵莽滅裂，於現狀有破壞無改進。凡對於已往歷史抱一種革命的蔑視者，此皆一切真正進步之勁敵也。惟藉過去乃可認識現在，亦惟對現在有真實之認識，乃能對現在有真實之改進。故所貴於歷史智識者，又不僅於鑒古而知今，乃將為未來精神盡其一部分孕育與嚮導之責也。[44]

在他看來，革新必須知舊；只有認識過去，才能為未來提供嚮導。

綜上所述，錢穆對傳統史學價值觀既有繼承，又有發展。他主張史學的鑒古知今，特別是服務現實的資政功能。但是，他更能因應時代要求，突出強調史學對培養國民愛國情感的重要性，批駁歷史虛無主義和文化自譴論的謬誤。他也反對將史學作為服務現實的宣傳工具，稱「革新派」雖

---

[43] 錢穆：〈歷史教育幾點流行的誤解〉，頁161、168。
[44] 錢穆：《國史大綱》，〈引論〉，頁2。

能努力使史學與現實相紺合，卻因不能傳授給國民正確的國史知識，同樣無法達到培養國民愛國情感的作用。

六、傳統史學對錢穆新史學理論創建的重要影響

通過對錢穆新史學思想的梳理和分析，可以看出錢穆強調中國現代新史學只能是對傳統史學的現代繼承和發展。傳統史學在錢穆新史學理論的創建中發揮了重要的作用，概括而言，主要包括以下四個方面：

首先，傳統史學的通史觀和「通識」意識的影響最大，錢穆的新史學理論實際是圍繞通史研究與撰著而建構起來的，所謂新史學亦即新通史。

錢穆將通史體裁的形成和發展及通史撰寫視為中國傳統史學的精神所在，推崇孔子、司馬遷、杜佑、司馬光、鄭樵等史家的通史著述和「通識」思想。他將司馬遷的「通古今之變」視為創建新史學追求的目標，在言及《中國近三百年學術史》的撰述緣由時曾說：

> 斯編初講，正值「九一八事變」驟起。五載以來，身處故都，不啻邊塞，大難目擊，別有會心。司馬氏表六國事，曰：「近己則俗變相類」，是書所論，可謂近己矣。豈敢進退前人，自適己意？亦將以明天人之際，通古今之變，求以合之當世，備一家之言。雖不能至，心嚮往之。[45]

他認為，宋代以後沒有出現繼續改寫的新通，是「七百年來史學衰微之末運」，中國現代所需要的新國史，即新通史。他將《國史大綱》的撰寫視為繼承兩司馬的事業，稱：

> 昔有宋司馬光，以名世杰出之才……退而著史……先後垂二十年而書成，以為可以「資治」，故名曰《資治通鑒》。其書衣被沾溉於後世，至今不能廢。稍知從事於國史者，恣漁獵焉。自孔子、史公而下，以通史建大業，推司馬氏，豈不偉歟！今去司馬氏又千年，史料之累積，又十、百倍於司馬氏之時，而世局之紛紜錯綜，則更

---

[45] 錢穆：《中國近三百年學術史》（北京：商務印書館，1997年），〈自序〉。

非司馬氏當時所能相提並論。……竊不自揆，避地來滇南，深慚偷
生無補國難，獨奮私臆，竊教課之餘暇，閒居一室，妄自落筆，歷
時一載，成此區區六十萬字。……欲於我先民以往五千年慘淡經營
之史迹，幸有當於其萬分這一二。以視往者司馬氏之鄭重其事，古
今人度量相越，豈不足以愧殺人耶！……而此書雖無當，終亦必有
憫其意，悲其遇，知人論世，恕其力之所不逮，許其心之所欲赴。
有聞必先，若使此書得為將來新國史之馬前一卒，擁彗而前驅，其
為榮又如何耶！[46]

在他看來，中國現代新史學的任務就是要恢復和重建中國通史中斷七百多
年的傳統。他以中國史學通史傳統的現代繼承者自命，《國史大綱》的書
寫繼承了傳統史學的會通觀念與方法，體現出鮮明的「通識」意識。

　　其次，儒家人文主義生命哲學為錢穆民族文化生命史觀的建構提供了
理論指導和思想資源。

　　錢穆繼承和發展了中國史學的「通史」傳統，以通史為現代新史學的
核心和精神所在，是根源於其民族文化生命史觀的歷史哲學──將歷史視
為國家和民族的文化生命不斷演進的歷程的歷史。這種歷史哲學，固然吸
收了20世紀20年前後傳入中國的西方生命主義歷史哲學，如克羅齊「一切
歷史都是當代史」的歷史生命哲學，[47]不過，從更深層次看，其源頭活水
則是儒家人文主義生命歷史哲學。錢穆認為，歷史是人事之演化，是具有
持續性的生命，因此，新史學應當養成一種「綜合貫通之看法」，即：

今之所謂新史學，昔人未嘗不悟此意，司馬遷所謂通天人之故，明
古今之變，此即融貫空間諸相，通透時間諸相而綜合一視之，故
曰，述往事，思來者。惟昔人雖有此意，而未嘗以今世語道達之，
今則姑以名號相假借，曰此新史學也。史學殊無新舊，真有得於史
學者，則未有不能融貫空間相，通徹時間相，而綜合一視之者。[48]

---

[46] 錢穆：《國史大綱》，〈引論〉，頁33-34。

[47] 西方歷史生命哲學20世紀20年代以後在中國得到較廣泛傳播，朱謙之和常乃德等人的有關著作此
　　後也紛紛出版，而錢穆對歷史文化生命觀的系統闡述是40年代前後，因此，他完全可能受此影
　　響。再者，他的一些著述，如《湖上閑思錄》等對西方生命派哲學家柏格森、克羅齊等也做過諸
　　多評論。

[48] 錢穆：〈中國今日所需要之新史學與新史學家〉，頁1054。

此言指出中國古代史家及其通史觀已認識到歷史的生命性，司馬遷的「明天人之際，通古今之變」便是對歷史生命性的理解，錢穆寫《中國今日所需要之新史學與新史學家》即是要用現代歷史哲學的話語來表述中國古代史家對歷史的生命性和通識性的認識。只是，這一時期錢穆還未明確和系統地揭示其歷史哲學與儒家生命哲學的關係。

20世紀50年代以後，他開始對此問題進行系統和深入的闡述，最終建構起一種民族文化生命史觀。他認為，歷史本質上是一綿亙古今的民族文化生命，心性是民族文化生命的本體，人文道德性的「仁」又是心性的本體。仁，既屬「體」的範疇，即，心性是民族文化生命之本體；又屬「用」的範疇，即，心性具有「用」的功能，它能展演出歷史文化的一切面相。人文道德精神既在人類歷史中具有普遍性，又不能離開民族歷史的特殊性，它必須是普遍性與特殊性的結合。質言之，錢穆的民族文化生命史觀是建立在儒家、特別是宋明理學的世界觀和人文觀——宇宙萬物和人文世界是一大生命體和心性為生命的本體——的基礎之上的。[49]

第三，傳統考據的運用和對考據、義理關係的現代闡釋。

錢穆是重視歷史考據的，對傳統考據也相當精通。他早年的子學和經學研究，雖具會通意識，但基本是考據之作。《先秦諸子系年》是其成名作，他認為自己的諸子年世考辨取得了重要成就，在三個方面超越了以往和當時的學者。學術界也是以其考辨的成就來評價此書的。如，蒙文通稱此書，「體大精思，惟當於三百年前顧亭林諸老輩中求其倫比。乾嘉以來，少其匹矣。」[50]吳相湘說，此書「立一說必推之子、史而皆准，證一偽必考之時地而皆誤，誠所謂絲絲入扣，至於辨析之精，引證之博則又極考證家之能事。……因之公平論者咸以錢這一巨著實在是清代考證諸子之學的總結。」[51]其《劉向歆父子年譜》則是以考據破除康有為在今古文之爭上的謬見，此書「自序」說：「余讀康氏書，深疾其抵牾，欲為疏通證明，因先編劉向歆父子年譜，著其實事。實事既列，虛說自消。」[52]他

---

[49] 具體內容詳見拙著《錢穆史學思想研究》的第五章〈心性合一的民族文化生命本體論〉，或拙文《錢穆的歷史本體「心性論」初探——錢穆的民族文化生命史觀疏論》，《史學理論研究》2000年第4期。

[50] 錢穆：《八十憶雙親　師友雜憶》（北京：三聯書店，1998年），頁146。

[51] 吳相湘：〈錢穆闡揚傳統文化〉，《民國百人傳》（臺北：傳記文學出版社，1979年），第四冊，頁192。

[52] 錢穆：《兩漢經學今古文平議》（香港：九龍新亞研究所，1958年），頁6。

正是憑藉這兩部考據力作步入中國史壇。在30年代前，錢穆對清代考據亦
有褒有貶，說，乾嘉學者，「其治學方法之精密，則實有足多者。近代胡
適，盛稱以為合於科學的精神。」「蓋自有清儒之訓詁考核，而後古書可
讀，誠為不可埋沒之功。其學風之樸誠篤實，亦自足為後人所仰慕。」[53]
不過，這時他已意識到考據並非史學之全部，對考據與義理的辯證關係有
了獨到的認識，稱史學界盛推的清代考據，「最其所至，實亦不過為考史
之學之一部。」[54]他稱自己的考據有更高目標，考辨先秦諸子年世原是為
寫《先秦諸子學通論》。30年代中後期以後，他開始猛烈抨擊乾嘉考據只
重考據，不言義理；又說近代學界的學風和路徑，「也還脫不了極狹的門
戶之見，也還看重在小節目上的訓詁考據之類，而看輕從學問大體上來求
大義之融會與貫通」，「還是乾嘉舊轍」。[55]

　　錢穆對考據與義理的辯證關係所做的現代詮釋，亦體現了其新史學對
傳統史學的繼承和發展，這主要包括兩個方面：一是關於如何正確看待歷
史資料與歷史知識的關係。一方面，歷史資料不是歷史知識，歷史知識貴
能聯繫現實、鑒古知今和指導今人面向未來。另一方面，欲求歷史知識，
必從歷史材料中覓取；若蔑棄前人史料而空談史識，則所謂「史」者非
史，而所謂「識」者無識。錢穆的上述思想實是對考據與義理關係的一種
現代詮釋。因為，所謂歷史知識必須來自於史料，無史料則無史識，說明
了史料的搜集與考證，即歷史考據的重要性；而主張史識並非史料，是指
不能將歷史研究僅視為是考據，還應當既有義理的指導，又必須從史料中
求得富有義理性的史識。可見，錢穆對史料與史識辯證關係的闡述，實際
上是用現代史學話語闡述了傳統的考據與義理合一思想，當然，他用現代
話語來闡述傳統史學思想時，對傳統史學思想做了現代的發展，因為，他
所說的「史識」是吸收了現代西方人本主義生命哲學的儒家人文主義生命
歷史哲學，比中國傳統的義理內涵要豐富。二是，關於正確認識理論與史
實的關係。他說，治史如先橫亙一種理論於胸中，將導致視空論為實事，
而轉輕實事為虛文的弊病；事實可以範圍理論，而理論不足以改變事實。
此言是從另一角度，用現代史學話語闡釋了考據與義理的關係。所謂治史

[53] 錢穆：《國學概論》（北京：商務印書館，1997年），頁311、314。
[54] 同前註，頁315。
[55] 錢穆：〈近百年來諸儒論讀書〉，錢穆：《學鑰》（香港：香港南天印業公司，1958年），頁89。

不能先橫亘一種理論，理論必須受事實範圍，是與傳統史學主張不能空言
義理和義理須得自考據的觀念相一致的。在50年代以後，錢穆對義理與考
據的關係做了更系統和深刻的闡釋，強調考據、義理和辭章的統一，體現
出對傳統史學這方面思想更為系統的傳承和發展。[56]

　　第四，中國傳統史家「四長說」與新史學家修養論。

　　中國傳統史學重視史家修養，唐代史家劉知幾提出了史家必須具有
才、學、識的史家「三長說」，清代史家章學誠加以發展，提出史家「四
長說」，即：才、學、識、德。錢穆也重視現代新史學家的修養問題，而
他對此問題的思考和回答明顯是繼承了中國傳統史家的修養論。其《中國
今日所需要之新史學與新史學家》一文明確提出了中國現代新史學家必須
具備的四個條件：

> 一者其人於世事現實有極懇切之關懷者。繼則其人又能明於察往，
> 勇於迎來，不拘拘於世事現實者。三則其人必於天界物界人界堵凡
> 世間諸事相各科學智識，有相當曉了者。四則其人必具哲學頭腦，
> 能融會貫通而　　　時空（注：原文「時空」前殘脫二字，當為「了然」或「洞
> 明」之意——編者。）諸事態相互間之經緯條理者。而後可當於司馬氏
> 所謂明天人之故，通古今之變；而後始可以成其一家之言，否則記
> 注之官，無當於史學之大任。

　　此文是為悼念中國現代史學家張蔭麟去世而作，他稱對中國通史研
究卓有成就的張氏正可當現代新史學家的重任，「時余與張君方共有志為
通史之學。常謂張君天才英發，年力方富，又博通中西文哲諸科，學既博
洽，而復關懷時事，不甘僅僅為記注考訂而止。然則中國新史學之大業，
殆將於張君之身完成之。豈期天不假年，溘然長逝。」[57]錢穆對中國新史
學家應當具備的條件以及對張蔭麟的稱譽與傳統的史家「四長說」頗多契
合。所謂新史學家不僅要有現實關懷，還應明於認識歷史，進而創造未
來，與「史德」和「史識」相契合。新史學家必須要有各門學科的廣博知

---

[56] 詳見拙文：《錢穆的學術方法與史識——義理、考據與辭章之辨》，《史學史研究》2005年第
　　5期。
[57] 蔣大椿主編：《史學探淵 中國近代史學理論文編》（長春：吉林教育出版社，1991年），頁
　　1054。

識，與「史學」相契合。新史學家必須具有哲學頭腦，能對歷史諸事相做融會貫通的理解和表述，與「史識」和「史才」相契合。錢穆稱，如果新史學家能具備這四方面的修養，即能做到司馬遷所說的「明天人之故，通古今之變，成一家之言。」

此外，錢穆對傳統史學的價值觀也多有繼承和發展。他反復強調史學的功能是「貴能鑒古而知今」，指出史學旨在為現實改革提供資鑒。同時，他對史學如何鑒今做了發展，認為讓國民瞭解和認識民族傳統和文化精神歷史教育的最大任務，是對傳統史學致用觀內涵的新認識，即，史學最主要的不是資政，而是培養國民的愛國情感。同時，他認為認識過去，不僅是為了知今，也是為了指導未來，亦是對傳統「鑒古知今」思想的發展。

七、餘論

在20世紀上半葉中國現代新史學的形成和發展進程中，錢穆建構起比較完整的文化保守主義新史學理論體系，並以之為指導來從事中國歷史文化的研究和中國通史的書寫。在當時和此後史學界和文化史，對其理論與著述可謂是褒貶不一，毀譽參半。但無可否認的是，其影響是廣泛和深遠的影響，對中國新史學理論發展和實踐研究貢獻卓著。

錢穆從歷史的文化生命性出發，指明歷史研究應當是對一個國家和民族的歷史進行會通古今的研究。歷史研究既要立足於史料，亦要追隨時代發展，得出歷史新認識，求得符合時代需要和有益國家生存的新史識。真正有益於民族國家的歷史知識必須通過通史研究才能獲得，因此，新史學的內在本質和外在表現即是研究和書寫新的中國通史，唯此才能給國民提供所需的歷史知識，進而培養和增進國民的民族愛國情感。歷史研究的首要任務和根本方法在於，揭示國家和民族發展的獨特精神，闡明國家和民族發展的生力和病態，使國民客觀認識國家和民族的歷史和價值所在。新史學的價值功用在於鑒古知今，旨在培養國民的民族情感，並為現實變革服務，以啟導未來。質言之，新史學與新通史本質上是相通相類的，創建新史學，即是要以貫通古今的通識意識來研究中國歷史，書寫具有民族文化精神和富有時代發展要求的新通史，這是中國現代史學發展的正軌。

　　關於如何認識傳統史學與現代史學、中國文化和西方文化在中國新史學創建中的地位和作用的問題，錢穆的新史學理論及其實踐走的是其晚年明確提出的「守舊開新」道路。所謂「守舊」，是指以中國傳統史學及其所蘊涵的中國傳統文化、尤其是儒家人文主義歷史生命哲學為根本，這是一條與中國現代其它新史家和新儒家不同的史學現代化道路。[58]錢穆在建構新史學理論體系時，重視對中國傳統史學精神和現代價值的探討和發掘，主張「史學殊無新舊」，中國現代新史學只能是對傳統史學的繼承和發展、而非否定和拋棄；也可以說，「守舊開新」是其創建中國新史學的基本原則和方法論。秉承此原則與方法，他以中國傳統的儒家人文主義歷史生命哲學為指導，對義理與考據合一的傳統治史觀做了現代發展。在此基礎上，他運用中國傳統的「通識」觀來書寫中國新通史，力求揭示中國歷史發展的客觀過程和中國歷史的民族特性，充分肯定中國歷史的生命力和中國文化的恒久意義。他對中國傳統史學的經世致用觀的內涵和重點作了轉換，其新通史突出強調新史學在培養國民對中國歷史文化的認同感和崇敬之情的決定作用，目的就要嚴厲回擊中國近代以來各種以西方歷史發展道路為模式和西方文化為準繩的歷史虛無主義和文化自譴論。

　　錢穆的新史學理論及其實踐的特徵，既表現出濃厚的民族愛國主義、文化保守主義和道德理想主義的色彩，又富有科學理性精神和實用理性精神，是傳統與現代史學、中國與西方文化相融合的產物，其通史研究和撰著也為中國現代通史研究和撰著提供了融傳統與現代為一體的新範式。在20世紀上半葉中國史學發展的歷程中，像錢穆這樣主張以中國傳統史學及中國傳統文化為根柢來建構新史學理論體系，並以之指導自身的史學研究，在通史撰述上取得重要成就的史家並不多見。20世紀上半葉最具影響力的是實證思潮主導下的各派史學，如信古派之王國維、陳寅恪等，史料派之胡適、傅斯年等，疑古派之顧頡剛等，這些史學家雖然對中國新史學的發展做出了重要貢獻，但是，多不重視對中國新史學理論體系的自覺構建，尤其缺乏對中國歷史的會通研究和中國通史的宏大書寫。文化保守主義史家，如學衡派的柳詒徵等，雖然有理論探討和史學實踐，如《國史要義》和《中國文化史》，但是，在融合中西史學理論來建構中國新史學的理論、特別是在通史撰著的成就和影響上不及錢穆。馬克思主義史學家群

[58] 參見拙文：《錢穆先生「守舊開新」學術思想和文化復興論》，臺灣《鵝湖》2010年第10期。

體雖然重視中國歷史的貫通性研究，在中國通史的書寫方面取得了諸多成就；但是，他們對中國傳統文化和史學主要持批判立場，在運用唯物史觀來解釋和書寫中國歷史時往往存在著「以論就史」的弊病。其它撰寫中國通史的史家或是缺乏系統的理論建構，或是通史撰寫因缺乏通識眼光與筆法而成就有限。至於倡導歷史認識相對論的史學家，如何炳松、朱謙之、常乃德和雷海宗等，則重在歷史哲學和理論的建構，在實證史學研究、特別是中國通史性的撰著上貢獻頗微。

　　在20世紀上半葉乃至下半葉的很長一段時期，由於中國學術界和文化界的「西化」思潮的盛行和西方中心論所形成的話語霸權，使文化保守主義處於四面夾擊的困境中，因此，錢穆的文化保守主義新史學理論頗顯落寞和孤寂。然而，隨著歷史和時代的發展，特別是海內外對中西歷史發展模式和文化價值意義的不斷反思和批判，錢穆新史學的理論深刻性和生命力不斷得以彰顯，其中的合理價值得到當代中國及海外學術界愈來愈多的認同和闡揚。在當下，深入探討錢穆新史學理論及其實踐成就的得失，客觀審視其史學在處理傳統史學與現代史學及其與傳統史學的批判性繼承關係，無疑是中國當代新史學在面對傳統史學以創新和發展過程中所應當研究的重要課題。

第二章　錢穆與港臺新儒家交往述略*

上海大學歷史系
陳勇

　　在1949年大陸政權易手之際，一批不認同新政權的學人離開大陸，南走香港，在「近百年來既屬中國而又不算中國的土地」上興學育才，弘揚中國文化，實現了「在南國傳播中國文化之一脈」、延續中華文化於海外的志業宏願。在這一批南來學人中，以錢穆、唐君毅等人最具有代表性。本文主要論述新亞書院創辦人錢穆與港臺新儒家的代表人物唐君毅、徐復觀、牟宗三等人的交往及其文化理想和學術異同，考察1958年錢穆拒簽《為中國文化敬告世界人士宣言》的原因，進而分析他與當代新儒家不同的學術理念和思想分歧之所在。

一、為中國文化延續命脈：新亞書院的創辦

　　1949年，對於每一個知識份子而言，都面臨著人生的重大抉擇。因為國民黨在大陸的統治行將結束，一個由共產黨領導的新政權即將誕生。在1949年的人生抉擇中，絕大部分知識份子選擇了留在大陸。而對即將誕生的新政權沒有認同感，對行將垮臺的國民黨政權在情感上有留戀之心的錢穆、唐君毅等人則懷著「花落而春意亡矣」的心情，選擇了南走之路。

　　1949年4月，錢穆與江南大學同事唐君毅應私立華僑大學校長王淑陶的邀請赴廣州講學，6月隨華僑大學遷往香港。入港後，看到許多從大陸

* 本文為教育部人文社科基地重大項目「六十年來的港臺人文思潮研究」（項目號11JJD770008）和上海高校一流學科（B類）「世界史」資助項目的階段性成果。文章原約四萬余字，因受字數的限制，刪去「錢穆與牟宗三」一節，特作此說明。

來港的青年失業失學，無依無靠，踽踽街頭，心有感觸。於是萌發了在港創辦學校，為青年提供求學機會的念頭，於是便有了新亞書院的出現。

新亞書院的前身為亞洲文商學院，1949年10月10日創辦。亞洲文商學院存在了約半年時間。1950年3月，學校得到上海商人王岳峰的資助，在九龍桂林街建立新校舍，正式改名為新亞書院，由錢穆任首任校長，唐君毅任教務長，張丕介任總務長。

余英時在一篇談新亞書院創辦的文章中說：「一九四九年新亞書院的創建是歷史的偶然，但同時也涵蘊了一種潛在的必然。所謂歷史的偶然是指當時創校人物志同道合，而恰好在亂離流浪之中同時湊泊在香港，再加上種種人事因緣的巧合，因此才有亞洲文商學院──新亞前身──的成立。」[1]唐君毅也多次講道新亞書院的創辦是一個「偶然的無中生有」，這一批來自天南地北、最初並不彼此相識的學人，「只因中國政治上之一大變局，偶然同聚在香港，遂有此新亞書院的創辦。」所謂偶然中蘊含著潛在的必然，是指這一批南來學人具有強烈的憂患意識和文化擔當精神，他們原本在大陸從事教育工作，素有承傳和弘揚中國文化的宏願，他們來到了這塊「近百年來既屬中國而又不算中國的土地」，以香港作為保存、傳播和復興中國文化的基地，希望能把中國文化在這塊殖民地上靈根自植。這誠如錢穆在給他的老師呂思勉的信中所言，他要效仿明末朱舜水流遇日本傳播中國文化之舉，「希望在南國傳播中國文化之一脈」。事實上，新亞創辦人心目中「新亞」一詞即「新亞洲」之意，即「重新賦予亞洲以新生命」，他們希望把英國殖民統治下的香港，建成一個傳播中國文化、亞洲文化的中心。新亞創辦人延續中國文化命脈於海外的志業宏願後來的確得到了實現，經過他們的艱辛努力，新亞書院的確成了海外傳承中國文化的重鎮，成為港臺新儒家弘揚中國文化的主要基地。

二、錢穆與唐君毅

唐君毅（1909-1978），四川宜賓人，17歲考入北京大學，對梁漱溟執弟子禮。19歲轉入南京中央大學哲學系，師從方東美、宗白華、熊十力等人。抗戰時任教於華西大學、中央大學，出版有《道德自我之建立》

---

[1] 余英時：〈新亞精神與中國文化〉，《新亞生活月刊》第28卷第3期（2000年11月），頁1。

（1944年）、《人生之體驗》（1944年）等著作，在哲學界已嶄露頭角。賀麟在1945年完成、1947年出版的《當代中國哲學》一書中對唐氏「富於詩意」的唯心論哲學有極高的評價，稱其著作「為中國唯心論哲學的發展，增加了一股新力量」。[2]

　　抗戰時期，錢穆與唐君毅雖然都在西南後方，但似乎沒有什麼交往。從現有的材料看，兩人的直接交往始於他們任教無錫江南大學之時。

　　江南大學在無錫太湖之濱，是無錫鉅商榮家斥資興辦的一所私立大學。唐君毅與好友牟宗三、許思園同在南京中央大學哲學系任教，牟、許二人系由唐推薦而來。1947年秋，中大哲學系人事糾紛日趨激烈，系內要解除牟、許兩位的教授職務，出於對朋友道義上的支持，唐與牟、許二人共進退，應江南大學之聘任教授，兼任學校教務長。此時錢穆也應江大之聘，任文學院院長，這年9月，錢穆到校任職，這是錢、唐二人論交之始。

　　錢成名在唐之前，在二人論交之時，唐在學界名聲已著，兩人同為江大的中堅力量，交往較密，多次同遊太湖，蕩漾湖中，暢談學術。錢穆當時撰有《湖上閑思錄》一書，唐君毅也寫成了《文化意識與道德理性》一著作。1948年夏，唐君毅應好友程兆熊的邀請，到信江農學院講學。該學校設在江西鉛山鵝湖書院內，是當年朱陸講學聚會之地，歷史上有名的「鵝湖之會」就發生在這裏。程氏有意恢復鵝湖書院，讓唐來籌備此事。唐君毅對程氏的想法深表贊同。早在抗戰期間，唐君毅就認識到書院教育不失為一種良好的辦學方式，故與程氏相約，先由農院附設鵝湖書院，然後逐漸改為由鵝湖書院附設農院，致力於書院的恢復工作。兩人的想法也得到了錢穆的大力支持。錢氏認為中國現代的教育制度深受歐美的影響太支離破碎，他嚮往宋明以來的書院制度，以及書院制度下的人格教育，所以他極力支持程、唐二人的做法，希望將來再來一個新的「鵝湖之會」，不料由於時局的變化太快，這一願望終成泡影。

　　1949年初，國民黨在軍事上節節敗退，形勢急轉直下。錢穆在給唐君毅的一封信中談到了對時局的看法，流露出焦慮不安的心情。2月，錢穆收到了廣州私立華僑大學校長王淑陶的一封信，邀請他和唐君毅赴廣州講學，為期3月。王淑陶是唐君毅舊友，於是錢赴唐處商量南下之事。錢、

---

[2] 賀麟：《五十年來的中國哲學》（北京：商務印書館，2002年），頁46。

唐二人皆主唯心論，反對唯物史觀。在大陸政權即將易手之際，他們兩人也在考慮今後的去留問題。經過反復商量、考慮之後，兩人決定連袂南下。

4月4日，錢穆與唐君毅一道乘火車由無錫前往上海，7日乘金剛輪赴粵，11日到達廣州，受聘於華僑大學。華僑大學創辦於香港，後來遷到廣州，1949年6月，因時局動盪，再遷回香港，校址設在沙田大圍銅鑼灣。錢、唐二人於6月7日夜乘船抵港。當時流亡到香港的大陸學人日漸增多，錢穆與謝幼偉、崔書琴、吳文暉等人決定在港創辦一所學校，取名為「亞洲文商學院」。在籌辦過程中，發起人之一吳文暉中途退出，謝幼偉應印尼某報館之聘任總主筆離去，崔書琴因是國民黨政府立法委員，隨時準備入台。因此，幾位發起人實際上只剩下了錢氏一人。由於人少力薄，孤掌難鳴，錢穆邀請與自己同來香港的唐君毅和《民主評論》的主編、經濟學家張丕介兩人一道參與學校的籌建。10月10日，亞洲文商學院正式創辦，第二年3月改名為新亞書院。

在新亞書院的創辦和發展過程中，錢穆與唐君毅等創辦人同甘共苦，情誼篤深。當時，錢穆主持校政，並兼任文史系主任、新亞研究所所長，講授中國通史、中國文化史、中國文學史等課程，為籌集經費時常奔波於香港與臺灣之間。唐君毅主持哲學系，並兼任教務長，講授哲學概論等課程，彼此朝夕相處，相依為命，以人文理想精神自勵並感染同仁和學生，為學校的發展殫精竭慮。錢穆稱「同事間真志同道合者，實亦惟君毅一人而已[3]，這是兩人在新亞共事時情誼深厚的真實寫照。

在授課之余，錢、唐諸人還結伴出遊，或散步石澳海邊，或游西林寺，或漫步太平山頂。當年與他們同游的徐復觀有這樣一段回憶：「當時經常走在一起的有錢賓四、張丕介和唐君毅諸位先生。錢先生當時五十多歲，我和張先生是四十多歲，唐先生大概剛掛上四十的邊緣。錢先生一向是遊興很高，而且是善於談天的人；他談的是半學術，半生活，偶而也摻雜一點感慨和笑話，真是使人聽來娓娓不倦。唐先生一開口便有哲學氣味；我和丕介當時對學問有虔誠的謙虛，對錢、唐兩位先生，是由衷的欽佩；所以對唐先生的哲學漫談，也聽得津津有味。」[4]

---

[3] 錢穆：〈致徐復觀書〉（1955年），《錢賓四先生全集》（臺北：聯經出版事業公司，1998年），第53冊，頁352。

[4] 徐復觀：〈太平山上的漫步漫想〉，收入胡曉明、王守雪編：《中國人的生命精神》（上海：華東師範大學出版社，2004年），頁287。

　　居港辦學時期，錢、唐二人也筆耕不輟。錢穆的著述主要轉向對中國歷史文化精神的研究和闡釋，出版有《文化學大義》、《中國歷史精神》、《民族與文化》等10餘部著作，唐君毅則由1940年代對人生哲學的研究轉向對中國人文精神的探尋，寫有《中國文化之精神價值》、《人文精神之重建》、《中國人文精神之發展》等重要著作。在《中國文化之精神價值》一書中，唐對錢穆論中國歷史和文化的成果也多有採擷、吸收。

　　1954年7月30日（農曆6月初9），是錢穆60壽辰，新亞書院和《民主評論》、《人生》雜誌聯合出版祝壽專輯，以表彰錢氏在學術和教育上的貢獻，唐君毅不僅表示支持，還專門寫下《錢賓四先生還曆紀念》一文，稱錢先生「最初為學是治古文辭，後乃及於中國學術之各方面。錢先生之知名於中國學術界，在其早年有《劉向歆父子年譜》與《先秦諸子系年》二書。其著作最重要之階段，為其寫《中國近三百年學術史》與《國史大綱》之一時期。錢先生隻身來港後，其時之著作則尤重於中國歷史精神、中國文化靈魂所在之學術思想之說明。中國之社會政治問題解決，不能襲取他人已成之方案，而同時注意及於中國文化與世界文化之融通等問題，承認中國未來之文化當另有一新面目。斯其胸量之所及，又非其舊作之所能限者矣。」[5]

　　新亞書院以弘揚中國文化為己任。在錢穆、唐君毅的倡導和主持下，新亞書院面向社會開辦學術文化講座，邀請在港的文化名流和著名學者主講。新亞文化講座每週末晚上在桂林街校舍的四樓大教室舉行，可容納百人左右。每至週末，無論是寒暑風雨，校外來聽者常常滿座，留宿校內的新亞學生只好環立於旁，擠立牆角而聽。從1950年冬開始，到1955年初止，已舉辦139次，共講122個專題，內容遍及新舊文學、中西哲學、史學、經學、宗教思想、中國傳統藝術、繪畫、詩歌、社會學、經濟學等，其中錢穆主講21次，唐君毅主講16次，成為講座的核心力量。

　　錢、唐二人「全幅精神，注於新亞」，共同確立和奠定了新亞的文化理想和教育理想，這種文化教育理想後來被概括成為「新亞精神」，即在憂患時代中建立起來的為中國文化續命的擔當精神。曾作過新亞書院院長的金耀基在紀念新亞創校三十周年時曾深情並茂地作過這樣一番演講：

---

[5] 此系據唐氏〈錢賓四先生還曆紀念〉一文內容節錄而成，《民主評論》第5卷第23期（1954年12月）。

> 新亞不是一間普通的學校，她是一間有崇高的教育理想與文化意識
> 的學府。新亞是由一批具有憂患意識的流亡學人，在憂患的時代中
> 建立起來的。憂患意識不止是由當時風雨交集的困乏而來，而毋寧
> 是由一種要對中國和人類文化加以承載的責任感而來。……當年新
> 亞的創辦人錢賓四、唐君毅和張丕介諸先生，以及社會上先進如王
> 岳峰、趙冰先生等，憑著一股豪邁沉毅的心情，一種為文化學術不
> 計勞困和錢財的決心，衝決種種困難，卒於在香港這個殖民地樹立
> 了一個以宋代書院為格局之中國的大學教育的形象。由於新亞先驅
> 者的堅卓努力，新亞的教育理想終於漸在香港形成氣候，並且受到
> 海內外友人和團體，如雅禮協會等的重視和支持。事實上，新亞成
> 長的歷史，就是她的理想越來越受到更多人欣賞接受的歷史。[6]

這裏所說的「新亞的理想」，實際上是指創辦人錢、唐諸人承繼中華傳統，創新中國文化的創校宗旨。徐復觀曾撰文稱：「新亞是靠錢穆先生的名望，唐君毅先生的理想，張丕介先生的頑強精神而支持的」，他們有一個講學的理想，有一個對中國現局，從文化上加以反省的自覺，有一個要使中國文化從三百年的冤屈中獲得它正常地位的悲願，才能有新亞書院的出現。「可以這樣斷定，香港之有一點中國文化氣氛，有少數中國人願站在中國人的立場做中國學問，是從新亞書院開始的。」[7]

作為新亞書院的院長，錢穆無疑是新亞最具有號召性的人物，是新亞的核心力量。當學校規模不斷擴大，新進人員日漸增多，辦學條件不斷改善之時，也出現了對錢穆的不滿之聲。唐君毅出面說道：「不是錢先生的大名，便沒有新亞書院，所以大家還是要維護他。」[8]唐氏之言，既維護了新亞的團結，同時也表達了對老友的信任和尊敬。

當然，錢、唐二人對一些學術問題的看法上也有分歧。這種分歧到了50年代末60年代初表現得愈來愈明顯。比如，1958年元旦，牟宗三、徐復觀、張君勱、唐君毅聯名發表了《為中國文化敬告世界人士宣言》。〈宣

---

[6] 金耀基：〈新亞三十年〉，《新亞教育》（香港：新亞研究所，1981年），頁166-167。

[7] 徐復觀：〈悼唐君毅先生〉，收入陳克艱編：《中國知識份子精神》（上海：華東師範大學出版社，2004年），頁64。

[8] 徐復觀：〈悼念新亞書院〉，收入黎漢基、李明輝編：《徐復觀雜文補編》，第二冊，《思想文化卷》（下），頁266。

言〉初稿由唐君毅起草，在發表時邀請錢穆同署，錢以簽發〈宣言〉容易造成有形的學術壁壘而加以拒絕。又如，在對待儒家思想，尤其是對《中庸》、《易傳》的理解上，兩人也有不同的看法。錢穆在致徐復觀的一封信中說，「弟宗主在孟子、陽明，然信陽明而知重朱子，尊孟子而又愛莊周」，因為「晦庵（朱熹）可以救王學之弊，莊子可以補孟子之偏」，認為《中庸》、《易傳》即「採用莊老來補孔孟之偏」。[9]所以他撰《中庸新義》一文，即以《莊子》來解釋《中庸》。唐君毅不贊同這一看法，他在致徐復觀的信中說，「錢先生之思想自其《三百年學術史》看便知其素同情即情欲、即性理一路之清人之思想，此對彼影響至深。彼喜自然主義、喜進化論、行為主義。由以此論德性，亦一向如此。彼有歷史慧解，生活上喜道家，故在歷史上善觀變。但其思想實來不是《孟子》、《中庸》至宋明理學之心學道學一路。……今其論《中庸》文釋『誠』與『不睹不聞』，都從外面看，有違《中庸》本意。」[10]

　　在一些具體的問題處理上，兩人也存在著分歧。比如，在新亞書院是否加入中文大學的問題上，錢穆力主加入中大，使學生的畢業資格能得到香港政府的承認。唐君毅在這一問題上則有所保留。他在《新亞的過去、現在與將來》的講辭中說：「照我的意見，如今日之新亞尚未加入中文大學，我亦可以贊成不加入；但今已加入再退出，實際上是存在著很多困難的。不退出，當然有所獲得，亦必有所犧牲。」[11]

　　事實上，在新亞加入中大之前，錢、唐二人已經意識到新亞先前的許多辦學理念會因加入而受損，其文化理想不容易得到維持。所以當新亞加入中大後，二人力主推行聯邦制，以保持新亞書院的辦學特色和固有風格。

　　1964年7月，錢穆在辦學理念上與中文大學當局發生了激烈的衝突，憤而辭院長之職。辭職後的錢穆又未能回到新亞研究所，只得閒居沙田，於是錢、唐間的矛盾逐漸公開化。1967年錢穆離港赴台定居前，唐君毅曾與他見面二次，「晤面時初幾無話可談」。[12]從「同事間真志同道合者，實亦惟君毅一人而已」，到「晤面時初幾無話可談」，錢、唐間過去那種

9　錢穆：〈致徐復觀書〉（1955年9月16日），《錢賓四先生全集》第53冊，頁354。
10　唐君毅：〈致徐復觀〉（1955年8月23日），《唐君毅全集》（臺北：臺灣學生書局，1991年），卷26《書簡》，頁98。
11　劉國強編：《新亞教育》，頁165。
12　唐君毅：〈致徐復觀〉（1967年9月29日），《唐君毅全集》，卷26《書簡》，頁155。

患難相共、親密無間的關係至此不復存在。唐君毅曾致書友人言道：「以超越眼光看彼（指錢）在此十七年之所為，與弟等在此十七年之所為，皆是一悲劇也。」[13]

1973年，中文大學推行行政改制，以中央統籌的集權制取代過去的聯邦制，違背了新亞書院加入的初衷，而且在教育體制上也一味模仿香港大學。唐君毅認為中大如果成為港大第二，則中文大學沒有獨立存在的必要，如果中大堅持為華人社會的需要而存在，就不應該一味仿效港大。為了維護「中國人的立場」，維護新亞書院的創校精神和文化理想，唐奮起抗爭，與中文大學當局的矛盾激化。然而唐君毅等少數新亞學人的抗爭畢竟勢單力薄，無力扭轉大學當局的決定而陷入困窘。正如徐復觀在一篇文章中所說的那樣：「新亞是靠錢穆先生的名望，唐君毅先生的理想，張丕介先生的頑強精神而支撐著。如今錢先生撤走了，張先生去世了，唐先生陷於孤軍奮鬥，更為吃力了。」

1974年，唐君毅懷著極不愉快、極不甘心的心情從中文大學退休。1977年，中大改制完成，一元化的集權制取代了過去聯邦制的大學組合制度，新亞書院九位堅持創校精神的校董在唐君毅的帶領下集體辭職位以示抗議，成為香港高等教育史上最具震憾性的學術衝突。

三、錢穆與徐復觀

徐復觀（1903-1982），湖北浠水人。其一生頗具有傳奇色彩：早年求學於浠水、武昌，1928年東渡扶桑，入日本陸軍士官學校學習軍事，在此期間閱讀了大量的馬克思主義著作。回國後投身軍旅，參加抗戰。1942年派到延安當過半年聯絡參謀，與共產黨高層多有接觸。曾深受蔣介石的器重，作過侍從室的機要秘書。但最終從政界轉入學界，走上了由政治而學術之路，是一位典型的「介於政治與學術之間」的人物。

1944年夏季，徐復觀以高級參謀的身份由重慶赴昆明，在何應欽主持的陸軍總司令部住了一個多月。一天下午，他和熊十力的學生韓裕文到西南聯大文學院去拜訪熊的朋友湯用彤，向他請教一些問題，並要湯推薦一些書看，湯向徐推薦了錢穆的《國史大綱》，說「這部書很好，可以都

---

[13] 同前註。

看看」。徐氏初見熊十力時，熊要他看王夫之的《讀通鑑論》，由此產生聯想，「大概讀書人對於軍人，總是希望能先有點歷史知識」。[14]此時，錢穆早已離開昆明在成都，兩人尚末見過面，不過徐氏說他對錢的深刻印象，「系從此時開始」。

　　1947年5月，以陸軍少將軍銜退役的徐復觀，與商務印書館合作，在南京創辦《學原》雜誌，宣傳中國文化，開始從事以學術文化救國的活動。當時熊十力、錢穆、柳詒徵、湯用彤、楊樹達、朱光潛、謝幼偉、唐君毅、牟宗三等人都是該雜誌的主要撰稿人。錢穆在《學原》上發表的文章有《陽明良知學述評》、《周程諸子學脈論》、《郭象〈莊子注〉中之自然論》、《朱子心學略》等文，錢、徐在學術上的結緣，大概始於這一時期。

　　1949年4月底，錢穆在廣州碰見了徐復觀，通過徐的介紹，他認識了一些國民黨黨政要員。不久，徐復觀到香港創辦《民主評論》，錢穆也隨華僑大學入港，隨後居港興學，創辦了新亞書院。這一段時間，錢、徐二人時常見面，交往頗為頻繁。

　　《民主評論》為半月刊（以下簡稱《民評》），1949年6月16日在香港創辦，創刊經費得到過蔣介石的支持。1949年春，蔣介石被迫「引退」後，電召徐復觀至奉化溪口。蔣對徐有知遇之恩，故應召前往溪口住了40多天。當時國民黨在大陸的潰敗已成定局，蔣問徐今後的去向，徐稱大陸失守後，香港已成鬥爭的前線，他打算前往香港創辦一雜誌，以擔當一份「思想鬥爭」的責任。蔣聽後亦表贊同，並慷慨解囊，拿出9萬港幣作為辦刊經費。所以，徐復觀稱《民主評論》的經費是他從奉化蔣公手中要來的。

　　《民評》創刊後，總社設在香港，在臺北設有分社。徐復觀為發行人，徐氏創辦《學原》的舊友張丕介任主編，辦刊的宗旨為「爭取國家獨立，政治民主與經濟平等，學術思想之自由」。創刊之初，討論現實政治色彩濃厚，後來轉向文化問題的討論，逐漸發展成為港臺「新儒家的發言台」。[15]撰稿者多為當時流亡到香港的大陸學者，尤其以新亞書院的學人為多。張丕介曾撰文回憶道：

[14] 徐復觀：〈沉痛的追念〉，《中國知識份子精神》，頁111-112。
[15] 韋政通：〈臺灣三十年來思想性雜誌的回顧與前瞻——《民主評論》與《文星》雜誌部分〉，《哲學與文化》第13卷第6期（1986年6月），頁362。

一九四九年夏初，我隨同逃亡大潮，來到香港。我的計畫是在這個
英國統治下的自由港，編刊一種定期刊物，就是隨後創辦的《民
主評論》半月刊。這是戰後香港最早出現的一份大型雜誌，半月一
期，標榜著明顯的原則：政治民主、經濟平等和學術思想自由。我
與徐復觀先生分工合作，他負責籌措經費，打開對外發行的關係，
我負責徵集文稿，編輯和校對等事務。一九四九年六月十六日，創
刊號出版，許多朋友表示贊許，我們決定正式發行。那時最重要的
問題是缺乏適當的文稿，所以盡量聯絡能撰寫此類文稿的學者。這
時，錢穆、唐君毅、謝幼偉諸先生，差不多同時到港。這幾位先生
是我在南京辦《學原》時期的舊友，此時成了《民主評論》的主要
作者，又是一般讀者所熟悉的名字。他們的文章確為《民主評論》
生色不少。我們幾乎天天見面，討論時代問題和思想問題，非常投
機。[16]

　　《民評》在發展中也並非一帆風順。有人攻擊徐復觀「拿國民黨的
錢，來罵國民黨」。同時，辦刊經費和銷路也面臨諸多困難，徐復觀曾一
度心灰意冷，擬停辦關門。為了使該刊得以繼續維持，不致半途夭折，錢
穆多次致信徐氏，勸其不要放棄。他在1951年10月1日的一封信中說道：
「來書已與丕介、君毅同讀，此間意仍望兄以事業為重，擔此責任。《民
評》兩年來於國家社會有所貢獻，若為小意氣竟此停刊，殊不值得」。
「至於別人的評論是非，弟殊不在意。吾人做事，只當內盡諸己，外面毀
譽從違，可不一一計較。兄萬不宜因此生氣，弟決不因此對《民評》灰
心。」[17]徐復觀曾提議錢穆擔任《民評》社長，錢因主持新亞書院，無力
分心，加以婉拒，稱自己當多寫文章，以「減兄憂勞之萬一而止。」事實
上，當《民評》稿源陷入枯窘之時，多由錢穆、唐君毅等新亞學人及時加
以補充解決。這一時期，錢穆、唐君毅等人的重要文章皆在《民評》上刊
出。當新亞書院辦學經費出現周轉困難時，《民評》也經常給予支持，徐
復觀在致唐君毅等友人的信中說：「在新亞經濟困難時，《民評》常與以
周轉，其中有三千港幣，並未請求償還。弟對錢先生個人及新亞，可謂

[16] 張丕介：〈新亞書院誕生之前後〉，《新亞教育》，頁44。
[17] 錢穆：〈致徐復觀書〉，《錢賓四先生全集》第53冊，頁317。

盡力無微不至。」[18]徐復觀甚至「將《民論》之現金張目等項，交由新亞主持者」，[19]使其既能監理校務，又能節省精力為《民評》多作編輯之工作。兩者之間互為奧援，聯繫之緊密，於此可見一斑。

　　新亞初創時期，錢穆為籌措辦學經費，常往來於香港與臺灣之間。赴臺北，常住《民主評論》分社；赴台中，多到徐復觀家中暢談。據錢穆回憶，1951年、1952年的農曆新年，他都是在徐府度過的。兩人打地鋪，作長夜之談。錢氏後來在致徐復觀的一封信中說：「回念以往弟在尊府叨擾之情，如在目前：弟安臥床褥而兄睡地上，此情尤感念無極。」徐復觀對錢穆「安貧處約的人生態度」十分讚賞，常在朋友面前多有道及。錢穆常為《民評》寫文章，「《民主評論》對於錢先生的稿子，總是給以最高的稿費」。[20]1949年以前錢穆，雖是國內望重一時的著名學者，但是初到香港辦學時，他卻是沒有很大影響力和號召力的，徐復觀「便動員一切直接間接關係，使大家知道這位中國文化留護神的錢先生而加以尊重」。[21]

　　顯然，《民主評論》和新亞書院的發展是緊密相連、互為條件的。在新亞初創時期，新亞學人的活動經費有相當部分來源於《民主評論》的稿費，同時他們的文化理念和學術主張又通過《民主評論》傳播出去。徐復觀曾說《民主評論》「當時以錢穆、唐君毅、牟宗三三位先生為中心」，「唐君毅先生以深純之筆，開始了中國人文精神的發掘。牟宗三先生則質樸堅實地發揮道德的理想主義。……錢賓四先生的文章，走的是比較清靈的一路；因他的大名，吸引了不少讀者。胡秋原先生用『尤治平』的筆名，發表了很有分量的《中國的悲劇》。這都是在文化反省方面，所演出的重行頭戲。」[22]可見，《民主評論》弘揚中國文化的努力，是在新亞書院配合下進行的。臺灣學者韋政通說，《民主評論》「可以說是在中國大陸以外發展出一個復興中國文化的基地，在與香港的新亞書院相配合之

---

[18] 徐復觀：〈致唐君毅、謝幼偉、牟宗三函〉，1962年1月15日。此函未刊，由香港中文大學劉國強教授提供，原件存香港中文大學新亞書院。以下凡寫「未刊」者，其信函文字打印稿皆由劉國強教授提供，謹致謝沈。

[19] 徐復觀：〈致唐君毅函〉，1953年3月16日，未刊。

[20] 徐復觀：〈三千美金的風波──為〈民主評論〉事答復張其昀、錢穆兩先生〉，《徐復觀雜文補編》，第二冊，《思想文化卷》（下），頁183。

[21] 同前註，頁184。

[22] 徐復觀：〈《民主評論》結束的話〉，《民主評論》第17卷第9期（1966年9月），頁22。

下，我想這在歷史上是有長遠意義的。」[23]牟宗三也說「那時新亞初成，極度艱難，亦多賴民主評論社資助，此亦徐先生之力。所謂新亞精神實以《民主評論》之文化意識為背景，人不知此背景，新亞精神遂亦漫蕩而無歸矣。」[24]顯然，以錢穆為中心的新亞學人在海外弘揚中國文化的志業宏願與《民主評論》的文化意識精神意氣相通，這構成錢、徐之間交往的精神聯繫，所以二人時相過從，交往最密的一段時間當在50年代前半期，即徐氏主持《民主評論》前半期。

錢穆年長徐復觀8歲，在徐氏退出政界，廣交學界朋友之時，錢穆已經成名。徐對錢「敬之以前輩之禮」，尊敬有加，錢對中年才潛心學術、初窺學問門徑的徐復觀也時常給予指導、點撥。在1950年代二人頻繁的通信中，有不少討論治學方法的內容。比如1952年錢穆在一封致徐氏的信中說做學問應「看准路向，一意專精，切忌氾濫」，建議徐氏善用所長，善盡所能，一面從日文進窺西方，一面在本國儒學中，只一意孔孟、易庸、程朱、陸王幾個重要點鑽研。只要潛心研究，不出五年，「必可有一把柄在手」。[25]當錢穆看到徐復觀學問勇猛精進時，也由衷地贊道：「兄此數年來，學問長進，朋輩皆望而生畏。盼能沉潛反復，厚積薄發。」[26]

錢、徐二人也時常切磋學問，就一些學術問題進行討論，提出不同的意見。比如對於《中庸》的成書年代及其思想的討論。錢穆撰有〈中庸新義〉一文，以《莊子》解釋《中庸》，認為《中庸》匯通《莊子》以立說。徐復觀對錢穆這一新說提出異議，特撰〈《中庸》的地位問題〉一文，對《中庸》出於《莊子》之前，其思想屬於儒家系譜重新加以認定。兩人還通過信函的方式進行討論，錢穆言：「中國文化，實是近科學而遠宗教，此層道家更顯。鄙意論東方文化，斷不能排斥道家。《中庸》、《易傳》之所以為當時之新儒學，正因其接受了老莊。朱子亦多近此一面。弟意正欲再下此方面工夫，為科學與儒學會通辟一路。」[27]又言：「其實鄙意亦決不曾謂《中庸》乃道家義，只是匯通道家言以為儒說另開

---

[23] 韋政通：〈臺灣三十年來思想性雜誌的回顧與前瞻——《民主評論》與《文星》雜誌部分〉，《哲學與文化》第13卷第6期（1986年6月），頁363。

[24] 牟宗三：〈悼念徐復觀先生〉，《牟宗三先生全集》第23冊《時代與感受》（臺北：臺灣聯經出版公司，2003年），頁309。

[25] 錢穆：〈致徐復觀書〉，《錢賓四先生全集》，第53冊，頁323。

[26] 錢穆：〈致徐復觀書〉（1956年2月24日），《錢賓四先生全集》，第53冊，頁363。

[27] 錢穆：〈致徐復觀書〉（1955年9月16日），《錢賓四先生全集》，第53冊，頁356。

一新面，此在《中國思想史》已抉發其大要。任何文字，決不能於一篇中盡情包括，讀者貴能會而觀之，此自古讀書之常法，兄似不應於此忽之也。」[28]雙方信函往返數次，雖然均未能說服對方，但有助於對這一問題的深入研究。

徐復觀寫有〈中國的治道——讀陸宣公傳集書後〉一長文，被他的「論敵」殷海光譽為「不平凡的人之不平凡的作品」。錢穆對徐文雖有極高評價，但對該文的寫作方法也提出了批評。1953年5月4日，即徐文在《民主評論》刊出後的第三天，錢致信徐言：「大稿《論陸宣公》一文已拜讀，備極欽欣。惟弟素有一意見：評史與論時事不同，論時事可引史，論史可針切時事，然各有主腦，不宜相混。宋儒如蘇東坡，論史往往影射時事，借題發揮，此乃一種策論體，在當時已不為上乘，乃史家所不取。司馬溫公、歐陽文忠公論時事皆極剴切詳明，而論史則專在客觀方面就史論史，不根據自身時代發議。故《新唐書》各志及《通鑒》皆為治史者重視。一是史學，一是政論，此兩者絕不同。尊文似總著意在政論，分之則兩美，合之則各有所未盡。鄙意如此，未知然否？」[29]

此外，兩人還就《老子》的成書年代、朱熹戴震的思想、朱陸異同、宋學與漢學、考據與義理、張居正的歷史地位等問題進行過熱烈的討論，澄清了不少問題。錢穆在致徐復觀的一封信中說：「學問思想能有討論，便多觸發，否則總是偏隅之見，語焉不盡。……弟甚望能有兄指點異同，或可逼弟更進一步。如此辯論，始有價值。」[30]

在現代新儒家中，徐復觀是一位情感奔放的「勇」者型的學者。他一生寫了許多時論、雜文，筆力勁悍，個性飛揚，批評文字犀利尖刻，頗多「激憤」之語。50、60年代，《民主評論》與代表自由主義的《自由中國》隱然形成對立之勢。徐復觀站在中國文化的立場上對胡適進行了不遺餘力的攻擊。其實，徐復觀對胡適追求民主自由從未懷疑而不失尊重，只因文化立場的不同，使他用近似謾罵的語言對胡氏作了最嚴酷的譴責，以此來表達自己的愛憎。

---

[28] 錢穆：〈致徐復觀書〉（1956年2月24日），《錢賓四先生全集》，第53冊，頁363-364。
[29] 錢穆：〈致徐復觀書〉，《錢賓四先生全集》，第53冊，頁325-326。
[30] 同前註，頁335-336。

在批胡適問題上,錢穆與徐復觀一樣立場堅定,態度鮮明,明批、暗批了大半生。[31]但是在批評的行文遣辭和方式上,兩人又有明顯的不同。錢穆恪守「溫柔敦厚,詩教也」的古訓,主張批評文字應心平氣和,不走偏激之路。所以在他批胡的文字中,沒有徐氏那種咄咄逼人的氣勢。事實上,錢穆對徐復觀辛辣尖刻的文風頗不以為然。有一次,徐復觀撰文指斥某人為「文化漢奸」,錢穆認為「下語過分」,會引起無謂的筆墨官司。他說「學術思想只能從同氣相求,同聲相應中,求逐步充實而光輝。不同氣,不同聲,則道不同不相為謀」[32],大可不必因行文措辭過分過激而徒傷感情。其實,在討論《中庸》、《老子》問題時,錢穆就感到徐氏文辭間「頗少和易寬坦之氣」,故規勸道:「激宕縱送,此固文章之能事,然論事則害事,論學則害學」,力倡「治學用心,更貴平實」。[33]在行文遣辭上,也透顯出兩人不同的性情。

錢穆、徐復觀在學術上的爭論和批評並沒有影響二人之間的關係,起碼在1950年代前半期,二人還是保持了相當密切的關係。錢穆60壽辰時,徐復觀寫下〈憂患之文化——壽錢賓四先生〉一文,稱中國文化為一憂患之文化,而錢先生的一生,即此憂患之文化真誠之實踐。「先生出入於險阻困頓之中,從容坦易,無憤厲之色,無急遽之詞,無矜持之態。來台中,兩度館於余之陋室,餘婦不覺貧家之添一客人也;講學應接之暇,與童稚嬉戲,童稚不覺與其平日之嬉戲有以異也。別經歲時,童稚尚念念不能置。」[34]在徐的筆下,錢穆簡直就是一純儒的典型。

50年代後期,錢穆與徐復觀的關係逐漸疏遠,1958年錢穆拒簽〈宣言〉,是疏遠開始的標誌。導致這一局面的原因一方面與50年代後期新亞學人內部分裂有關。徐復觀與唐君毅、張丕介的關係遠較錢穆為厚。當初錢、唐、張三人在「手空空,無一物」的艱難條件,同甘共苦,齊心協力,創辦了新亞書院。隨著學校的發展,環境的好轉,三位創辦人的關係反而日漸疏遠。在徐復觀看來,這大致與錢對唐、張二人的排擠有關。他在〈張教授丕介墓誌〉中說道:「及學校之聲譽日起,環境漸優,君忽頗

---

[31] 參見陳勇:〈試論錢穆與胡適的交誼及其學術論爭〉,《史學史研究》2011年第3期。

[32] 錢穆:〈致徐復觀書〉(1955年5月26日),《錢賓四先生全集》,第53冊,頁337。

[33] 同前註,頁362。

[34] 徐復觀:〈憂患之文化——壽錢賓四先生〉,《徐復觀雜文補編》,第二冊,《思想文化卷》(下),頁56。

受排擠」。在〈悼念新亞書院〉一文中，徐氏也透露了同樣的信息。在錢
穆與唐君毅、張丕介關係疏遠乃至交惡的過程中，徐復觀大致站在唐、張
一邊，而對錢穆有所指責，這便增添了錢對他的反感。導致錢、徐二人關
係緊張，更重要的原因恐怕與兩人對中國傳統政治的理解截然異趣有關。

　　錢穆對中國傳統政治的研究見解獨到，提出了自秦以來中國傳統政
治非專制的論斷。30年代他在北大任教時就提出了這一觀點，50年代在香
港又多次加以申說。[35]錢氏認為，依據儒家思想建立起來的科舉制、台諫
制、封駁制、銓選制皆有規範君權的作用，所以他多從儒家對君權的限制
著眼來解說中國的傳統政治。余英時對乃師的觀點作了這樣的解讀，「據
我反覆推究的結果，我以為錢先生所強調的其實是說：儒家的終極政治理
論與其說是助長君權，毋寧說是限制君權。基於儒家理論而建立的科舉、
諫議、封駁等制度都有通過『士』權以爭『民』權的涵義。他特別重視孫
中山在西方三權之外再增設『考試』和『監察』二權，以上接中國的傳統
政治。這正是由於他深信儒家的政治理論有一個合理的內核，可以與現代
的民主相銜接。這是一個屬於整體判斷的大問題，自然不能沒有見仁見智
之異。錢先生由於針對流行的『君主專制』說作反駁，行文之間難免引起
誤會，好像他斷定傳統的儒家政治即是『民主』。有些爭議便這樣引發
的。但是如果不以辭害意，我們不妨說：錢先生認為在儒家思想的指引之
下，中國行政官吏的選拔早已通過科舉制度而建立了客觀而公開的標准，
既非任何一個特權階級（如貴族與富人）所能把持，也不是皇帝所能任意
指派的。在這個意義上，他自然無法接受『封建』或『專制』那種過於簡
化的論斷。」[36]應當說，余氏的解釋大體是符合他老師本意的。

　　徐復觀雖然也同意錢穆所說儒家思想對君權有限制作用，但他認為不
能把這種限制作用無限制的誇大。他在〈儒家精神之基本性格及其限定與
新生〉一文中說：「儒家既對人倫負責，當然要對政治負責。但因歷史條
件的限制，儒家的政治思想，盡管有其精純的理論；可是這種理論，總是
站在統治者的立場去求實現，而缺少站在被統治者的立場去爭取實現，因
之，政治的主體性始終沒有建立起來，未能由民本而走向民主，所以只有

[35] 參見陳勇：《錢穆傳》第十章第四節〈中國傳統政治非專制論——錢穆對中國傳統政治的理解〉（北京：人民出版社，2001年），頁252-264。
[36] 余英時：〈錢穆與新儒家〉，收入氏著：《猶記風吹水上鱗——錢穆與現代中國學術》（臺北：三民書局，1991年），頁50-51。

減輕統治者毒素的作用，而沒有根本解決統治者毒素的作用。」[37]徐氏是研究中國政治制度史的大家，他對中國傳統政治進行了全面的檢討，得出了與錢穆完全相反的結論。他認為自秦漢時代起，中國就一直是「權原」在皇帝一人的專制政治，中國二千多年的專制政體，是形成國家一切災禍的總根源，所以他把對中國政治文化的剖析重點放到反專制上。徐、錢二人在50年代前半期交往甚密，他對錢氏非專制論沒有作正面直接的批評，並不意味著他就贊同錢穆的觀點。1966年8月，徐復觀把先前寫的文章〈明代內閣制度與張江陵（居正）的權、奸問題〉經修改後發表在《民主評論》上，對錢穆在《中國歷代政治得失》一書中談明代政治時對張居正地位的評價提出嚴厲批評，提出「我國專制政治到明代而發展到高峰，錢先生的高論，實質上是認為明代的專制還不夠，然則中國的歷史到底要走向何處」[38]的質問。認為錢穆把明代大政治家張居正視為「權臣、奸相」有維護專制王權之嫌，並公開要求錢氏對這些問題做出回應。《中國歷代政治得失》初版於1952年11月，錢穆在敘述明代政治時對張居正作為宰相存在合法性、正當性不足的問題提出批評。在1955年該書修訂版「前言」中，他提出評價中國的傳統政治，應將「歷史意見」和「時代意見」結合起來，不能只依據「時代意見」而忽略了「歷史意見」。他說：

> 要講某一代制度的得失，必需知道在此項制度實施時期之有關各方意見的反映。這些意見，才是評判該項制度之利弊得失的真憑據與真意見。此種意見，我將稱之為「歷史意見」。「歷史意見」，指的是在那制度實施時代的人們所切身感受而發出的意見。這種意見，比較真實而客觀。待時代隔得久了，該項制度早已消失而不存在，而後代人單憑後代人自己所處的環境和需要來批評歷史上以往的各項制度，那只能是一種「時代意見」。「時代意見」並非是全不合真理，但我們不該單憑「時代意見」來抹殺已往的「歷史意見」。即如我們此刻所處的時代，已是需要民主政治的時代了，我們不能再要一個皇帝，這是不必再說的。但我們也不該單憑我們當

[37] 徐復觀著、蕭欣義編：《儒家政治思想與民主自由人權》（臺北：八十年代出版社，1979年），頁66。
[38] 徐復觀：〈明代內閣制度與張江陵（居正）的權、奸問題〉，見氏著：《中國思想史論集》〈附錄三〉（上海：上海書店出版社，2004年），頁238。

前的「時代意見」來一筆抹殺歷史，認為從有歷史以來，便不該有一個皇帝，皇帝總是要不得，一切歷史上的政治制度，只要有了一個皇帝，便是壞政治。[39]

1966年9月，即徐復觀發表《明代內閣制度與張江陵（居正）的權、奸問題》文章的一月後，錢穆將過去所寫的答辯文字也發表在《民主評論》上。在回答徐氏的質疑中，錢氏再次重申了「歷史意見」和「時代意見」的分別：

> 若論到整部中國史裏的「君權」和「相權」，此乃中國政治制度史裏主要一項目，我和徐先生看法卻有好些不同處，而且是常涉到根本上的不同處。……我總認為史家應就歷史之客觀來講。若自己標舉一個理論，那是談理論，不是談歷史。若針切著歷史，那又是談時代，不是談歷史。這並不是說歷史經過，全符不上理論，全切不到時代。只是用心立說，應該各有一立場。……徐先生似乎有些像是站在近代歐美民主政治的時代意見之大理論下來衡評全部中國的政治史。我決不是有意菲薄近代民主政治的人，只認為論史該客觀，不該和時代意見相雜揉。這一點，我占的地位，遠不如徐先生有勢又有力。[40]

在錢穆看來，徐復觀在研究中國傳統政治時過分強調「時代意見」而忽視了「歷史意見」，不免有以今度古之嫌。而作為論辨的另一方徐復觀，則不會作如是觀。他反駁道：

> 錢先生又提出「歷史意見」的問題，歷史中，一時謬誤的意見，常能在歷史的經過中得到澄清、糾正，中國過去之所以特別重視歷史，正因為歷史能提供是非的判斷以保證，盡可以盡宗教中因果報

---

[39] 錢穆：〈中國歷代政治得失·前言〉，《錢賓四先生全集》，第31冊，頁3。

[40] 錢穆：〈明代內閣制度與張江陵（居正）的權、奸問題·附跋〉，《民主評論》第17卷第8期（1966年8月），頁9。該函又以〈答徐君書〉為題收入《錢賓四先生全集》，第31冊，《中國歷代政治得失》〈附錄〉中。此時錢、徐兩人友誼因學術的分歧已瀕臨破裂的邊緣，故後來該函收入《全集》時均將函中的「徐先生」改為「徐君」。

應所能盡的責任，張江陵的情形，正是一個顯著的例子。……但歷
史家若缺乏時代意識，則不僅他對歷史是非的判斷，無補於當時，
並且因缺乏打開歷史的鑰匙，對歷史上的是非，因之也無從把握。[41]

以上是錢、徐在1960年代中期關於傳統政治論辯的首次公開交鋒，表
明兩人友誼因學術的分歧已瀕臨破裂的邊緣。70年代末，錢穆重返改制後
的新亞書院講學，再次重申了他的非專制說，立即遭到了徐氏猛烈抨擊。
他在《良知的迷惘──錢穆先生的史學》中尖銳地批評道：

我們和錢先生有相同之處，都是要把歷史中好的一面發掘出來。但
錢先生所發掘的二千年的專制並不是專制，因而我們應當安住於歷
史傳統政制之中，不必妄想什么民主。而我們所發掘的卻是以各種
方式反抗專制，緩和專制，在專制中注入若干開明的因素，在專制
下如何多保留一線民族生機的聖賢之心，隱逸之節，偉大史學家文
學家面對人們的嗚咽呻吟，及志士仁人忠臣義士，在專制中所流的
血與淚。因而認為在專制下的血河淚海，不激發出民主自由來，便
永不會停止。[42]

徐復觀在文中甚至稱錢穆「假史學之名，以期達到維護專制之實」，
其批評的言辭是何等的尖銳和激烈。錢穆與當代新儒家對中國傳統政治的
理解截然不同，他們的分歧主要也在這裏。

四、錢穆與張君勱

張君勱出生於1887年，年長錢穆9歲，錢穆最初知道張氏的大名當是
在「科學與玄學論戰」時期。

1923年2月，中國學術界爆發了一場「科學與玄學論戰」。在論戰爆
發之時，錢穆正在無錫江蘇省立第三師範任教。此時的錢穆雖然在學術界

---

[41] 徐復觀：〈明代內閣制度與張江陵（居正）的權、奸問題〉，見氏著：《中國思想史論集》，
〈附錄三〉，頁228-229。
[42] 徐復觀：〈良知的迷惘──錢穆先生的史學〉，收入蕭欣義編：《儒家政治思想與民主自由人
權》，頁182。

默默無聞，但他對這場論戰的關注並不亞於當時學界的名流。他寫下一篇名為《旁觀者言》的文章，發表在科學派主將張君勱、張東蓀主編的《時事新報》「學燈副刊」上，1923年12月又收錄在上海亞東圖書館編印的《科學與人生觀》論集中。在文中，錢穆既對科學派把科學與玄學對為兩橛的價值評判作批評，對張君勱用宋明理學來力挽世風的做法表示敬意，同時又肯定科學本身的價值，提出科學家的人生觀起碼應具備尊重事實、對於事實的平等觀和條理密察三個條件。[43]錢穆稱自己為「旁觀者」，但他用自己撰寫的文字事實上參加了這場「科學與人生觀」的論戰。在對科學派和玄學派的評價中，他似乎對科學派的主張寄予了更多的同情和支持。

1931年9月，張君勱從歐洲回國，任教於燕京大學哲學系，主講黑格爾哲學。錢穆在北大史學系任教，以後又在燕大兼課，這一時期兩人有一定交往。據錢穆《師友雜憶》回憶：「又一年，余自北平返蘇州。張君勱偕張一鵬來訪。不憶晤談於何處。一鵬乃一麟胞弟，曾任袁世凱時代司法部長，久已退居在家。君勱系初識，時方有意組一政黨，在赴天津北平前，邀余相談。」[44]文中稱張君勱當時有意組建一政黨，即指張氏後來創立的中國國家社會黨。在籌建國社黨的過程中，張君勱為發展新黨員、吸收骨幹分子而四處奔波，於是便有了他與錢穆在蘇州會面之事。在見面會談中，張君勱勸錢穆不必追隨胡適作考據之學，希望他能跟隨自己從事現實政治活動，可對國家、社會有更大貢獻，並表達了有吸收錢氏入黨之意。錢穆雖然並不是一個純粹埋首書齋、不問時事的學者，但對從事政治活動也沒有太大的興趣，於是以「政治活動非性所長，恕難追隨」而加以謝絕。

1949年，國民黨潰敗大陸，張君勱被中共宣佈為「戰犯」而遭到通緝，離開大陸。錢穆也南來香港而被毛澤東在評美國「白皮書」的那篇著名社論中視為「反動知識份子」的代表人物而遭到點名批判。當年10月，身為民社黨主席的張君勱從臺灣回到香港召開民社黨中央常務委員會，錢、張二人在香港多次相晤。此時的張君勱組建政黨的熱情並沒有因政治上的失敗而減弱，他邀集民社黨、青年党及其它流亡在港的人士，欲在國

---

[43] 參見張君勱等著：《科學與人生觀（二）》（瀋陽：遼寧教育出版社，1998年），頁268-273。
[44] 錢穆：《八十憶雙親・師友雜憶》，頁183。

共兩黨之外另創一新黨，邀請錢穆加入。當時寓居香江的錢穆也在反思國
民黨失去大陸的原因，對抗戰後國民黨的種種弊政頗多批評，所以他對張
氏在港組建第三黨的建議也貢獻了自己的意見：

> 君積年從事政治活動，對國家自有貢獻，鄙意向不反對。特今日局
> 勢大變，欲在國民黨、共產黨外另創一新政黨，事非倉促可行。
> 鄙意宜邀合數人，作精詳之商討，從根本上草創一救國家救民族之
> 百年大計。先擬一新政綱，然後本此政綱再邀同志，創建新黨。此
> 新黨之黨員，宜少不宜多。此新黨之活動，宜緩不宜急。務求培養
> 新精神，貯蓄新力量，作久遠之打算。不宜在眼前只求經濟充裕，
> 聲氣廣大。流亡無出路者人數何限，驟謀烏合，僅增擾亂，何期貢
> 獻。倘君有意先邀集此會議，餘亦願陪末席，供獻芻蕘。[45]

　　1949年11月，張君勱應印度政府的邀請，從澳門赴印講學。臨行前，
曾與錢穆在一茶樓相見，說已將他的意見「轉告諸友」，盼其隨時「共商
大計」。錢稱待君從印度歸來再詳談。此後香港有第三黨的醞釀，據說還
得到了美國方面的協款支持。其間屢有人來邀請錢穆出席會議。錢對此似
乎沒有多少興趣，最終未參予其中。

　　1952年，張君勱定居美國，開始了晚年復興儒學、潛心學術的生涯。
在此期間，他發表和出版了不少闡發儒家思想、倡導儒學復興的文章和著
作。重要者如《義理學十講》、《新儒家思想史》、《儒家倫理學之復
興》、《新儒學政治哲學》、《中國現代化與儒家思想復興》。同時又
堅定不移地站在反共立場上，對馬克思主義哲學作理論上的批判。張君
勱連續在《祖國》週刊上發表〈馬克思與恩格斯〉、〈蘇俄之馬克思主
義〉、〈哲學性質與辯證唯物主義〉、〈馬克思主義批判之總結〉等一系
列文章，後來匯成《辯證唯物主義駁論》一書。在書中，他給馬克思辯證
唯物主義和歷史唯物主義羅列了五條「罪狀」：「但知有物，不知有心有
精神」；「但知有物之變，而不知有物之常或曰不變」；「但知有鬥爭與
對立，不知有和諧與相容」；「但知有階級而不知有個人」；「但知有革

---

[45] 錢穆：《八十憶雙親‧師友雜憶》，頁284。

命，而不知秩序維持之可貴」。[46]在反馬克思主義問題上，錢穆與張君勱
立場相同，對張的觀點深表贊同。錢穆在致徐復觀的一封信中說：「弟頗
心（欣）賞君勱近在《祖國》發表論蘇俄思想諸篇」[47]，張君勱在給唐君
毅、牟宗三的信中也說：「賓四兄告裕略，對勱所作駁唯物主義文甚稱許
之，已函賓四兄索一序文。兄抵港，乞更轉達此意。」[48]今查張著的序文
確為錢穆所作，1958年3月16日發表上《再生》雜誌（復刊）1卷19期上。

　　1949年以前，錢穆與張君勱交往不多。1949年以後，特別是在50年代
後半期，兩人交往逐漸增多。這與大陸政權易手、兩人漂流海外有延續中
國文化命脈於海外的共同志願有關。當然，在如何復興中國文化的手段和
方式上，兩人也有分歧，這集中體現在1958年錢穆拒簽〈為中國文化敬告
世界人士宣言〉上。

　　1957年2月，唐君毅赴美國訪問講學，與寓居美國的張君勱多次見面
晤談，深感西方學者對中國學術文化的研究方式及其觀點多有誤會和不當
之處，為了消除這種誤會和偏見，使世界其他各國學者對中國歷史文化活
的生命能有一個真切的認識和瞭解，決定聯名發表一篇文化宣言，以闡述
他們對中國文化的看法。兩人商定後，由張君勱致函唐君毅的好友牟宗
三、徐復觀徵求意見，牟、徐二人復函贊同。其後由唐君毅起草初稿，再
寄給其他人過目修改。在修改中，唐君毅吸收了牟宗三關於論政治科學等
方面的意見[49]，又吸收了徐復觀關於民主政治方面的看法。1958年元旦，
在《民主評論》和《再生》雜誌上，同時發表了由牟宗三、徐復觀、張君
勱、唐君毅四人聯合署名的長文，題目為〈為中國文化敬告世界人士宣言
——我們對中國學術研究及中國文化與世界文化前途之共同認識〉（以下
簡稱〈宣言〉）。[50]這篇洋洋灑灑4萬字的文章，是海外新儒學綱領性文
件，在現代新儒學的發展歷程中具有里程碑的意義，被不少學者視為海外

[46] 張君勱：《辯證唯物主義駁論》（香港：友聯出版社，1958年），頁187-188。
[47] 錢穆：〈致徐復觀書〉（1957年8月1日），《錢賓四先生全集》，第53冊，頁365。
[48] 收入張君勱著、程文熙編：《中西印哲學文集·函牘箚記》（臺北：臺灣學生書局，1981年），下冊，頁1437。
[49] 1958年唐君毅在致胡蘭成的信中說：「關於宣言事乃君勱先生發起，弟初不喜與人共列名宣言，乃彼等共推弟起草，故全文實皆弟手筆。唯其中之意見則取於牟宗三兄者較多，如論政治科學等處，皆彼之文所嘗論。」《唐君毅全集》，第26卷，《書簡》，頁267。
[50] 該文在起草時標題為〈中國文化宣言〉，1969年收入香港東方人文學會出版的《儒學在世界論文集》時改為〈中國文化與世界——我們對中國學術研究及中國文化與世界文化前途之共同認識〉。

新儒學形成的標誌。海外新儒學思潮的出現，的確與這篇〈宣言〉有著相當密切的關係。

早在〈宣言〉醞釀之初，張君勱就致信唐君毅，詢問「賓四見解是否與吾輩相同」[51]，流露出有意邀請錢穆加入的意願。在〈宣言〉起草中，徐復觀又致信錢穆，希望他能加入其中，錢穆在1957年8月1日的回函中明確表達了反對意見。他說：「君勱先生意欲對中國文化態度發一宣言，私意此事無甚意義。學術研究，貴在沉潛縝密，又貴相互間各有專精。數十年學風頹敗已極，今日極而思反，正貴主持風氣者導一正路。此決不在文字口說上向一般群眾聳視聽而興波瀾，又恐更引門戶壁壘耳。」[52]

錢穆拒署〈宣言〉的消息傳出後，遠在美國的張君勱仍然沒有放棄作錢氏的工作。在張君勱他們看來，連署〈宣言〉並非一時心血來潮，而是深思熟慮的產物。誠如他們在〈宣言〉第一部分「前言——我們發表此宣言之理由」中所說的那樣，「在正式開始本宣言正文之前，我們要先說明，我們之聯名發出此宣言，曾迭經考慮。首先，我們相信：如我們所說的是真理，則用一人的名義說出，與用數人的名義說出，其真理之價值毫無增減。其次，我們之思想，並非一切方面皆完全相同，而抱大體相同的中西人士，亦並不僅我們數人。」[53]所以，他們希望有更多志同道合、聲氣相通的學者參與，希望象錢穆這樣的成名學者加盟其中。張君勱給錢穆寫了一封「論儒家哲學復興方案函」的長信，力勸錢氏聯署〈宣言〉，信刊《再生》1卷20期上。1958年7月16日，錢穆在《再生》1卷22期上發表了《答張君勱先生論儒家哲學復興方案函》，全文如下：

　　君勱先生道席：

　　　　蒙賜長翰，籀誦再四。深識鴻議，曷勝佩仰！尤幸鄙陋所向持論，乃與尊旨十符其九，既獲高賢之印證，益增淺衷之自信。惟有一端耿耿於懷，竊謂學風之敝，由來已久。人輕實學而矜驕虛，欲挽頹波殆非易事。鄙陋所守，乃期於寂寞淡泊之中，闇學潛修，故有一得，不患來者之不如（知），今縱令舉世掉頭而不顧，亦將求嚶鳴於隔代，其賞音於來葉。天地閉則賢人隱，遯世無悶，獨立

---

[51] 收入張君勱著、程文熙編：《中西印哲學文集・函牘箚記》，下冊，頁1436。

[52] 錢穆：〈致徐復觀書〉，《錢賓四先生全集》，第53冊，頁365。

[53] 《唐君毅全集》，（臺北：臺灣學生書局，1991年），卷四，《中國文化與世界》，頁4。

不懼，區區微尚，竊慕於此。豈不欲書其所有以易一世，無論內顧
空虛，抑今日之局，誠曠古未有之大變，誠使尼丘復起，正不乏大
聲疾呼。持挺奪擊之徒各尚意氣，各樹門戶，而豈口舌之可爭者，
與影競走，不如退藏而匿跡。自問數十年來薄有撰述，雖多感觸於
當生（身），終特馳騁於往古，平章學術，辨別是非，終不臧否及
於時賢，雖畢生廁身黌舍，亦從未收召門徒，自榜旗幟。苟遇有志
亦僅勉以埋頭闇修而已。此非理無涇渭，亦非情存畏怯，良以姿性
近狷，結朋徒、立黨類、廣聲氣、攬權寵，心之所恥，惟恐類之斯
固，於道匪宏，抑私衷亦欲以此易世趨，區區之情，當為大君子之
所諒也。

　　客冬徐君復觀來函知先生與唐牟諸君方欲草擬《中國文化宣
言》，邀以署名，當即復函婉謝。自念吾儕各有著作言論流布人
間，臭味相近，識者豈所不知？而爭風氣、持門戶者，正將因此張
其旗鼓，修其壁壘。夜行疑鬼，則互相呼嘯以自壯，方欲拯之，轉
以溺之，於彼於此，兩無補益。故不欲多此一追隨耳。頃荷　來
示，屬望殷勤，愧不敢任。而謂儒學復興，有待多方面之分途並
進，竊不自揆，庶幾於此分途之中，自效駑劣，不憚十駕，或堪有
所到達。是亦所以仰報　大君子之深情雅意於萬一也。率述鄙懷，
惟加諒宥，並望進而教之為幸。專此順頌
道安。不備。

1958年5月30日錢穆拜啟[54]

　　錢穆在覆張函中稱彼此間所持論學宗旨，「十符其九」。張函甚長，
內容多反映在〈宣言〉中。〈宣言〉肯定中國文化輝煌的過去，同時又承
認現在的中國文化正在生病，甚至生出許多奇形怪狀的贅瘤，以致失去原
形。但不能因為有病，就否定歷史文化的本身，否定文化生命的存在。錢
穆也不否認中國文化發展到近代衰頹不振、病痛百出的事實。他說今日的
中國文化「顯為有病，病且殆矣，萬不容諱」。中國近代文化百年來的病
痛不過是五千年文明史短暫的一瞬，不能因百年來的病痛就疑及我全民族
數千年的文化本源，而說民族精神萎枯以盡，前途的生命已竭。

[54] 引自《錢賓四先生全集》，第23冊，《中國學術思想史論叢（九）》，頁251-252。

　　〈宣言〉反對西方學者把中國文化等同於早已中斷的古埃及文明、波斯文明、小亞細亞文明，用考證古董的心態和方法來對待中國文化這一活的生命存在，也批評五四新文化運動以來整理國故派把中國文化這一活的生命視之為「字紙簍中之物，只待整理一番，以便歸檔存案」，而忘記了中國歷史文化「是無數代的人，以其生命心血，一頁一頁的寫成的」，「這中間有血，有汗，有淚，有笑，有一貫的理想與精神在貫注。」[55]強調研究中國歷史和文化必須對中國歷史文化傳統懷有同情和敬意，敬意向前伸展增加一分，智慧的運用也隨之增加一分，瞭解也隨之增加一分。這與錢穆強調研究中國歷史文化應附有一種「溫情與敬意」的看法如出一轍。

　　〈宣言〉強調中國文化的宗教意義，認為中國古代文化中雖然並沒有一獨立的宗教文化傳統，但並不意味著中華民族先天就缺乏宗教性的超越感情和宗教精神。在中國人生道德思想中，就包含著宗教性的超越感情。中國思想家歷來重視「天人合一」的觀念就是明證。錢穆認為在中國傳統中雖然不自產宗教，但中國文化的道德精神卻起到了宗教的職能，在這種道德精神中，既可以欣賞到宗教精神，也可以包含有宗教精神，他把道德的宗教稱之為「德性教」、「人文教」，宣稱這是人類自己「信仰自己天性的宗教」。[56]

　　〈宣言〉認為中國學術文化的核心是儒家的心性之學，這種心性之學包含一形上學，但它與西方探討宇宙的終極實在和客觀構成的形上學不同，是一種道德的形上學。這種道德的形上學雖以道德實踐為基礎，卻能統貫天人內外、倫理宗教為一體，不能認為它僅是一種道德的說教，或者是處理人事關係的規範。錢穆認為儒家的心性之學是一種講究正心誠意的德性之學，它以人的道德實踐為其基礎。道德修養的實踐工夫，是人們追求自我完善和人格完善的內在源泉和動力。通過人的道德踐行工夫，不僅可以實現人向善的本性，而且還可以上同天道，與宇宙為一體。他說：「中國傳統文化，關於人倫道德、政治社會一切理想與措施，乃悉以其所認識之心性之學作基礎，亦可謂中國之文化精神與道德精神即以其心性之學為中心」[57]。在這裏，錢穆突出了儒家心性之學在中國文化中的核心地

---

[55]《唐君毅全集》，卷四，《中國文化與世界》，頁11。

[56]參見錢穆：《中國歷史精神》（臺北：東大圖書公司，1981年），頁122。

[57]錢穆：《中國文化與科學（一）》，《錢賓四先生全集》，第43冊，《世界局勢與中國文化》，頁300。

位。錢穆的學生余英時稱〈宣言〉特別強調「心性之學，乃中國文化之神髓所在」明顯透露出熊十力一派的基本觀點，事實上這一思想在錢穆的文章和著作中也時有流露和體現。

〈宣言〉認為自19世紀以來，無疑是西方文化主宰世界文化的時代，但西方文化科技理性的過度膨脹也給其文化帶來了種種弊端，西方文化若要克服弊端更進一步，可從東方的人生智慧中去吸取養料。〈宣言〉認為西方人應從「當下即是」的精神和「一切放下」的襟抱，圓而神的智慧，溫潤而悲憫之情，如何使文化悠久的智慧，天下一家的情懷五個方面向東方文化學習、取經。這些思想與錢穆的觀點也若合符節，在東方文化優越意識方面，錢穆較當代新儒家似乎顯得更為強烈。[58]

以上從事實的層面敘述了錢穆與新儒家之所同。錢氏在復張君勱的信函中稱雙方論旨相同，「十符其九」，看來並非客套之語。錢穆認為大家的著述言論，流布人間，「臭味相近」，識者共識，並稱復興儒學「有待多方面之分途並進」，自己也願盡一己之力。可見，錢穆與張君勱及第二代新儒家之間在許多問題的看法上確有不少相同之處。

錢穆與張君勱及第二代新儒家唐、牟、徐諸人雖有「十符其九」之所同，也有「十之其一」之相異，錢氏拒署〈宣言〉，恐怕與如下的原因有關：

其一，錢穆認為簽發〈宣言〉的方式容易造成有形的學術壁壘，形成「門戶」偏見，不利於學術的發展。這是他拒簽〈宣言〉所持的正面理由。

其二，錢穆反對用西方的觀念來解釋中國的學術思想，主張研究問題應站在中國人自己的立場上作獨立的思考和研究，從中國歷史文化的大流中來認識自己的人生觀和文化精神。第二代新儒家唐、牟諸人喜用康德——黑格爾的語言來解釋中國的思想學術。這既不是錢穆所熟悉的，更不能為其接受。

其三，宋明理學雖皆為錢穆和第二代新儒家所重視，但其中也有程朱、陸王之別。錢穆在宋明理學中獨尊朱子，唐、牟諸人則尊崇陸王，王學「以尊德性為宗」，朱子則「以道問學為主」，在治學方法上，錢穆有別於新儒家。

---

[58] 參見陳勇：〈從錢穆的中西文化比較看他的民族文化觀〉（《中國文化研究》1994年春之卷）、〈錢穆論中國文化和世界文化的發展方向——兼評錢穆的文化救國論〉（《歷史教學問題》1994年第6期）等文。

　　其四，與他們對中國傳統政治的理解截然相異有關。〈宣言〉坦承「中國文化歷史中缺乏西方近代之民主制度之建立」，中國過去歷史中除早期的貴族封建政治外，自秦以後即為君主制度。在君主專制政體下，政治上最高之權源，在君而在民，由此而使中國政治本身發生了許多不能解決的問題，以致中國之政治歷史，「長顯為一治一亂的循環之局」。所以，他們希望將近代西方意義的民主政治融入到中國文化傳統中去，肯定現代中國社會必當以民主政治為依規。此一意見出自徐復觀，由唐君毅在修改〈宣言〉時加以吸收、強調，並為張君勱所贊同。[59]張君勱認為，儒家只注重德治，缺乏法制傳統，沒能導致近代意義上的民主制度在中國的建立，自秦統一六國開始，中國就一直是一個君主專制的國家。

　　在對中國傳統政治的認識和理解上，錢穆與張君勱、徐復觀等人恰好處於全然相反的立場。在錢穆看來，中國傳統政治有它自身發展的特點和演進塗轍，絕不能因為傳統政治裏有王室、君主而無近代西方意義的立憲、國會制度便把它一概視為專制獨裁，漆黑一團。他堅決反對用「專制」兩字來概括中國的傳統政治，提出了中國傳統政治非專制的著名論斷。此一見解早在1930年代就已提出，並為其一生所堅持。他自然不會認同新儒家的觀點，同時這一觀點也受到了來自這一陣營內部的尖銳批評。

　　1950年12月，錢穆在《民主評論》上發表了〈中國傳統政治〉一文，稱「中國秦以後的傳統政治，顯然常保留一個君職與臣職的劃分。換言之，即是君權與臣權的劃分，亦可說是王室與政府的劃分。皇帝為王室領袖，宰相為政府首腦。皇帝不能獨裁，宰相同樣的不能獨裁。而近代的中國學者，偏要說中國的傳統政治是專制是獨裁。而這些堅決主張的人，同時卻對中國傳統政治，對中國歷史上明白記載的制度與事蹟，從不肯細心研究一番。……他們必要替中國傳統政治裝上『專制』二字，正如必要為中國社會安上『封建』二字一般，這只是近代中國人的偏見和固執，決不能說這是中國以往歷史之真相。」[60]張君勱讀後深不以為然，認為錢氏為當代史學名家，其非專制的見解若果流行，必將極大影響今後國人對中國

---

[59] 1957年4月17日徐復觀在致唐君毅信函中提出了數條修改意見，其中第二條云：「中國文化，在其演進過程中，實受有長期專制政治之影響。此一影響所給與中國文化發展之干擾及滲透，今日研究中國文化者，□自先加以澄清。然據吾人初步研究之結果，則就政治而言，民主政治，乃中國文化自然之趨歸。且民主政治，在中國文化中，可得其新的營養，新的生命。」唐對此條意見的批注是「甚是」。此函未刊。

[60] 此節錄該文大意，見《國史新論》（臺北：東大圖書公司，1989年），頁74、77。

政治思想的看法，於是在《自由鐘》雜誌上陸續發表了一系列評論文章，共計36篇，最後匯成《中國專制君主政制之評議——錢著《中國傳統政治》商榷》一書，從錢著的邏輯方法、專制君主、宰相、三省、台諫、銓選、地方自治、政黨、法治與人治、安定與革政十個方面對錢文的主要觀點一一加以批駁。

　　張君勱指出，自秦開創大一統局面以來，中國的傳統政治就是君主專制，在君主制度下，「無人民主權之規定，無國會之監督，無三權分立之牽制」，致使君主權力不受限制，才形成了專制性這一特點。錢穆論中國傳統政治，略去君主制度之本身，而論宰相制、三省制、文官制，犯了本末倒置之病。對此張氏批評道：「宰相、三省、文官等制，皆由君主制中之所流衍而出，其制度之忽彼忽此，其人之忽黜忽陟（如蕭何之入獄），皆由君主一人之好惡為之，不能與今日西方國家之內閣總理與文官制相提並論。此為君主之主權所在，而錢先生所否認者也。錢先生以為君主專制之名不適用於中國之君主，試考秦、漢、唐、宋歷史，自秦始皇以下逮洪憲帝制，何一而非以一人之意獨斷獨行，視天下為一家私產乎？其間雖有賢明之主與昏庸之主之分，其以天下為一家之私，如出一轍。」[61]張氏的批評，應當說是中肯的。

　　錢穆表彰中國傳統政治自有他的道理。中國傳統政治中確有一些好的東西，比如儒家的政治理想與政治模式是王道德治，聖君賢相，孟子就有反暴政、反君主家天下的民本思想。唐朝推行五花判事制，皇帝詔令、制敕不經宰相副署，不得發出，也有制君的意味。張君勱在《錢著《中國傳統政治》商榷》中對錢穆的觀點逐條加以批駁，但對這一條，他也不得不承認「此自為吾國政治上之善制」。[62]另外，錢穆宣傳非專制論，也與現實因素的刺激有關。張君勱認為錢氏之所以極力表彰傳統政治，是因為「民國當局，習於君主專制時代遺下之權奸風氣，名為民主，而實行專制，雖屢經試驗，終成紛亂不已之政局。錢先生失望之余，乃激而返求諸歷史，且表彰傳統政治，並『取於人以為善』之古訓而忘之，尚以為古代制度中，猶有可以補救民國以來政治之過失者」。[63]在張君勱看來，中國

---

[61] 張君勱：《中國專制君主政制之評議——錢著《中國傳統政治》商榷》（臺北：弘文館出版社，1986年），頁18。

[62] 同前註，頁564。

[63] 同前註，頁83。

傳統政治最大病害，即為君主專制。這是由於君主為權力之根源，其權力無由限制，而國家缺乏一部成文憲法以範圍君主權力，致使君主恣行其所欲。而隨君主而存在的封建、外戚、宦官，於是得以操縱中國之政治，導致政治少上軌道。張君勱認為，傳統政治固然有一些好的東西，不能一概抹殺，但否定傳統政治專制性這一最大弊端則是他根本無法認同的，所以他稱錢穆的非專制說是「倒退鐘錶時間之舉，吾人所不敢附和，而不能不與之明辨」。[64]錢穆〈中國傳統政治〉一文不到兩萬字，竟然引起了他三十餘萬言的批評。篇幅超過錢文幾近十倍，個中原因也就不難理解了。

　　「非專制論」為錢穆一生所堅持，若要簽署〈宣言〉，就意味著要放棄原來的觀點，這是他根本無法接受的，所以拒署〈宣言〉也就成了自然之事。

　　另外，錢穆拒簽〈宣言〉，恐怕還與1950年代後期以來他與第二代新儒家的關係由密轉疏、由合到分有關。在聯署〈宣言〉的四人中，張君勱是前輩學者，在現代新儒家中跨前半期和後半期兩個時代。唐君毅、牟宗三、徐復觀是熊十力的弟子，是第二代新儒家的代表人物。在與第二代新儒家的交往中，錢穆與唐君毅共事最久，關係最為密切。隨著新亞書院的發展，兩人也產生了一些矛盾。唐在新亞加入中大的問題上就與錢氏意見相左。1964年錢穆辭職，懷著極不愉快的心情離開新亞和中大，又不能回他親手創辦的新亞研究所，寓居沙田，與唐的矛盾激化。1966年11月17日，錢穆在致學生余英時的信中說：「新亞研究所×、×兩君競欲作大師，競相拉攏研究生，必欲出其門下為快。故以前所中諸生亦相戒不敢來沙田。怪事如此，聊以相聞。穆亦籍此杜門，惟目睹青年有為之士，如此窒塞其前進之途，則於心不能無憾耳。」[65]信中「×、×兩君競欲作大師」，所指何人，不言而喻。在徐復觀主持《民主評論》前期，錢、徐二人關係密切，通信往來不斷，在《錢賓四先生全集》第53冊《素書樓餘瀋・信箚》中，收錄了1951年至1957年錢穆致徐復觀的信件就多達31通（實際數遠不止此）。自1958年起，兩人幾無通信，表明彼此間的關係已大為疏遠。1958年1月26日，錢穆在致學生的一封信中說：「徐君混身黨務，多年心習未淨，徒知掉弄筆墨，並意氣不平，甚難於學問之途有深入

---

[64] 同前註。

[65] 錢穆：〈致余英時書〉，《錢賓四先生全集》，第53冊，頁450。

之望。南來數年，於徐君頗加獎掖，不知彼驟博時譽，遂忘故吾。」[66]對徐氏的不滿之情溢於言表。在熊門三弟子中，錢穆與牟宗三關係最淺。錢對牟身上所表現出的「狂者氣象」、「教主氣習」頗為反感，[67]牟對錢在宋明理學中獨尊朱子以及傳統政治非專制的看法也深不以為然。[68]

　　1950年代後期，錢穆與第二代新儒家的關係由密轉疏，是導致他拒簽〈宣言〉的一個重要原因，而拒簽〈宣言〉之舉又使彼此間感情的裂痕進一步加深。錢夫人胡美琦女士說〈宣言〉一事之後，幾十年來，從不再見他們彼此間有討論學術思想的文字相呼應，足以說明彼此之間「所同不勝其異」。[69]錢門弟子余英時甚至用「離則雙美，合則雙傷」來形容他們之間的關係，不是沒有原因的。錢穆拒署〈宣言〉，表明港臺新儒家內部在復興儒學的路徑上存在著重大分歧。自〈宣言〉發表後，錢穆與第二代新儒家唐、牟、徐諸人關係漸行漸遠，乃至最終分道揚鑣，這對於港臺新儒學復興運動而言，當是一件憾事。誠如臺灣學者龔鵬程所言：「原先號稱當代新儒家主要基地的新亞，人員內部也產生了分化。新儒家中，如牟宗三、徐復觀、張君勱先生，都與先生凶終隙末。牟先生不同意錢先生尊朱的觀點，徐先生、張先生不同意錢先生對中國政治傳統較具溫情的講法。爭論的結果，錢先生當然益行孤獨了；本來是風雨如晦，故嚶鳴以求友，不料在共同對抗時代的陣營裏，卻因策略及見解之不同而分道揚鑣。在我們後學看來，尚且覺得遺憾；先生本人，必然更為傷感罷。」[70]

---

[66] 同前註，頁411。

[67] 1955年6月2日，錢穆在致徐復觀的信中說：「弟所不滿於宗三者，惟覺其總多少帶有宋儒教主氣。弟前所不喜於十力先生者，亦正在此。」《錢賓四先生全集》，第53冊，頁339-340。

[68] 牟宗三在〈五四與現代化〉一文中說：「錢賓四先生最不喜歡聽人家說『中國以前是君主專制』的話，他一向是反『反君主專制』。」《牟宗三先生全集》，第24冊，《時代與感受續編》，頁269。

[69] 胡美琦：〈讀劉（述先）著〈對於當代新儒家的超越內省〉一文有感〉，《錢賓四先生百齡紀念會學術論文集》（香港：香港中文大學新亞書院，2003年），頁xxv。

[70] 龔鵬程：〈重新傾聽他的聲音──敬悼國學大師錢穆先生〉，臺灣《中國時報》，1990年8月31日。

第三章　關於「天理人欲，同行而異情」的哲學解釋

新亞研究所
盧雪崑

　　自朱子提出：「蓋必其有以盡夫天理之極，而無一毫人欲之私也。」（《四書集注・大學章句・經一章》又說：「人只有天理、人欲兩途，不是天理，便是人欲。」（《朱子語類》卷四十一）「只是一人之心，合道理底是天理，徇情欲底是人欲。」（《朱子語類》卷七十八）依大多數宋明儒者，「人欲」就被界定為「違背天理的欲望」。李明輝教授就為此作說明，說：「宋明儒者所說的『人欲』並非泛指人的一切慾望，而是專指那些違背天理的欲望。」[1]但我們無法理解，依何種理據，「人欲」被界定為「違背天理的欲望」。儘管這種天理與人欲對立的觀點確實見諸於大多數宋明儒者，甚至在具批判力的陽明之言說中，也不乏此類說法。[2]不過亦並非無宋明儒者持不同見解。橫渠說：

　　有無虛實通為一物者性也。不能為一，非盡性也。飲食男女皆性也。是烏可滅？（《正蒙・乾稱篇》）

---

[1] 李明輝：《四端與七情──關於道德情感的比較哲學探討》，頁31。

[2] 依《傳習錄》卷上記載，不僅「好色、好利、好名等心」是私慾。如閒思雜慮，亦謂之私慾。陽明曰：「汝若於貨色名利等心，一切皆如不做劫盜之心一般，都消滅了，光光只是心之本體，看有甚閒思慮？此便是寂然不動，便是未發之中，便是廓然大公！」（前揭書，第72條）又曰：「雖未相著，然平日好色、好利、好名之心，原未嘗無；既未嘗無，即謂之有；既謂之有，則亦不可謂無偏倚。譬之病瘧之人，雖有時不發，而病根原不曾除，則亦不得謂之無病之人矣。須是平時好色、好利、好名等項一應私心掃除蕩滌，無復纖毫留滯，而此心全體廓然，純是天理，方可謂之喜怒哀樂未發之中，方是天下之大本。」（前揭書，第72條）

胡五峰〈知言〉[3]云：

> 道充乎身，塞乎天地，而拘於墟者不見其大；存乎飲食男女之事，而溺於流者不知其精。
>
> 夫婦之道，人醜之矣，以淫慾為事也。聖人則安之者，以保合為義也。接而知有禮焉，交而知有道焉。惟敬者為能守而弗失也。語曰：樂而不淫，則得性命之正矣。謂之淫慾者非陋庸人而何？天得地而後有萬物，夫得婦而後有男女，君得臣而後有萬民，此一之道也，所以為至也。
>
> 天理人欲同體而異用，同行而異情。進修君子，宜深別焉。

五峰言「天理人欲同體而異用，同行而異情」，我們可以可以指出，其義上承橫渠言「有無虛實通為一物者性也」之旨。天理人欲「通為一物者性也」。「不能為一，非盡性也」，故曰：「飲食男女皆性也。是烏可滅？」（《正蒙・乾稱篇》）也就是說，天理人欲是先驗綜和之事實：同一個人（有理性者），作為睿智者，其本心立天理，人自立天理，自我遵循；同時，人又作為屬於感觸界的生物，其行為服從自然法則。以此，也可以說，同一行為，就其依超越的智性因果性而發來說，它出自天理；同時，這行為作為經驗界的結果來看，它又服從自然因果作用。

但是，在宋明儒者以朱子為代表之思路中，人欲就是惡，務必去除。以這種觀點來解讀五峰所言「天理人欲同體而異用，同行而異情」，其上承橫渠「飲食男女皆性也」的意思就抹掉了，「人欲」不能被視為天理人欲先驗綜和之事實中的一個獨立成份。五峰所言被解釋為：人陷溺於飲食男女之事就是「人欲」，不陷溺於飲食男女之事就是「天理」。「聖人則安之者，以保合為義也」一句也被解釋為：以聖人制禮來從事男女之事就是「夫婦之道」。但我們細看原文，卻可指出完全不同的意思：「道充乎身」，「存乎飲食男女之事」，但「拘於墟者」、「溺於流者」不見其中之「大」，不知其中之「精」，故「醜之」，聖人見其中之「大」，知其中之「精」，故「以保合為義」。五峰明文說：「人以欲為不善也，聖人不絕欲。」（〈知言〉）戢山也說：「《中庸》言『君子之道，造端乎夫

---

[3] 《宋元學案》之〈五峰學案〉。又見：《胡宏集》（北京：中華書局，1987年）。

婦』。以是徵『莫見乎隱』之實。……。即隱即見，即微即顯。夫婦之造
端如此夫。」（《劉子全書》卷之六，〈證學雜解〉）再看橫渠言「飲食
男女皆性也。是烏可滅」，也是表達「有無虛實通為一物者性也」，亦即
天理人欲「通為一物者性也」之義。可知，道充乎身而存乎人欲之事。人
欲必自含天理，若無天理，亦不成其為人欲；縱人欲而溺於惡，是滅掉人
欲中之天理而起，非人欲之罪也。

　　牟宗三先生著《心體與性體》有專章論析胡五峰之〈知言〉，並駁斥
朱子的《胡子知言疑義》。[4]先生恰切地以「即事明道、道無不在」標明
五峰之旨，[5]並指出：「『同體』非同一本體，乃同一事體也。」「『同
行』者，同一事行也，非混雜並流也。」[6]先生說：「此『即事以明道』
不是離開此人本人文之立場，道德實踐之中心，而單從宇宙論上靜觀或平
舖地空言或泛言『即用顯體』、『即器明道』也。若不以此立場與中心來
提挈，則『即用』未必能顯道德性之實體，『即器』亦未必能明道德性之
天道。」[7]此見出牟先生對「道德性之實體」有極透徹的理解。但我們仍
要提問：假若我們持天理與人欲對立的觀點，而不是以先驗綜和之事實來
說明「天理人欲同體而異用，同行而異情」，那麼，我們如何對人欲與天
理之關聯作出哲學的說明呢？牟先生說：「『天理人欲同體而異用，同行
而異情』。夫婦之道以淫慾為事」，則為人欲，『以保合為義』，則為
天理。」[8]又說：「順禮合道，『去卻人欲』，則此事即是天理之事。此
可謂『即事見理』，非是『於人欲見天理』也。」[9]「於人欲見天理」之
言固然不恰當，但主張人欲與天理對立：天理自天理，人欲自人欲，恐怕
亦悖理。此所以牟先生就以佛教天台宗「無明即法性，法性即無明」之
「詭譎相即」來說明「天理人欲同體而異用，同行而異情」。[10]但以「詭

---

[4] 牟宗三：《心體與性體》，第二冊，頁429-512。

[5] 牟先生說：「案此《知言》開首一段，說得很好，是經過消化後稱實如理而說出者，並無任何歧
　　出，而惟是直下就事以明道、道即在眼前也。」（同前註，頁435）

[6] 牟宗三：《心體與性體》，第二冊，頁457。牟先生恰切地指出：「胡氏說『同體異用』並非謂
　　天理人欲同一本體，同一根源，同根而發，猶如老子之言『同出而異名』也。」（同前註，頁
　　457）

[7] 牟宗三：《心體與性體》，第二冊，頁435。

[8] 同前註，頁503。

[9] 同前註，頁456。

[10] 牟宗三：《圓善論》（臺北：臺灣學生書局，1985年），頁275。牟先生說：「無明無住，無明
　　即法性，法性無住，法性即無明，兩聯交互一觀，即可見兩者純依他住，並無自住，此即兩者同

譎相即」來說明人欲與天理，恐怕也有值得相榷之處。天台宗「無明即法性」，兩者純依他住，並無自住，故謂之「詭譎相即」。詭譎之辭固然顯佛家智慧之精彩，[11]但儒家言「天理」不能是「無自住」，何況儒家所言皆實理實事，天理固然是實理，人欲也是生命中的實事。

　　究其實，五峰上承橫渠而提出「天理人欲同體而異用，同行而異情」，至蕺山言「天理人欲，同行而異情，故即欲可以還理」，（〈學言上〉）皆可見出宋明儒者中實有一種先驗綜和思路之表現，自覺或不自覺地要對「人欲」之本義有一說明。他明文說：「人心惟危，心也。而道心者，心之所以為心也。非以人欲為人心，天理為道心也。」（《劉子全書》卷之九，〈答董生心意十問〉）其實，象山就明確地提出：「天理人欲之分，論極有病。」（《象山全集》卷三五，〈語錄〉下）又說：

> 天理人欲之言，亦自不是至論。若天是理，人是欲，則是天人不同矣。此其原，蓋出於老氏。〈樂記〉曰：「人生而靜，天之性也；感於物而動，性之欲也。物至知知，然後好惡形焉。[好惡無節於內，知誘於外]，不能反躬，天理滅矣。」天理人欲之言，蓋出於此。〈樂記〉之言，亦根於老氏。且如專言靜是天性，則動獨不是天性耶？《書》云：「人心惟危，道心惟微。」解者多指人心為人欲，道心為天理，此說非是。心一也，人安有二心？（《象山全集》卷三四，〈語錄〉上）

　　象山以為天理人欲之言出於〈樂記〉，而〈樂記〉之言根於老氏，不必恰當。宋明儒者多有天理人欲對立之說，不必同於老子之「無欲」；而〈樂記〉原義也並非主張天理人欲對立。倒是從〈樂記〉之言，我們可以見出：其中對「人欲」之本義已有所說明：「人生而靜，天之性也；感於物而動，性之欲也。」於〈樂記〉所言，只是「不能反躬，天理滅」，而

　　　體也。同體依而復即，此即為圓教。亦如胡五峰之言『天理人欲同體而異用，同行而異情』，此則就儒家詞語言，亦圓說也。」（同前註，頁275）

11　依天台圓教言「同體之依而復即」而立「一念無明法性心」之觀念，固然可以說：一念迷，則「三千在理，同名無明」；一念悟，則「三千果成，咸稱常樂」。但恐怕不能以此佛家之空智套入儒家而說：一念迷，則人欲；一念悟，則天理。

並無主張「人欲」是專指那些違背天理的欲望。〈樂記〉云：「夫物之感人無窮，而人之好惡無節，則是物至而人化物也。人化物也者，滅天理而窮人欲者也。於是有悖逆詐偽之心，有淫泆作亂之事。是故強者脅弱，眾者暴寡，知者詐愚，勇者苦怯，疾病不養，老幼孤獨不得其所，此大亂之道也。」可見，〈樂記〉指出「物至而人化物」、「窮人欲」而大亂，而並無主張「無欲」或「去人欲」。誠然，儘管象山所論有以上指出的那些不恰當處，但其力斥天理人欲對立、「人心為人欲，道心為天理」之說，則是值得重視的。

事實上，天理人欲對立之說並不合孔孟義理。孟子言「飲食之人無有失也，則口腹豈適為尺寸之膚哉！」（《孟子‧告子章句上》），並不以人欲之事為惡。養小體無以害大體，又何惡之有？縱人欲則陷於惡，而人欲本身無所謂善惡。若依從朱子說，「正」、「合道理」是天理、道心；「不正」、「徇情欲」是人欲、人心。雖口頭上也可說「心則一也」，但實在已析心為二。所以象山指出：「若天是理，人是欲，則是天人不同矣。」「謂人心、人偽也，道心、天理也；非是。人心是說大凡人之心。」（《象山全集》卷三五，〈語錄〉下）用象山的話說：「晦翁之學，自謂一貫，但其見道不明，終不足以一貫耳。」（《象山全集》卷三四，〈語錄〉上）

我們可援用康德哲學的批判方法來說明天理與人欲二者之間先驗的綜和如何可能。也就是放棄獨斷宣稱的手段，「獨斷論就是純粹理性沒有預先批判它自己的能力的獨斷處理方式」，（Bxxxv）「從不研究理性用什麼方法，憑什麼權利可獲得」自己的宣稱。「批判」就是首先要對人的心靈機能的立法性作出考量：[12]天理乃是一切道德行為所依據的最高原則，它出自人的心靈機能的立法，並且因為這種立法的普遍必然性，我們可以指出，它屬於理性機能，而因為這種立法與行為根據相關，亦即與意欲機

---

[12] 康德所言「批判」徹底推翻西方哲學傳統的獨斷思維模式，他在《純粹理性批判》第二版〈序〉中說：「這個批判與獨斷論相對立，即與那種要依照理性早已使用的原則，單從概念（哲學概念）中來推進某種純粹的知識而從不調查理性達到這些知識的方式和權利的僭妄相對立。獨斷論就是純粹理性沒有預先批判它自己的能力的獨斷處理方式。」（Bxxxv）在《判斷力批判》中說：「真正說來是知性，就它包含着先驗的構造原則而言，擁有其自己的領域，確切地說是在認識機能中擁有，它應該通過一般所稱謂的純粹理性批判而針對其餘一切追求來確保他自己獨占的財產。同樣，唯有就意欲機能而言才包含着先驗的構造原則的理性，在實踐理性批判中分得了自己的財產。」（KU 5:168）「超越的批判是評判它們的機能本身。」（KU 5:286）

能相關，我們可以說，天理乃是理性在意欲機能中所立普遍法則，人欲是意欲之雜多的總名，意欲之雜多在天理之統一下達致協調一致。此即天理與人欲二者之間先驗的綜和。理性在意欲機能中立普遍法則，這普遍法則即天理，而理性在其中立普遍法則（天理）的意欲機能康德就稱之為高級的意欲機能，依此，我們也可以說，立天理的本心就是高級的意欲機能，它與依據於經驗所立材質原則的意欲機能區別開，依據於材質原則的一切意欲可以總稱之為「人欲」。孔子曰：「我欲仁，斯仁至矣。」（《論語・述而第七》）孟子曰：「生，亦我所欲也；義，亦我所欲也，二者不可得兼，舍生而取義者也。」（《孟子・告子章句上》）依據孔孟義理，我們能揭明：「仁」（本心）乃是人自身具有的一種真正的高級的意欲機能（ein wahres oberes Begehrungsvermögen），（KpV 5:25）它區別於「耳目之欲」，（《孟子・離婁章句下》）而為管轄人的一切意欲的能力。

　　我們可以說，人作為一個有理性者，「他具有兩個觀點，他可以從這兩個觀點來看自己，並認識其力量之使用的法則。」（Gr 4:452）這種批判哲學的方法切合於孟子區分大體與小體的思維模式。人依據自己的本心之天理而行動，就是「大體」，用康德的話說，就是「依循理性法則、獨立不依於自然本能而決定自己的行動」，（Gr 4:459）亦即視自己為睿智者；人視自己為睿智者而為自身之行為立法，但不能以為人的行為因之而違反自然法則，事實上，人通過天理一方面認識自身為智性者，另一方面又認識自己是通過依照感觸界之決定而活動的，也就是認識到自己的「小體」，如此，我們就能夠通過發生在感觸界的結果而認識產生該結果的「大體」。明乎此，我們就既能保住「小體」（人欲之總和）的獨立性，同時確立「大體」為真正的自我。此即康德指出：「所以，我將把自己認定作為睿智者，雖然在另一方面，我是一個屬於感觸界的生物。」（Gr 4:453）感取界的全部本性（性好與嗜欲）不能損害人作為一睿智者的意願之法則，人亦不認那些性好與嗜欲可歸於他的真正的自我（Gr 4: 458）。此正是孟子說：「先立其大者，則其小者不能奪也，此為大人而已矣。」（《孟子・告子章句上》）此即康德依兩方面觀點考察人的意欲機能：同一個人的意志之經驗性格與智性的性格，並且，因為理性在關涉顯相中有其因果性，經驗的性格是在智性的性格中被決定的。[13]

---

[13] 康德指出：如果我們考察人的意志之經驗性格，那就是依據人類學（Anthropologie）的樣式，我

　　道德絕不要求鄙棄小體，儘管在通常之見識中，甚至若通過人類社會史、思想史來看，禁欲主義的品性修養、性情陶冶、無我、犧牲精神、精神昇華等等都被視為德性的標籤。但實質上，這一切與道德並不相干，也根本與孔孟義理相牴觸。孟子曰：「人之於身也，兼所愛。兼所愛，則兼所養也。無尺寸之膚不愛焉，則無尺寸之膚不養也。所以考其善不善者，豈有他哉？於己取之而已矣。體有貴賤，有小大。無以小害大，無以賤害貴。養其小者為小人，養其大者為大人。」（《孟子‧告子章句上》）失德之人其過不在養小體，而在「以小害大」。誠然，天理（本心良知立法）的純粹性、嚴整性總是引起人們的誤解，人們將立法根據的純粹性（不基於人性的特殊構成，不依於人類學，天理完全先驗地自本心立）誤解為要求道德行為「去人欲」。[14]

　　陽明言本心良知之天理，不著些「人的意思在」，「不由見聞而有」，所言就天理純粹自本心出，其根據不能混雜絲毫人欲而論，依此義言「存天理，去人欲」，其立論是正當的。不過，若據之誤解要在人的行為上「去人欲」，則是悖理的。本心事實上有其獨立不依於感性的因果性，本心良知之天理是作用因的法則，天理「獨立不依於一切經驗的感性的條件」，根本不依據於人的「感取的本性」，亦即並不視人自身為「以經驗為條件的法則下的實存」，也就是說，當本心立天理，人是純然以有理性者（道德者）的立場視其自己，亦因而天理與一切依感取的本性

_____

們只是想對於人的活動的動因去構成生理學的研究，則只有按照這種經驗性格才能夠研究人。但是，當我們就「理性自身是**產生**這些活動的原因」時，「則我們就見到有一種與自然秩序完全不同的規律和秩序。」（A550/B578）「理性發現自己不得不在顯相之外採取這一觀點。」（Gr 4:458）那完全是因為這樣一個事實：感取界的影響對人並不是決定的，我們就不應否認「人會意識到自己是睿智者，因而是作為有理性的及通過理性活動的，亦即自由地起作用的原因。」（Gr 4:458）我們既承認理性在關涉顯相中有其因果性，那麼，理性的活動仍能夠說是自由的，即使這活動的經驗性格依其一切細節而言皆是依自然法則而完全必然地被決定了的，「這經驗的性格還是在智性的性格中被決定。」（A551/B579）康德提醒：意志本身是作為原因「而被考量為屬於感觸界的條件系列的」，「而只有它的因果性是被思維為智性的。」（A561/B589）因果性是一個力學的理念，「力學的理念容許顯相的一個條件在顯相系列以外。」（A531/B559）我們的意志事實上具有兩種性格：經驗的性格和智性的性格。就諸活動涉及其感觸的原因而言「自然」，顯經驗的性格；同時就該活動涉及其智性的原因而言「自由」，顯智性的性格。（A541/B569）

[14] 黑格爾及其追隨者對康德所論道德法則之根源的純粹性就產生這樣的誤解，他們指責康德「從人的感觸本性及它在其中行動的真實世界分離」。（參見：H.E.Allison, *Kant's theory of freedom.* (Cambridge: Cambridge University Press,1990)，pp.184-191. 詳論見拙著：《康德的自由學說》（台北：里仁書局，2009年），頁362-369。

（人欲）而發的材質原則區別開。本心之天理，「先天而天弗違」，也就在這個意義上，我們可以稱本心為「道心」；同時，天理行於經驗世界而普遍有效，故云「後天而奉天時」。藉著內在於自身的本心天理，人意識到自己是一個在道德世界中的存在，亦即「能夠在事物的智性的秩序（intelligibele Ordnung）中被決定的存在」。（KpV 5:42）此並不妨礙人同時在「以經驗為條件的法則下」實存。天理之獨立不依於人欲而出自本心，並不能曲解為天理與人欲對立，也不意謂人欲從人心中消滅，更不表示人所處的現實世界就是道德世界。事實上，天理作為一個於人心中起作用的原因之法則，它必定要通過對人欲的節制作用而顯露自身。天理「把一個超感觸自然的形式賦予作為有理性者之整體的感觸界」，（KpV 5:43）「並不損害感觸界的法則。」（KpV 5:43）

　　人一方面通過天理（道德法則）將自己決定為道德的者（有自由能力），另一方面認識到自己是依照這種決定在感觸界中如同當下親眼所見的那樣活動的。（KpV 5:105）由之可見，人的道德稟賦是「是實踐的」，「受我們自身支配」，「並且作為自己的而屬於我們的某種東西。」（SF 7:59）恰切地說，天理（道德法則）把我們每一個人「對幸福的無限度追求嚴格地限制在一些條件上」，（KpV 5:130）而不是排除人對幸福的欲求；天理顯露本心立法能力，即顯露意志自由，以此超越的自由阻止人對自己的同類及其他物類濫用他個人的無法則的自由；天理不是獨斷的教條，本心良知不是專制暴君，而是對於知性和感官的持久和平的管治者。此即陽明說：「人君端拱清穆，六卿分職，天下乃治。心統五官，亦要如此。」（《傳習錄》上）

　　此所以陽明說：「良知只在聲色貨利上用功，能致得良知，精精明明，毫髮無蔽，則聲色貨利之交，無非天則流行矣。」（《傳習錄》下）又說：「真己何曾離著軀殼！」（《傳習錄》上）「『美色令人目盲，美聲令人耳聾，美味令人口爽，馳騁田獵令人發狂』，這都是害汝耳目口鼻四肢的，豈得是為汝耳目口鼻四肢？若為著耳目口鼻四肢時，便須思量耳如何聽，目如何視，口如何言，四肢如何動；必須非禮勿視聽言動，方才成得個耳目口鼻四肢，這個才是為著耳目口鼻四肢。汝今終日向外馳求，為名為利，這都是為著軀殼外面的物事。汝若為著耳目口鼻四肢，要非禮勿視聽言動時，豈是汝之耳目口鼻四肢自能勿視聽言動，須由汝心。……。所謂汝心，卻是那能視聽言動的，這個便是性，便是天理。」（同上）

　　孔子言「克己復禮」。（《論語・顏淵第十二》）「禮」，用康德的話說，就是藉意志之格準而來的可能的普遍立法，「克己」就是自我主宰，自我約束，自我節制。陽明說：「這心之本體，原只是個天理，原無非禮，這個便是汝之真己。這個真己是軀殼的主宰。」（《傳習錄》上）「必須用著這個真己，方能克己。」（《傳習錄》上）「克己復禮」並非要除去那個軀殼的己，不是要「滅人欲」。「人欲」，用告子的話說，就是「食色，性也」，「生之謂性」。（《孟子・告子章句上》）孟子說：「口之於味也，目之於色也，耳之於聲也，鼻之於臭也，四肢於安佚也。性也，有命焉。君子不謂性也。」（《孟子・盡心章句下》）可見孟子並不是反對告子言「食色，性也」為人的性，而是反對以此為人的道德性（故云「君子不謂性也」）。並說：「仁之於父子也，義之於君臣也，禮之於賓主也，智之於賢者也，聖之於天道也，命也，有性焉。君子不謂命也。」（《孟子・盡心章句下》）此所以陽明說：「孟子性善，是從本原上說。」（《傳習錄》中，〈答周道通書〉）「生之謂性」固是性，「但告子認得一邊去了，不曉得頭腦。若曉得頭腦，如此說亦是。」（《傳習錄》下）又說：「有自本體上說者，有自發用上說者，有自源頭上說者，有自流弊處說者。總而言知，只是一個性，但所見有淺深爾。」（同上）有問：「孟子從源頭上說性，要人用功在源頭上明徹；荀子從流弊說性，功夫只在末流上救正，便費力了。」陽明曰：「然。」（同上）只要講明言「性」之不同分際，即可既揭明道德性為人的真己，同時並不據之忽視人的感性本性。

　　於宋明儒者之論說看來，「人欲」一詞與「私慾」、「物慾」大多是通用的。陽明對克除私欲所論亦不少。依陽明所言，「好色、好利、好名等心」是私慾，「如閒思雜慮，亦謂之私慾」。「雖未相著，然平日好色、好利、好名之心，原未嘗無」，「須是平時好色、好利、好名等項一應私心掃除蕩滌」。（《傳習錄》上）蕺山說：「欲凡（原注：新本作凡欲）重之為貨利，輕之為衣食，濃之為聲色，澹之為花草，俗之為田宅輿馬，雅之為詩琴書畫，大之為功名，小之為技藝，須一一對壘過。而朱子獨約以財色兩關。」（《劉子全書》卷之十，〈學言上〉）讀蕺山〈人譜〉中的「紀過法」：「微過」（「藏在未起念以前」），「隱過」（溢喜、遷怒、傷哀、多懼、溺愛、作惡、縱欲），「顯過」（九容：足容、手容、目容、口容、聲容、頭容、氣容、立容、色容），「大過」

（「五倫主之」數十種），「叢過」（「百行主之」數十種）。更有「訟過法」，一一對罍過，「正儼威間，鑒臨有赫」，「復出十目十手，共指共視」。（《劉子全書》卷之一，〈人譜續篇三〉）戢山所言克欲功夫不可謂不嚴屬，但檢視戢山學諸說，我們可見出其於「人欲」之本義亦有所注意，並給予獨立的考量。茲條列相關文句如下：

1. 盈天地間，皆物也，人其生而最靈者也。生氣宅於虛，故靈，而心其統也，生生之主也。其嘗醒而不昧者，思也，心之官也。……。因感而動，念也。動之微而有主者，意也，心官之真宅也。主而不遷，志也。生機之自然而不容已者，欲也。欲而縱，過也；甚焉，惡也。而其無過不及者，理也。其理則謂之性，謂之命，謂之天也。其著於欲者，謂之情，變而不可窮也。其負情而出，充周而不窮者，才也。或相什百，氣與質也。而其為虛而靈者，萬古一日也。……。此夫子統言心也，而言豈一端已乎？約言之，則曰「心之官則思」也。故善求心者，莫先於識官，官在則理明氣治，而神乃尊。自心學不明，學者往往以想為思，因以念為意。及其變也，以欲拒理，以情偶性，以性偶心，以氣質之性分義理之性，而方寸為之四裂。審如是，則心亦出入諸緣之幻物而已，烏乎神！（《劉子全書》卷之七，〈原旨・原心〉）

2. 喜怒哀懼愛惡欲，是性情之變，離乎天而出乎人者，故紛然錯出而不齊，所謂感於物而動，性之欲也，七者合而言之皆欲也，君子存理過欲之功正用於此。（《劉子全書》卷之十，〈學言上〉）

3. 人生而靜，天之性也，感於物而動，性之欲也，欲動情熾而念結焉。感有去來，念有起滅，起滅相尋復自起滅，人心出入存亡之機，實繫於此甚矣！念之為心祟也，如苗有莠。（《劉子全書》卷之十一，〈學言中〉）

4.人生而有己，即有物欲之累，其最沈溺處為酒色財氣四者。四者之於人本客感耳，而不能不與感俱著，則己私為主也。學以克己為功，一切氣質無所用事，性體湛然。雖有四者之感，亦順以應之而已。（《劉子全書》卷之十三，〈證人會約·約言·其五〉）

5.只一致知便了。若言致知，又言無欲，則致知之上又須添一頭腦。就如今所謂無欲，只是此心之明，所言有欲，只是此心之昧。有欲、無欲，止爭明昧，相去不遠。但能嘗明，不必更言無欲。（《劉子全書》卷之十三，〈證人會約·會錄〉）

6.有佛氏者，以天地為塵劫，以世界幻妄，以形軀為假合，以日用彝倫事理為障礙，至此一切無所依附，單言一心。……。噫嘻危矣！君子曰：此言心而幻者也，吾請言吾常心焉。常心者何？日用而已矣，居室之近，食息起居而已矣。其流行則謂之理，其凝成則謂之性，其主宰則謂之命，合而言之皆心也。（《劉子全書》卷之七，〈原旨·原道下〉）

　　蕺山明確地說：「生機之自然而不容已者，欲也。」（上引文條1）「欲」乃生機之自然」，何惡之有？「惡」之為惡不在「欲」，而在「欲而縱」。「欲」而無過不及者，理也。此所以說：「其理則謂之性，謂之命，謂之天也。」（上引文條1）又說：「人生而靜，天之性也，感於物而動，性之欲也，欲動情熾而念結焉。」（上引文條3）「欲」乃天之性「感於物而動」，故謂之「性之欲也」；「性之欲」無所謂善惡，「惡」之生由於「情熾而念結」，故云「念之為心祟也」。（上引文條3）「喜怒哀懼愛惡欲」，「七者合而言之皆欲也」，君子於此做功夫，就是「存理遏欲」。（上引文條2）「理」存，則「欲」無過不及；所謂「遏欲」，意指以「理」節制、約束「欲」，以免「念」（心祟）起滅也。人生而有己，若「己私為主」，則有物欲之累，如酒色財氣四者，「不能不與感俱著」，其「感」只是外在的暫時的（故云「於人本客感耳」）；若「性體湛然」，「雖有四者之感，亦順以應之而已。」（上引文條4）此所以蕺山說：「有欲、無欲，止爭明昧」，「但能嘗明，不必更言無

欲」。（上引文條5）又說：「人心惟危，道心惟微。道心即在人心中看出，始見得心性一而二，二而一。然學者工夫不得不向危處起手。」（〈學言上〉）

　　依以上所述可見蕺山分解立義之精細，並無泯除分際之弊病，而種種分解立義皆以「心」為宗，「心」乃「生生之主也」。非如佛氏「單言一心」，而「一切無所依附」。（上引文條6）「生氣宅於虛，故靈，而心其統也」：「虛」，心之虛，「靈」，心之靈，生氣之宅也。虛即靈，生氣宅於其中，「心其統也」。「念」，乃氣「因感而動」所生；「意」，「動之微而有主者」也；「志」，「主而不遷」是也。言「氣」、「虛」、「靈」，「統言心也」。言「念」、「意」、「志」，亦「統言心也」。言「欲」、「理」、「情」、「才」、「氣與質」，也是「統言心也」。「心之官則思」，「官在則理明氣治」，明乎此，即可破除「以欲拒理」、「以性偶心」之弊病矣。亦不會離「氣質」而以純然之「義理」為性，以滋生「以氣質之性分義理之性」之弊端。[15]

　　心之體，純粹至善，「然而不能不囿於氣血之中」，情、欲、識、形、器，「凡此皆氣血之屬，而吾既一一有以治之，則氣血皆化為性矣。性化而知之良乃致，心愈尊。」（《劉子全書》卷之七，〈原學中〉）生機之自然而不容已，天理「妙合而無間」，人心「有主而常一」，故

---

[15] 依蕺山之識見，「氣質之性」意指：氣質的本性。他提出：「凡言性者，皆指氣質而言也。」（《劉子全書》卷之十一，〈學言中〉）「義理」意指：氣質之本然。「義理者，氣質之本然，乃所以為性也。」（《劉子全書》卷之八，〈《中庸》首章說〉）依此，「義理」正是指「氣質之性」而言，不必言「義理之性」。此所以蕺山說：「盈天地間止有氣質之性，更無義理之性。如曰氣質之理即是，豈可曰義理之理乎？」（〈學言中〉）牟宗三先生對蕺山相關說法有詳細評論，其中提出批評，說：「宋儒說此兩語，其中『之』字皆不表所有格，皆是虛繫字，即義理這個性，或從義理上看的性，氣質這個性，或從氣質上看的性。蕺山於氣質之性中『之』字解為所有格，於義理之性中『之』字仍保其舊，視義理即為氣質之所以為性者，……而只由『氣質底性』一語以泯義理之性與氣質之性之分。此固亦通，然非宋儒說此兩詞之意也。」（牟宗三：〈陸王一系之心性之學〉，《宋明儒學的問題與發展》，頁219）但愚意以為，問題的要點正在於蕺山根本上認為宋儒一向說此兩語之意並不可取，他反對「氣質這個性」（心理、生理、生物現象之結集：如氣性、脾性、才性，或如朱子所言墮於氣質中的性，或就人的氣質之偏或染而說的氣質之性格）的講法。事實上，這種講法只是心理學意義的，而不能納入哲學意義的「性論」中。並且，他根本反對以純然之「義理」為性，故此，問題關鍵不在「義理之性」中「之」字作何解，他的立場是「盈天地間止有氣質之性，更無義理之性」。而氣質之性即「天命之性」。（《劉子全書》卷之十九，〈答王右仲州刺〉）明乎此，我們也不會誤解蕺山反對其前輩就是要主張「氣即性」的氣本論。毋寧說，蕺山較其前輩更為重視從哲學意義立論，明顯地要擺脫言心性混雜心理學、修養學的舊思維。

「欲」無過不及，形軀不為假合，日用彝倫事理不為障礙。生機自然而
不從人欲起念，故不落入異端。此所以蕺山極力批駁「人心、道心是二
心」、「天理人欲不並立」之說法。他明確提出：「心只是人心，而道
者，人之所當然，乃所以為心也。」（《劉子全書》卷之八，〈說‧中庸
首章說〉）「道，其生於心乎！是謂道心。」（《劉子全書》卷之七，
〈原道上〉）「道心即人心之本心。」（〈學言中〉）又恰切地引孟子
語，說：「孟子曰：『仁，人心也。』人心便只『人心也』之『人心』，
道心即是『仁』字。」[16]此同於象山說：「人心是說大凡人之心。」
（《象山全集》卷三十五，〈語錄〉下）並不是人之心外另有一個道心，
也不是「正」為道心，「不正」為人心。陽明說：「難以人偽謂之人心。
人心之得其正者即道心；道心之失其正者即人心：初非有二心也。程子謂
人心即人欲，道心即天理，語若分析，而意實得之。」（《傳習錄》上
卷，第10條）陽明該處所言確實有受程朱影響之嫌，蕺山明文提出批評，
說：「依舊只是程、朱之見，恐尚有剩義在。」[17]又詰問：「人心本是人
之心，如何說他是偽心、欲心？」[18]

　　在人欲與天理對立的觀點上，陽明與程、朱有相通之處，但若只抓
住一段文句，即以為陽明一向地以人心為偽心、欲心，則有失公正。陽明
說：「人心天理渾然。」（《傳習錄》上）良知之在人心，不但聖賢，雖
常人亦無不如此。（《傳習錄》中，〈答陸原靜書〉）「天理在人心，亙
古亙今，無有終始」（《傳習錄》下）可見，陽明言「人心」根本與程朱
有別。從陽明對於「人心惟危，道心惟微」[19]之解說，也可以見出其與程
朱根本不同處。伊川說：「人心私欲，故危殆，道心天理，故精微。」
（《河南程氏遺書》卷二十四，伊川先生語十）朱子亦以「危殆」解
「危」。[20]陽明解「危」為「不安穩」。他說：「依著人心行去，便有許
多不安穩處，故曰「惟危」。（《傳習錄》下）又提出：「危即過也」，
人心惟危，聖人之心與人同。他說：「若堯舜之心而自以為無過，即非所

---

[16] 戴璉璋、吳光主編：《劉宗周全集》，第四冊，頁66。

[17] 同前註。

[18] 同前註。

[19] 《書經‧虞書‧大禹謨》云：「人心惟危，道心惟微，惟精惟一，允執厥中。」

[20] 朱子曰：「心之虛靈知覺，一而已矣，而以為有人心、道心之異者，則以其或生於形氣之私，或原於性命之正，而所以為知覺者不同，是以或危殆而不安，或微妙而難見耳。」（《四書集注‧中庸章句序》）

以為聖人矣。其相授受之言曰：『人心惟危，道心惟微，惟精惟一，允執厥中。』彼其自以為人心之惟危也，則其心亦與人同耳。危即過也，惟其兢兢業業，嘗加『精一』之功，是以能『允執厥中』而免於過。古之聖賢時時自見己過而改之，是以能無過，非其心果與人異也。」（《王文成公全書》卷四，〈寄薛尚謙·戊寅·三〉）蕺山也就聖人而言「人心惟危」，說：「大舜一生只認得自己是庸人，故執中之傳開心說『人心惟危』，舜真自道也。」（〈學言上〉）念有起滅，「人心出入存亡之機」，（〈學言中〉）此所以云「人心惟危」。愚意以為，陽明、蕺山解「人心惟危」，切合古之聖賢之原意，而伊川、朱子所謂人心危殆，恐怕只是他二人抒發己意而已。

　　綜而言之，蕺山就天理人欲、道心人心問題反駁先儒的說法，正如對「以氣質之性分義理之性」的批評，不能視為只是詞語使用的枝節問題，而是在在顯出他對一種先驗綜和思維模式的自覺。他重視在先驗綜和的事實上分解立義，這一點是分解力極強及道德形上學之洞識極透徹的陽明也顯見有所不及的。

　　事實上，天理人欲問題關涉到「人欲」是否惡的根據。如康德指出：「惡的根據不能像人們通常所說明的那樣，被放在人的**感性**以及由此產生的自然偏好之中。」（Rel 6:34）人作為一個同時具有感性生命的有理性者，「就他為完全滿足自己的狀況所需要的東西而言，它總是依待的，所以，他總是不能完全去除依賴於物理條件的意欲和性好，不會自發地與源泉完全不同的道德法則一致。」（KpV 5:84）正因如此，天理與人欲之為先驗綜和命題如何可能成為道德哲學的核心問題。如果一個人放縱「人欲」，他是道德上惡的，也就是康德說：「如果人把感性的動機作為**本身獨立自足地**決定抉意，以之納入自己的格準，而不把道德法則（這是他在自身就擁有的）放在心上，那麼，他就是惡的。」（Rel 6:36）人是善的還是惡的，就看他在把各種動機納入自己的格準時，是否顛倒了它們的道德次序。（Rel 6:36）

　　人的自我約束之所在，正是人畢竟感到自己作為道德者同時就會按照他自己人格中的人性來考量自己，他並不樂意違背天理；儘管現實上，人站在十字路口，也就是在德行與私欲之間，更多表現出依從性好而不是服從天理的傾向。（MS 6:379）此即孟子曰：「魚，我所欲也；熊掌，亦

我所欲也，二者不可得兼，舍魚而取熊掌者也。」（《孟子・告子章句上》）「是故所欲有甚於生者，所惡有甚於死者，非獨賢者有是心也，人皆有之，賢者能勿喪耳。」（同上）也就是陽明說：「人胸中各有個聖人，只自信不及，都自埋倒了。」（《傳習錄》下）又說：「人孰無根？良知即是天植靈根，自生生不息；但著了私累，把此根戕賊蔽塞，不得發生耳。」（同上）陽明既反覆說：「人心本是天然之理」，（同上）「天理之在人心，終有所不可泯」，（《傳習錄》中，〈答顧東橋書〉）又屢言「眾人則失了心之本體」，（《傳習錄》下）「不免有習心在，本體受蔽」，（同上）「譬如奔流濁水，才貯在缸裡。初然雖定，也只是昏濁的。須俟澄定既久，自然渣滓盡去，復得清來」。（同上）蕺山也說：「天之與我本是聖人體段，但一落於人便有物欲之累，聲色貨利種種膠固而不可解，將天所以與我之體盡行埋沒」，「只為胸中仍是箇物欲，於本體全湊泊」。（《劉子全書》卷之十三，〈證人會約・會錄〉）

我們沒有理由把天理與人欲視為對立，天理並不是去除人欲的直接效果。[21]事實上，若人放棄「心之官則思」之大體，而只一味「去人欲」，他永遠無法認識到天理，儘管做得到「妄念不生」，也只是落得個「腔子裡黑窣窣的」，「流入枯槁之病」。（《傳習錄》下）即使有念不起時，也「如昏黑一般」，「靜也只是昏黑，動也只是昏黑」。（《劉子全書》卷之十三，〈證人會約・會錄〉）縱令人真能把人欲去除淨盡，個個成了小天使，又如何？須知，人的本心良知之天理並非為著把人修整乾淨而有，也不是把人修整乾淨了便可得。

蕺山就指出：「陽明先生教人其初只是去人欲、存天理。或問何者為天理，曰：去得人欲，便是天理。大抵使人自悟而已。」（〈學言上〉）天理自悟，並不意謂天理不可以概念的方式普遍傳達；良知自知，不等同說良知之天理只是自知。天理「起源於人類心靈之本性」，藉著這本性，每一個人通過自立普遍法則而體現「法則之感」（sensus juris），（KGS 20:156）「感覺到自己是一理想的全體中的一分子」。（KGS 15: 342, Reflexion 782）天理（道德法則）本身包含圓善概念，並且，天理本身就

---

[21] 蕺山說：「陽明子以格去物欲為格物，是以念為物也。後世心學不明如此，故佛氏一切掃除專以死念為工夫，及其有得，又以念起念滅為妙用。總之未明大道，非認賊作子，則認子作賊。」（〈學言中〉）儘管蕺山將陽明比之以佛氏之責難實在太過，然其批評「以念為物」、亦即「以死念為工夫」，則可說是一語中的之針砭之言。

是推動人把圓善實現於世界上的動力。此即：明明德「在止於至善」。
（《大學》）孔孟「成人之教」是通著「王道之學」的；「仁者，人也」
就包含「人能弘道」。此乃實踐智慧學之本義。

附識：本文引用康德著作引文來源及縮略語說明如下：

KGS：Kants gesammelte Schriften（ Königlich Preussischen Akadämie der Wissenschaften，
　　　1922年）.隨後之阿拉伯數字分別為卷數及頁數。例：Gr 4:458。

A/B ：Kritik der reinen Vernunft（KGS 3 ,4）.（A即第一版，B即第二版。不標卷
　　　數。）

Gr ：Grundlegung zur Metaphysik der Sitten（KGS 4）.

KpV：Kritik der praktischen Vernunft（KGS 5）.

KU：Kritik der Urteilskraft（KGS 5）.

SF： Der Streit der Fakultäten（KGS 7）.

第四章　論牟宗三先生對王塘南「透性研幾」的詮釋*

新亞研究所
韓曉華

一、引言：問題的提出

　　王塘南（時槐，1522～1605）從學於劉兩峰（文敏，1490～1572），為王陽明（守仁，1472～1528）的再傳弟子，在《明儒學案》中被列入為「江右王門」。黃梨洲（宗羲，1610～1695）對王塘南在「陽明後學」的地位有很高的評價，其言：「姚江之學，惟江右為得其傳，東廓、念菴、兩峰、雙江，其選也。再傳而為塘南、思默，皆能推原陽明未盡之旨。」¹又言：「陽明歿後，致良知一語，學者不深究其旨，多以情識承當；見諸行事，殊不得力。雙江念菴舉未發以救其弊。中流一壺，王學賴以不墜。先生謂『知者先天之發竅也。謂之發竅，則已屬後天矣。雖屬後天，而形氣不足以干之。故知之一字內不倚於空寂，外不墮於形氣，此孔門之謂中也。』言良知者，未有如此諦當。」²依黃宗羲所言，王塘南的「透性研幾」實是「諦當」並「能推原陽明未盡之旨」的。

　　然而，牟宗三先生對於王塘南在「陽明後學」的地位卻有截然不同

* 本文初稿曾宣讀於新亞研究所、香港樹仁大學歷史系與台灣中央大學中文系合辦的「『北學南移』國際學術研討會」（2013年8月29日）。感謝陳榮灼教授、楊祖漢教授、吳明教授、盧雪崑教授等在會後的意見賜教。另外，本文另一個論述較詳盡的版本已刊登於台灣中央大學儒學研究中心的《當代儒學研究》第15期（2013年12月），頁217-258，也感謝該刊的匿名評審富積極意義的修訂建議。

1 〔明〕黃宗羲著，沈芝盈點校：〈江右王門學案一〉，《明儒學案》（北京：中華書局，2008年），上冊，頁331。
2 黃宗羲：〈江右王門學案五〉，《明儒學案》，上冊，頁467。

的評價，認為王塘南實是不解王陽明的「良知學」，甚至偏離「心學」。
其言：「江右派之聶雙江與羅念菴已不解王學矣；而王塘南則正從此不解
而復漸遠離於王學。」[3]牟宗三先生更評論黃宗羲所認為王塘南詮釋「良
知」為「最為諦當」的說法，其說：「然至王塘南之分解，對於師泉之
『悟性修命』有一轉解，如是，則以為良知『雖屬後天，而形氣不足以干
之』，如是，遂又說良知是在『體用之間』，而卻不說由之以立體，蓋真
正性體乃是未發、無為之先天之理，『體用之間』之體與此真正性體並不
同也一屬命、一屬性故也。此則便較近於朱子，而走不上『以心著生』之
路矣。是則師泉塘南雖對於良知之知之了解較之雙江念菴為諦當，然而卻
不能如黃梨洲所云『最為諦當』或『未有如此諦當』。」[4]

　　問題是：為甚麼黃梨洲與牟宗三對王塘南的評價會有如此大的落差
呢？究竟牟宗三先生以怎樣的詮釋角度來論析王塘南的思想呢？本文認
為：牟宗三先生主要從王陽明的「良知學」及劉蕺山的「以心著性」作為
座標而論析王塘南的「透性研機」思想，指出王塘南的思想乃是偏離於
王陽明思想而應納入於「非王學」一路，此是諦當的判語；然而，假如
從「陽明後學」[5]問題意識來看，則王塘南的「透性研幾」實有救弊的意
義，而其提出「透性研幾」在實義上自有其工夫論意義的缺失，卻仍然有
其時代的意義。如此，即可理解牟宗三先生與黃梨洲對於王塘南「透性研
幾」的評價之落差理由，也能夠透現牟宗三先生判語的真知灼見。

二、牟宗三論王塘南「透性研幾」的定位

　　所謂「透性研幾」原是黃梨洲對於王塘南思想的宗旨：「以透性為
宗，研幾為要」[6]之簡稱。所謂「透性為宗」即從「悟」以入「性體」之

---

[3]　牟宗三：《從陸象山到劉蕺山》，《牟宗三先生全集》（台北：聯經出版社，2003年），第8
　　冊，頁4。

[4]　同前註，頁343-344。

[5]　本文對於「陽明後學」的範圍和對象，即依於林月惠先生所說：「即是指認同陽明思想，並對陽
　　明思想加以闡釋的王門弟子。其範圍包括《明儒學案》所列舉的浙中王門、江右王門、南中王
　　門、楚中王門、北方王門、粵閩王門，加上《止修學案》，《泰州學案》之諸子。」見林月惠：
　　〈唐君毅、牟宗三的陽明後學研究〉，《杭州師範大學學報（社會科學版）》2010年第1期，頁
　　22。

[6]　黃宗羲：〈江右王門學案五〉，《明儒學案》，上冊，頁467。

工夫，王塘南有言：「竊謂學必由悟入。……蓋悟之一字，最未易承當，《中庸》首揭未發之中，此是聖門直指性宗之語。既曰未發，則非可以意見測度力量捉摸而得，是以貴於悟也。《大學》言『知止』，即《中庸》之『慎獨』，皆入悟之方也。……必由知止以入悟，以直透吾萬物一體之真性。」[7]而言「研幾為要」即從「修」作研「性體」之工夫，王塘南曾言：「夫所謂幾者，蓋此體空寂之中，脈脈呈露處，乃無中生有，自然不容已，無一刻間斷，非謂念頭發動時，亦非謂泯然未發也。若於此用覺照，乃拔去人為之私，即涉於造作，反害其自然呈露之幾矣。惟是收斂沉潛，退於藏密，則研幾底於極深，所謂淵淵其淵，立天下之大本也。日用應酬無分動靜，一以退藏為主，此堯舜周孔主敬立極之實學。」[8]依此，王塘南的「透性研幾」實是工夫論的思想，然此「透性研幾」高舉「性體」，把「心體」的側重點轉移，嚴分「性體」與「心體」之別，卻又是對於「本體」具有不同的思考與證悟，牟宗三先生對於王塘南「透性研幾」之詮釋即特重於此一面向。

　　牟宗三先生對於王塘南「透性研幾」的詮釋及定位，主要從兩個組命題的詮釋而立論：一是「知在體用之間」，即是王塘南言「知」（「良知」）乃從「體用之間」作為定位，至其言「性」、「意」等皆非王陽明的「良知」，此之謂「不解」；一是從「然與所以然」言「未發與已發」的關係，即是王塘南言「未發之性」、「先天之（性）理」等強調「性體」乃是一形而上、靜而不活動之理，強調「性」與「心」的不混不雜，遂又走不上「以心著性」一路，此之謂「遠離」。下文即以此兩組命題的論述牟宗三先生對王塘南「透性研幾」的詮釋與定位。

（一）從「知在體用之間」論王塘南「透性研幾」之不解王學

　　牟宗三先生一直強調王塘南是誤解「良知」，其說：「此一系統（按：即「悟性修命」、「透性研幾」）是由誤解良知（不但以『知善知惡之知為情識為不足恃』為誤解，即視之為體用之間、為先天之發竅，亦

[7]　王時槐：〈答唐凝菴〉壬寅，《塘南王先生友慶堂合稿七卷補遺一卷》（台南：莊嚴文化事業，1997年，《四庫全書存目叢書》，集部第114冊），卷2，頁210。
[8]　王時槐：〈答周時卿〉辛丑，《塘南王先生友慶堂合稿七卷補遺一卷》，卷2，頁204。

是誤解），而復攎拾良知，扭曲而成。」[9]究竟王塘南的「透性研幾」是如何不（誤）解於「良知」呢？簡單來說，王塘南所理解的「良知」乃是「在體用之間」，而非「體即良知之體，用即良知之用」[10]。其言：

> 性之一字本不容言，無可致力。知覺意念總是性之呈露，皆命也。性者先天之理。知屬發竅，是先天之子，後天之母。此知在體用之間，若知前求體，則著空，知後求用，則逐物。[11]

> 夫知者先天之發竅也。謂之發竅，則已屬後天矣。雖屬後天，而形氣不足以干之。故知之一字，內不倚於空寂，外不墮於形氣，此孔門之所謂中也。末世學者往往以墮於形氣之靈識為知，此聖學之所以晦也。[12]

王塘南明言「知在體用之間」。究竟王塘南所言的「體用之間」是甚麼意思呢？王塘南既說「知屬發竅，是先天之子，後天之母」，又言「知者先天之發竅也。謂之發竅，則已屬後天」，即王塘南所說的「知」（「良知」）在「體用之間」實是與「先天／後天」及「發竅」有緊密關連。牟宗三先生依上引文指出：「若就悟性而言，依如此分疏，則悟性正是知前悟性，知前求先天未發之體。豈因『知在體用之間』，而不可如此言耶？所謂『體用之間』者，意即知既是先天之子，已屬後天之發用，故它雖是『形氣不足以干之』，有體的意味，然而亦不即是體，而亦是用；又，雖是用，然而因其『不墮於形氣』，故又不只是用，而又有體的意味。⋯⋯『體用之間』的體非即作為『先天之理』的性體也。」[13]又說：「既云：『知者先天之發竅』，『屬後天』，則後天以上有先天。此先天是什麼呢？依王塘南之分解，即是未發而不容言之性，而不是上條所說的無相之真心、寂而常照之真心。」[14]即是說，王塘南言「知在體用之間」實即是說「良知」之上、之後尚有一「性體」。所謂「體用之間」即是以

---

[9]　牟宗三：《從陸象山到劉蕺山》，《牟宗三先生全集》，第8冊，頁362。
[10]　陳榮捷：《王陽明傳習錄詳註集評》（台北：學生書局，1983年），頁218。
[11]　王時槐：〈答蕭勿菴〉丁酉，《塘南王先生友慶堂合稿七卷補遺一卷》，卷1，頁187。
[12]　王時槐：〈答朱易菴〉丁丑，《塘南王先生友慶堂合稿七卷補遺一卷》，卷1，頁162。
[13]　牟宗三：《從陸象山到劉蕺山》，《牟宗三先生全集》，第8冊，頁349。
[14]　同前註，頁347。

「先天之性理」為「體」，「後天之發竅」為「用」，而「知」乃通於「性體」之可能，故王塘南即言「知在體用之間」。對此「先天之性理」為「體」與「後天之發竅」為「用」的說法，本文認為：王塘南所說的「先天／後天」區分乃是以形而上與形而下作為判準，王塘南以此判準嚴格分辨了「性」與「（形）氣」的關係，致使其所說的「良知」僅能居於「性」（先天的／形上的）與「（形）氣」（後天的／形下的）之間，把「良知」嚴格區別於「性體」；而王塘南所言的「發竅」即是從「（人）心」中能貫通於生生流行的「性理」的通孔，而「良知」即作為通於「性體」之可能。下文將分別論析王塘南的「先天／後天」區分與「發竅」概念，藉此衡定「知在體用之間」實是不解王學。

先說王塘南的「先天／後天」區分。王塘南屢屢從「性」與「（形）氣」的對舉來說「先天／後天」的區分。其說：

> 夫先天之性本來無可名狀，謂之無根無境可矣。一到形生神發，便屬後天。[15]

> 太極者，性也，先天也。動而生陽，以下即屬氣，後天也。[16]

> 性先天也，無可狀無可名，存乎悟而已。性之生生為氣，後天也。氣理而物形，則有無狀之狀，無名之名，故可得而修焉。[17]

所謂「先天」即是「太極」，即「性」；所謂「後天」即是「物形」，即是「氣」[18]。而「先天」與「後天」的區分即在於「形生神

---

[15] 王時槐：〈答謝居敬〉戊戌，《塘南王先生友慶堂合稿七卷補遺一卷》，卷2，頁194。

[16] 王時槐：〈三益軒會語〉甲申，《塘南王先生友慶堂合稿七卷補遺一卷》，卷4，頁252。

[17] 王時槐：〈病筆〉甲辰仲冬，《塘南王先生友慶堂合稿七卷補遺一卷》，卷4，頁271。

[18] 王塘南使用「先天／後天」的區分主要是以「性之體」與「性之用」（命）。「先天／後天」的區分始於《易經》言：「先天而天弗違，後天而奉天時。」至宋儒邵康節（雍，1011～1077）則提出「先天／後天之學」作為解釋易學的用語，其言：「先天之學心也，後天之學迹也。出入有無死生者，道也。」〔宋〕邵雍著，黃畿注，衛紹生校理：《皇極經世書》（鄭州：中州古籍出版社，1993年），頁346。及至「陽明後學」的爭論中，「先天／後天之學」則成為「致良知」工夫論的關鍵用語，即所謂「先天之學」與「後天之學」的兩路不同的修養工夫之進路。王龍溪（畿，1498～1583）曾言：「正心，先天之學也。誠意，後天之學也。」〔明〕王畿：〈陸五臺贈言〉，見萬斌主編，吳震編校整理：《王畿集》（南京：鳳凰出版社，2007年），頁445。聶

發」、「動而生陽」及「性之生生為氣」，以「先天」言「太極」，言「性」，言其「無可狀無可名」；而以「後天」言「動而生陽」，言「氣」，言其「形生神發」，此可見「先天／後天」區分實是從作為超越實在的本源之理的「性理」與作為現象界中各種活動表現的現象經驗的「形氣」作為區分，也即是形而上與形而下的層次為區分，此判準嚴格分辨了「性」與「（形）氣」的關係，「先天之性」即是「體」，即「性體」；「後天之發竅」即是「用」，即「形（氣）」。

　　再說「發竅」或「（靈）竅」的概念。王塘南言「發竅」乃是緊扣「人心」與「道心」來說的。王塘南指出：

　　夫性塞於宇宙而發竅於人，故曰：人者，天地之心，又曰：天地設位，聖人成能，故參贊位育，惟屬於人而鳥獸不與焉，況草木乎。[19]

　　惟此一竅，乃大虛中生生之靈竅也，一切念慮知識萬事萬物，皆從此一竅流出，此是天然自有，不學不慮而人人具足者也。[20]

　　體用之間，不落有無，強名曰竅。是聖門所謂不睹聞而顯見之獨，動而未形，有無之間之幾也。[21]

　　王塘南所言的「發竅」乃是專從人而言，指人乃所具有能貫於生生流行的「性理」之通孔，此「發竅」的殊異處正在於不落於「有／無」、「體／用」，而獨為人所有並能循而復至於「性」。依此，王塘南認為此「發竅」即是一切工夫修養的可能根據所在，亦是「獨」，是「幾」也。

　　從上述「先天／後天」的區分與「發竅」的概念來看，王塘南所言的「體」與「用」實即是「性」與「（形）氣」之區別，亦即「性之體」與「性之用」（（形）氣、命）。至於「發竅」即是人之「心」能居於此

　　雙江（豹，1487~1563）也有言：「《中庸》之學，先天也；物格而後知者，後天也。」〔明〕聶豹：〈送王帷中歸泉州序〉，見萬斌主編，吳可為編校：《聶豹集》（南京：鳳凰出版社，2007年），頁79。然而，究竟「先天／後天」在「致良知」的工夫論中具有何種意義呢？此正是「陽明後學」的爭議所在。
[19] 王時槐：〈答謝居敬〉戊戌，《塘南王先生友慶堂合稿七卷補遺一卷》，卷2，頁195。
[20] 王時槐：〈答王養卿〉甲午，《塘南王先生友慶堂合稿七卷補遺一卷》，卷2，頁181。
[21] 王時槐：〈書南皋卷後〉，《塘南王先生友慶堂合稿七卷補遺一卷》，卷6，頁299。

「性之體」與「性之用」之間的可能性。以王塘南言「道心」與「人心」
之別來看，則更能突出其所強調的「發竅」的作用。王塘南曾說：「道
心，性也。性無聲臭，故微。人心，情也。情有善有惡，故危。惟精者，
治其情也。惟一者，復於性也。情與性一，則體用隱顯融鎔無二。」[22]依
此，「道心」乃是「性」是「體」，而「人心」則是「情」是「用」，而
「人心」能從「惟精惟一」而通於「道心」，正在於「發竅」的能從「道
心」而貫於「人心」之間，既然只是貫通於「道心」（體）與「人心」
（用）之間，王塘南即言「竅」的定位實是「體用之間，不落有無」。

　　回到王塘南所言「知在體用之間」的問題。王塘南所說的「良知」
僅從「發竅」而說，「知」僅依於「人心」而說，並非是屬於「先天」的
「性體」，然而，「知」雖屬於「後天」，卻因「發竅」而具有能通貫於
「性體」的可能，更是「性體之呈露」或「性之靈」的表現，王塘南遂言
「良知」乃是在「體用之間」。其說：

> 所謂良知者，正指仁義禮智之知，而非知覺運動之知，是性靈，而
> 非情識也，故良知即天理，原無二也。[23]

　　依此，王塘南所說的屬「先天之性」乃是一超越實在的「性理」，即
一種本然狀態的「性體」。而王塘南所說「良知」則理應有二義：其一是
作為「性理」之同義詞，此即其言「良知貫徹天地萬物，不可言內外」及
「能為天地萬物之根」之義，此義之要是讓「良知」具有天地萬物本源之
意義，是以言「良知」乃「性之靈」，「理之昭明」；其二是作為「性」
貫落於人的道德本質，此即其言「知之根於性」及「性之虛圓瑩徹」之
義，此義之要是偏重於「良知」乃內在於個體之意義，是以言「良知」乃
「仁義禮智之知」。然而，「性」與「良知」仍然是有所分別的，王塘南
明言：

> 問性與知有辨乎？曰：歧而二之固不可。雖然，性不容言，若以知
> 名性，亦未可也。[24]

---

[22] 王時槐：〈三益軒會語〉甲申，《塘南王先生友慶堂合稿七卷補遺一卷》，卷4，頁249。
[23] 同前註，頁253。
[24] 同前註，頁250。

　　從「良知」即是「性」貫通於個體的內在化而言，兩者固然不可以說成「歧而二之」；然而，從「良知」特重於個體的內在化，「性」乃是一超越實在的「性理」來說，則又不可以單單用「良知」來說「性」，故「以知名性，亦未可也」。依王塘南言「先天／後天」的區分來說，「性」是「先天之理」，而「良知」是「後天之發竅」，亦是「先天之發竅」，即使「良知」可從「發竅」通於「性」，又是「性」的個體內在化，「良知」仍然是混雜於「形氣」之中，是以「性」與「良知」仍然有分別的，此一分別可說是王塘南以高舉「性為未發（隱），心為已發（顯）」之故。綜言之，王塘南所說的「知」並非「性體」，於「知」之上或之後，仍然有一「先天之理」的「性體」，此是其學說的最重要的概念，亦是其言「透性為宗」所高舉的「性體」之超越義。而「知」雖處於「形氣」之中，但卻具有「根於性」之義，即不完全僅為「性之用」。

（二）從「然與所以然」言「未發與已發」而論王塘南「透性研幾」之遠離王學

　　牟宗三先生指出王塘南並不能至「以心著性」一路，即是遠離王學[25]，其言：「王塘南則既遠離良知教，亦不能至『以心著性』之一路。蓋彼走上『由性體下衍知覺意念，復由知覺意念上溯性體』之思路。此種思路乃籠統地從未發說已發，又從已發溯未發，此並不見佳。」[26]究竟王塘南的「透性研幾」是如何遠離於王學（或不能至「以心著性」一路）呢？簡單來說，王塘南實以「然與所以然」的分解方式說「未發／已發」，並依此嚴格區分「發屬心，未發屬性」，而未能從「心之覺照或感通」能得「一時頓著性體」後達「心性是一」（即「以心著性」之一路）。牟宗三先生明言：「塘南之所達者非孟子義。蓋再於此分別情與性，然與所以然，那是無意義者，徒為重疊，頭上安頭，至少亦是另一

---

[25] 此處言「不能至『以心著性』一路」即「遠離王學」，並非說「『以心著性』一路」為「王學」之意，僅是說「不能至『以心著性』一路」即「遠離於王學」之意。此一理解乃依牟宗三先生的兩組說法而來，其一是從「五峰、蕺山系」與「象山、陽明系」實是「同一圓圈的兩來往而可合而為一大系」牟宗三：《從陸象山到劉蕺山》，《牟宗三先生全集》，第8冊，頁457；另一是從「近於朱子」，即「走不上『以心著性』（盡心化氣以成性）一路」亦「非王學」見牟宗三：《從陸象山到劉蕺山》，《牟宗三先生全集》，第8冊，頁362。

[26] 牟宗三：《從陸象山到劉蕺山》，《牟宗三先生全集》，第8冊，頁352。

套，而非孟子義，亦非陸、王義，走上『性即理，而非心即理』之一路，此乃就存有論的體悟以言性，體悟之為一『只存有而不活動』之理（先天、未發、無為而不容言之理），而非就道德實踐之可能以言性。」[27]即是說，王塘南所強調的「悟性」，其所體悟之「性」實只是一「只存有而不活動」之理，此「性理」的體悟正因王塘南以「然與所以然」言「未發與已發」並區分「發屬心，未發屬性」所致。先說王塘南以「未發／已發」所言「性體」，其言：

> 性之一字本不容言，無可致力。知覺意念總是性之呈露，皆命也。[28]

> 中庸所謂未發者，是人生而靜之真性。所謂為天地萬物之根，亙萬古而常不發者也。不離乎群動而體常靜者也。此性本無聲臭，何有氣象？有氣象則發矣。時時發者其用也，時時未發者其體也。若謂有未發之時恐未然，延平之言，姑借此令學者稍定心氣則可，要之亦非究竟法也。若以此為中庸未發之本旨則遠矣。[29]

王塘南常常強調「性之一字不容言」、「性先天也，無可狀無可名」等，其所謂「未發之中固是性」實是將王陽明把「未發／已發」收攝於「心之本體」（「良知」）指「未發／已發」是就良知之「一理隱顯而為動靜」之討論，移轉至「性體」的本質問題。[30]從王塘南論「喜怒哀樂之

---

[27] 同前註，頁361。

[28] 王時槐：〈答蕭勿菴〉丁酉，《塘南王先生友慶堂合稿七卷補遺一卷》，卷1，頁187。

[29] 王時槐：〈三益軒會語〉甲申，《塘南王先生友慶堂合稿七卷補遺一卷》，卷4，頁261。

[30] 王塘南使用「未發／已發」的區分主要是以「性之體」與「性之用」（命）。關於「未發／已發」的區分，最初是源於《中庸》，其說：「喜怒哀樂之未發謂之中，發而皆中節謂之和。中也者，天下之大本也；和也者，天下之達道也。」楊祖漢：《中庸義理疏解》（台北：鵝湖出版社，1984年），頁95。依朱子（熹，號晦庵，1130～1200）的解釋：「已發未發，只是說心有已發時，有未發時。方其未有事時，便是未發，纔有所感，便是已發，却不要泥著。」朱熹著，鄭明等校點：〈中庸一〉，《朱子語類》（三），卷62，朱杰人主編，鄭明等點校：《朱子全書》（第16冊）（上海：上海古籍出版社，2002年），頁2039。又言：「喜怒哀樂之未發，無所偏倚，此之謂中。中，性也。……喜怒哀樂之發，無所乖戾，此之謂和。和，情也。」朱熹：〈中庸一〉，《朱子語類》（三），卷62，朱杰人主編，鄭明等點校：《朱子全書》（第16冊），頁2041。即是說，「未發／已發」的區分主要是言「心」的狀態，依於情感是否被激發而作為前後兩個階段，喜怒哀樂之情「未發」的階段，心之體呈現，即是未發之中，即是性體；喜怒哀樂

未發謂之中」，「未發／已發」的使用具有兩層意思：一是與「已發」相對的「未發之性」，即靜存而不活動的「性體」，此所謂「不離乎群動而體常靜」之意；另一是「已發」僅是從「氣動」而致，此「氣動」實是「性之用」非「性之體」，依此，王塘南已完全把「未發／已發」在於言「心」之使用轉移至「性」之使用。換言之，王塘南使用「未發／已發」的作用主要區分「性之體」與「性之用」上乃有動靜、理氣之別，也反映出其所言的「性體」主要是一只存有而不活動之「理」而已，而「性之用」則摻雜著「氣」、「動」等的影響而成就出「實然」的呈現狀態。牟宗三先生指出：「今王塘南亦作此圓融之妙談，然其分解地說卻非良知教，最後倒反近於朱子，以採用『然與所以然』之方式分發與未發，由未發以說性故也。性不容言，只是一生之理。而呈露則是生之實。所謂『生生之密機』、所謂『默運』……皆呈露也、皆發也，即言思路絕而『強名本心』的相於無相之呈露之發也，無相真心、澄然無念，皆發也。凡發皆後天。……如是，凡心之流行（性之呈露之實、生機之默運）皆發也、皆氣也，亦即皆一氣之流行。……透性研幾，則『本體宇宙論的體悟』之意味重，而致良知教之道德實踐之勁力全減殺矣。」[31]依牟宗三先生的說法，王塘南言「未發／已發」的區分乃是以「所以然」與「實然之呈現」作為判準，此一區分突顯了分解地言「未發」即「性」，而凡「已發」皆為「命」。這種「從未發說已發，又從已發溯未發」僅算是從「本體宇宙論的體悟」，實未能直接貫通於道德實踐，是以牟宗三先生以為這一思路實是「不見佳」。

　　所謂「然與所以然」，即是從「（實）然」到「所以然（之理）」之論證，或從「所以然（之理）」到「（實）然」之分析的思考方式。牟

之情「已發」的階段，則見心之用，即是「情」。然而，在「陽明後學」的爭論中，「未發／已發」則主要是環繞著「心之本體」（良知）的狀態而討論工夫之入路，王龍溪有言：「良知即是未發之中，即是發而中之和，此是千聖斬關第一義，所謂無前後內外，渾然一體者也。」王畿：〈致知議辯〉，見萬斌主編，吳震編校整理：《王畿集》，頁132。歐陽南野（德，1496～1574）也有言：「先師於答問中，發其義曰：『良知即是未發之中』，正欲人知『致知』即是『致中』，破前此深求之蔽，易為通曉，庶幾念念慎其獨知，文理密察，無自欺而求自慊。」歐陽德：〈答聶雙江〉，見萬斌主編，陳永革編校整理：《歐陽德集》（南京：鳳凰出版社，2007年），頁189。另外，從王塘南使用「先天／後天」、「未發／已發」來區別「性之體」與「體之用」來說，以「先天／後天」作區分主要是從形而上與形而下的層次而言；以「未發／已發」作區分則主要是從理氣的動靜之別而說。

[31] 牟宗三：《從陸象山到劉蕺山》，《牟宗三先生全集》，第8冊，頁356-357。

宗三先生說：「吾人平常說『所以然』即是『所以然之理』。『所以然』
即是『所以之而然者』，此自然指示一個『理』字（reason）。」[32]牟宗
三先生指出王塘南實以「然與所以然」的方式來說「未發／已發」，並以
「未發／已發」說「性體」的呈露或發用，即區別「性」與「命」。其分
解地說的方式有二：一是「從已發溯未發」（復由知覺意念上溯性體）；
一是「從未發說已發」（由性體下衍知覺意念）。

> 若捨發而別求未發，恐無是理，既曰戒懼，曰慎，非發而何？子思
> 亦未嘗於戒懼慎獨之外，別說一段未發工夫也。但今人將發字看粗
> 了，故以澄然無念時為未發，不知澄然無念正是發也。[33]

> 未發之中，性也。性本空寂，故曰未發。性能生天生地生萬物，而
> 空寂固自若也；天地有成毀，萬物有生滅，而空寂固自若也。此空
> 寂之性，彌宇宙貫古今，無一處不偏，無一物不具，無一息不然，
> 無邊無際，無方所，無始終，常為天地萬物之根柢，而了無聲臭，
> 不可睹聞，以其不可得而名，故強名之曰未發而已。[34]

以「從已發溯未發」（復由知覺意念上溯性體）而言，王塘南斷然
指出不能「捨發而別求未發」，所謂「已發」即「性之呈露」，「生生之
真幾」，凡「知覺意念」、「澄然無念」皆是「已發」；「已發」即是實
然之呈現。然而，從「已發」如何追溯「未發」呢？王塘南言：「此尤難
言矣。澄潭之水固發也，山下源泉亦發也，水性乃未發也。」此「難」在
於只能從超越的論證方式而言實然之呈現背後乃具有一超越實在的「性
理」，是以王塘南所言的「未發」即是以「所以然（之理）」來說。牟宗
三先生據王塘南此以「水之性」言「未發」說：「此言『水之性』即水之
所以為澄潭、為源泉、為急灘迅波：總之，具體的水之所以為水之理。此
正是不可說不可說之先天之理。就發與未發，如此言性，正是落於以『然

---

[32] 牟宗三：《心體與性體》（一），《牟宗三先生全集》，第5冊，頁93。牟宗三先生析論「所以
　　然（之理）」實有「形構之理」與「存在之理」（實現之理）之別，並以此析別伊川、朱子與五
　　峰、蕺山、象山、陽明之「天理實體」的不同。

[33] 王時槐：〈答錢啟新邑侯8條・其三〉戊子，《塘南王先生友慶堂合稿七卷補遺一卷》，卷1，頁
　　171。

[34] 王時槐：〈潛思劄記〉甲辰，《塘南王先生友慶堂合稿七卷補遺一卷》，卷4，頁264。

與所以然』之方式說性。就『然』（實然呈現者）存有論地推證其所以然以為性。」[35]

以「從未發說已發」（由性體下衍知覺意念）而言，王塘南明言「未發」即「性」，此「性」具有「能生天生地生萬物」、「彌宇宙貫古今」、「為天地萬物之根柢」的作用，「未發」即「性」，即是「實然之所以然」。依此「未發之性」來說，則凡是實然之呈現，如「知覺意念」、「澄然無念」、「無相真心」等，也皆可以由此「未發之性」而推衍來說。然而，正是王塘南以「然與所以然」的方式強調「未發／已發」之別，致使其「透性研幾」之說遠離王學，近於朱子。牟宗三先生曾言：「就『所以然』之性分析地推衍其實然，即推衍其呈露或發用之經過，以為命。水之與性無論說得如何不即不離（不支不混不歧），而此種分解方式總是被預設著。而因不即不離，故進一步有圓融地說。上錄5.2條[36]即是圓融地說『天下無性外之物』，連性與其所含攝之一切通而為一以言『性』與『中』正是圓融地說，此不碍分解地說，亦不能代替那分解地說下對於性界定為先天之理。」[37]

綜言之，王塘南言「未發／已發」主要區別「性之體」與「性之用」上乃有動靜、理氣之別，也反映出其所言的「性之體」主要是一靜態而不活動之「理」而已，而「性之用」則摻雜著「氣」、「動」等的影響而成就出「實然」的呈現狀態。以「從已發溯未發」（復由知覺意念上溯性體）和「從未發說已發」（由性體下衍知覺意念）言「未發」與「已發」，可見王塘南實以「然與所以然」方式說「性之體」與「性之用」。依此義，王塘南實是以「然與所以然」言「未發與已發」。

對於王塘南從「然與所以然」言「未發與已發」，牟宗三先生曾言：「今王塘南亦作此圓融之妙談，然而其分解地說卻非良知教，最後反倒近

---

[35] 牟宗三：《從陸象山到劉蕺山》，《牟宗三先生全集》第8冊，頁353。另外，「具體的水之所以為水之理」一句，在《牟宗三先生全集》版中寫成「具體的心之所以為水之理」，其中的「心」字與前文後理皆未有提及，應該是誤字，今據台灣學生書局版本而修改。

[36] 此處「上錄5.2條」即：「未發之中固是性。然天下無性外之物，則視聽言動，百行萬事，皆性矣，皆中矣。若謂中只是性，性無過不及，則此性反為枯寂之物，只可謂之偏，不可謂之中也。」王時槐：〈答錢啟新邑侯八條‧其三〉戊子，《塘南王先生友慶堂合稿七卷補遺一卷》，卷1，頁171。

[37] 牟宗三：《從陸象山到劉蕺山》，《牟宗三先生全集》第8冊，頁353。

於朱子，以採用『然與所以然』之方式分發與未發，由未發說性故。」[38]
即是說，王塘南這種以「然與所以然」言「未發與已發」的分解方式，最
終推衍成只有「性之體」為「未發」，其餘「心」、「意」、「知」、
「念」等皆為「已發」，致使其「透性研幾」理論內容不單止誤解王學，
實是接近於朱子學，此所謂「近於朱子」即王塘南以「然與所以然」的分
解方式嚴分「性」與「心」的關係，亦即牟宗三先生言「順其分解之極，
反喪失良知教之本旨，而不能至此，倒反而更近於朱子」[39]中的「分解之
極」。

　　另外，牟宗三先生說王塘南「透性研幾」乃遠離於王學，除了從其
「近於朱子」言外，亦有其「不能至『以心著性』之一路」的問題。依牟
宗三先生的說法，「以心著性」的要旨：本心之覺照活動雖為生命所限，
但其於有限的生命所表現的卻是根源於天道、性體，則其活動意義不限於
生命的普遍之意義。即其始雖是「心與性有距離」，而其終卻是「心性是
一」。

　　依王塘南從「然與所以然」的分解方式區分「性」與「心」的關係，
則「心」僅能作為「已發」、「後天」的「（實）然」；「性」則為「未
發」、「先天」的「所以然（之理）」。此一嚴格區分之下，王塘南所言
的「性」與「以心著性」一路同樣地著重於「性體」的客觀性，但王塘南
所言的「心」卻受限於僅為「（實）然」，而並未能具「心知之覺照或感

---

[38] 同前註，頁356-357。

[39] 同前註，頁344。牟宗三先生言王塘南「近於朱子」、「必終歸於朱子」可從兩方面言：
　　一、關於王塘南以「然與所以然」說「未發／已發」，並以「未發」說「性」的論述。牟宗三先
　　生在論析朱子的心、性關係時已判斷朱子是同樣地以「然與所以然」的分解方式來說，此亦是牟
　　宗三先生判斷王塘南「透性研幾」之「近於朱子」的理據，詳見牟宗三：〈心、性、情之形上學
　　（宇宙論的）解析〉，《心體與性體》（三），《牟宗三先生全集》（第7冊）（台北：聯經出
　　版社，2003年）：頁516-539。
　　二、關於王塘南未以「廣義之發籠統概括心之一切」視為「氣」。牟宗三先生別朱子的心為
　　「實然的心氣之心」，即「心只是氣」，其言：「伊川、朱子系：此系是以《中庸》、《易傳》
　　與《大學》合，而以《大學》為主。……於孟子之本心則轉為實然的心氣之心。」牟宗三：《心
　　體與性體》（一），《牟宗三先生全集》第5冊，頁53。然而，依王塘南說：「心有體有用，虞
　　廷所謂道心者，以體言也，所謂人心者，以用言也。」王時槐：〈答王儆所〉辛丑，《塘南王先
　　生友慶堂合稿七卷補遺一卷》，卷二，頁200。則其言「心」即兼具「先天未發之性體」及「後
　　天已發之形氣」的綜合結構，是以王塘南並未直接以「心」為「只是氣」。此即是牟宗三先生
　　判斷王塘南「透性研幾」僅是「近於朱子」的理由。不過，王塘南雖未有明言「心」為「只是
　　氣」，但其表明了「心」為「後天」、「已發」的「實然之呈現」，其義實則與「只是氣」極為
　　接近了。

通」，其所特重的「悟性」（「透性」）則僅是意味著「本體宇宙論的體悟」，這正是其不能走上「以心著性」的理由。牟宗三先生以此判定：「至於王塘南，則因把『良知之當機表現為受限者』誤視良知為已發、為後天，屬命，故只顯出先天未發之理為性，性無為，不可言，故只能言『悟性修命』，『透性研幾』，而不能言『以心著性』也。」[40]如此，王塘南從「然與所以然」言「未發與已發」，嚴分「發屬心，未發屬性」，使「心」僅具有「（實）然」之意義，致其「透性研幾」既「近於朱子」又不能言「以心著性」。此正是牟宗三先生屢言王塘南的「透性研幾」遠離王學之處。

三、論牟宗三對王塘南「透性研幾」詮釋之可能發展及進一步討論

　　牟宗三先生對王塘南「透性研幾」的詮釋可謂獨具慧眼，指出王塘南本於其分解性的思路，強調「（實）然與所以然（之理）」的思維模式，致使其說「知在體用之間」實為不解王學；其具「「發屬心，未發屬性」」的思維更使「心」僅具有「（實）然」之意義，致其「透性研幾」既「近於朱子」又不能言「以心著性」。如此，從王陽明的「良知學」與劉蕺山的「慎獨之學」（即「以心著性」之一路）兩個座標對王塘南的「透性研幾」作定位（即從宋明理學的義理分判來看），王塘南的「透性研幾」實是從王陽明的「良知學」到劉蕺山的「慎獨之學」之過渡（此可言從江右王門的劉兩峰、劉師泉到王塘南成為脫離陽明學形態的契機）。此可謂諦當之說。

　　然而，這是否代表牟宗三先生對王塘南的詮釋可以毫無誹議之處呢？答案恐怕並不盡然。從回應「陽明後學」的流弊問題，王塘南的「透性研幾」即特別具有救弊的意義；又從「陽明後學」的追求「第一義工夫」[41]

---

[40] 牟宗三：《從陸象山到劉蕺山》，《牟宗三先生全集》，第8冊，頁345-346。

[41] 以「第一義工夫」作為「陽明後學」的工夫論之共同意識乃林月惠先生所提出，其言：「在陽明後學卻共同意識到在先天『心體』（良知本體）上用功的重要時，如何『致良知』的提問，轉為如何『悟本體』的問題，成為工夫論探究的焦點。實則，此『悟本體』的工夫，其全副精神是在『在本體上做工夫』，更確切地說，即悟本體與保任本體。此工夫相對於在後天『意念』上作為善去惡的工夫，龍溪、雙江均稱之為『先天之學』，彭書名之為『究竟工夫』，筆者以『第一義工夫』來指涉。」見林月惠：《良知學的轉折：聶雙江與羅念菴思想之研究》（台北：臺大出版

之問題意識來看，則王塘南對於「透性」（「悟性」）的追求亦算是一致
的，問題是王塘南所言「透性研幾」如何能追求「第一義工夫」，這正是
王塘南「透性研幾」在工夫論上的理論效力問題。這些討論正好可以從牟
宗三先生「透性研幾」之詮釋作出可能發展與進一步的討論。

（一）回應「陽明後學」流弊之時代意義

　　從王塘南對於「陽明後學」的各種流弊的言論來看，不難發現其「透
性研幾」的問題意識即救弊於「蕩而不檢」與「違其本真」，從「蕩而不
檢」的問題而提出「悟由修得」的「研幾為要」工夫；從「違其本真」的
問題而提出「直透本性」的「透性為宗」之說。下文即依王塘南言「陽明
後學」流弊之說法來把握其「透性研幾」的要旨。先說王塘南對於「陽明
後學」流弊之說法，其言：

> 今學者喜談無思無為無修證，則其流將至於蕩而不檢，或以必思為
> 必修證為學，則又未免於扭捏造作而違其本真。予謂此兩家之說執
> 之則落二邊，總之皆離性以談學也。何仁是已？學莫先於識仁，以
> 識仁為主，則自其透體之難於入微，與習氣之未能頓淨者，謂之有
> 思為修證可也。自其性體不容著纖毫者，謂之無思為修證亦可也。[42]

　　王塘南對於「陽明後學」的流弊觀察，主要是從工夫論入路著手指
出兩大的流弊：一是「無思無為無修證」，其後果是「蕩而不檢」；一是
「必思為必修證」，其後果是「違其本真」。依於王龍溪（畿，1498～
1583）的說法：「夫聖賢之學，致知雖一，而所入不同。從頓入者，即
本體以為工夫，天機常運，終日兢業保任，不離性體，雖有欲念，一覺
便化，不致為累，所謂性之也。從漸入者，用工夫以復本體，終日掃蕩
欲根，卻除雜念，求以順其天機，不使為累，所謂反之也。」[43]此即詮釋
「致良知」的工夫論入路乃以「即本體以為工夫」和「用工夫以復本體」
兩者為要。然而，不難看出，正在於「陽明後學」對於此兩套工夫論的理

---

[42] 王時槐：〈書示友人〉，《塘南王先生友慶堂合稿七卷補遺一卷》，卷6，頁311。
[43] 王畿：〈松原晤語〉，見萬斌主編，吳震編校整理：《王畿集》，頁42-43。

解有誤，卒造成王塘南所觀察出的兩大主要流弊：「蕩而不檢」與「違其本真」。

　　所謂「蕩而不檢」是王塘南針對於王龍溪與羅近溪的說法而來；所謂「違其本真」則王塘南是針對於聶雙江與羅念菴的說法而來。先說王塘南對王龍溪與羅近溪的說法，其言：

> 承論羅近溪不學不慮之說，以此言性則是也。在上智固能默契之，第中下根人不無習氣之蔽，若一切冒認習氣以為不學不慮之性，正是認賊作子，後學遂至於蕩恣而叛道者多矣。[44]

> 今世談性本現成，無俟修證者紛紛矣。此說良是，然惟上根徹悟真得者，可以契此。顧主盟者不辨根器，漫然語之，以凡夫目視耳聽手持足行，即與聖無異，不必更言修治，遂以縱恣狂肆不循矩法者為有悟，一涉省躬滌慮，則云是於性上加添矣。[45]

　　所謂「性本現成」，即是對於王龍溪而說；所謂「不學不慮之說」，更是直言是對羅近溪而說。然而，兩人的主張何以會產生「蕩而不檢」的問題呢？王塘南認為兩人的說法本身都是合理的，此即「此言性則是」及「此說良是」之意，問題是兩人的說法實只能為「上根以上」的根器之人才能契合，「中根以下」的根器之人遂因其「習氣之蔽」而以「習氣」為「性」，以「虛見」為「悟」，又以為「不必言修」，遂引來許多「蕩恣而叛道」的問題。其中，問題的關鍵是尊悟而輕修。是以王塘南明言：「學貴實修，不貴玄悟。今之所謂悟者，皆脫空懸想，腳不點地，口口談玄，念念從慾者不少，此等最為害道，可戒也。」[46]針對這「蕩而不檢」乃「尊悟而輕修」的問題，王塘南乃有「研幾為要」的「實修」工夫。所謂「研幾」工夫，王塘南曾言：

> 所云「研幾者，或於未發時，微用覺照；或於發動時，拔去一切人為之私。」此二說皆未盡。夫所謂幾者，蓋此體空寂之中，脈脈呈

---

[44] 王時槐：〈答按院吳安節公〉甲辰，《塘南王先生友慶堂合稿七卷補遺一卷》，卷2，頁212。

[45] 王時槐：〈贈別陳文臺〉庚子，《塘南王先生友慶堂合稿七卷補遺一卷》，卷6，頁315。

[46] 王時槐：〈答劉惕予〉庚寅，《塘南王先生友慶堂合稿七卷補遺一卷》，卷1，頁176。

　　　　露處，乃無中生有，自然不容已，無一刻間斷，非謂念頭發動時，
　　　　亦非謂泯然未發也。若於此用覺照，乃拔去人為之私，即涉於造
　　　　作，反害其自然呈露之幾矣。惟是收斂沉潛，退藏於密，則研幾底
　　　　於極深，所謂淵淵其淵，立天下之大本也。日用應酬無分動靜，一
　　　　以退藏為主，此堯舜周孔主敬立極之實學。《大學》所謂知止，
　　　　《中庸》所謂戒懼篤恭者，此也。[47]

　　王塘南言「研幾」乃是一「實修」的工夫，也明確地指出「研幾」
的殊異，它並不是從「未發」時以「覺照」的工夫，也非從「已發」中用
「拔去人為之私」的工夫，其理由在於王塘南言「未發／已發」乃是言
「性之體」與「性之用」的分解式區分，從「念頭發動」言「研幾」則
所研者只是「已發」中之粗者，根本並非「幾」；從「拔去人為之私」
言「研幾」則「涉於造作」。王塘南的「研幾」即是「收斂沉潛，退藏於
密」，究竟甚麼是「收斂沉潛，退藏於密」呢？王塘南曾指出：「所諭
『內裏』，正收斂歸根之謂。思入於無思，念入於無念，知入於無知。
此全在忘情契性，非懸想也。」[48]簡言之，王塘南所言「研幾」即「收斂
沉潛，退藏於密」即是一種從靜（坐）中保養的工夫[49]。此靜（坐）中保
養的工夫即是要「思入於無思，念入於無念，知入於無知」，從中以能
「忘情契性」。依此，王塘南所言的「研幾」實即是從「性之呈露」，即
「命」處，作出「實修」的工夫，是以又可說此即是「修命」。

　　再說王塘南對聶雙江與羅念菴的說法，其言：

　　　　未發之中，性也。有謂必收斂凝聚，以歸未發之體者，恐未然。夫
　　　　未發之性，不容擬議，不容湊泊，可以默會而不可以強執者也。在

---

[47]　王時槐：〈答周時卿〉辛丑，《塘南王先生友慶堂合稿七卷補遺一卷》，卷2，頁204。
[48]　王時槐：〈答王球石三條・其三〉己亥，《塘南王先生友慶堂合稿七卷補遺一卷》，卷2，頁
　　　197。
[49]　王塘南重視「靜坐」作為修養的具體工夫，其曾言：「學無分於動靜，惟始學之士，本心未明，
　　　平時精神遂外紛擾已久，且不識何者謂之本心，故必藉靜坐暫遠塵俗離外境，而後本心漸可識
　　　也；識本心則隨動隨靜皆致力之地矣。」王時槐：〈三益軒會語〉甲申，《塘南王先生友慶堂合
　　　稿七卷補遺一卷》，卷4，頁260。當然，「靜坐」是宋明儒學上的重要工夫，不同的理學家自有
　　　其不同的工夫論架構下而重視「靜坐」工夫。

情識則可以收斂，可凝聚；著本性，無可措手，何以施收斂凝聚之
功？收斂凝聚以為未發，恐未免執見為障，其去未發也益遠。[50]

　　所謂「於靜坐中默識自心真面目」和「收斂凝聚」，即是指羅念菴的
「收攝保聚」說；所謂「以歸未發之體」，即是指聶雙江的「歸寂」說。
然而，兩人的主張（即「主靜」工夫：始於靜坐，終於動靜內外兩忘）何
以會產生「違其本真」的問題呢？王塘南認為兩人的「主靜」說法對於
「初學之士」來說是合適的，此即「靜坐中默識自心真面目」之意，此亦
是王塘南在「研幾」工夫上所主張的。問題是兩人所主張的「主靜」工夫
實是並未能「真悟」於「未發」的、「先天」的「性理」，理由是「未發
之性」是「不容擬議，不容湊泊」的，如果以為「強執」於「待守頑空冷
靜」或「收斂凝聚以為未發」，都只是「執見為障」，並未能「默會」
（體悟）到那一靜態而不活動之「性理」，遂引來「以意見障本體」的
「違其本真」之問題。其中，問題的關鍵是「性貴悟」。是以王塘南言：
「性貴悟而已，無可措心處，纔一拈動，即屬染污矣。」[51]針對這「違其
本真」乃「性貴悟」的問題，王塘南乃有「透性為宗」的「頓悟」或「徹
悟」工夫。所謂「透性」工夫，王塘南曾言：

格物致知者，悟性之功也。……格者，通徹之謂也，即天地萬物而
窮其原，能悟此性之為本，洞然通徹。[52]

今只患不能直透本性，勿疑透性者或墮於外道他歧，而預立一法以
防之也。此理非猜想講說可明，直須精神心思打拼歸一，凡經書言
語，一字勿留於胸中，必密密體認父母未生以前畢竟是如何，透到
山窮水盡處，當有豁然大徹時。[53]

　　王塘南的「透性」實是一「頓悟」工夫，此「頓悟」工夫並僅能從
「洞然通徹」或「豁然大徹」來說。至於具體的做法是「精神心思歸一」

[50] 王時槐：〈三益軒會語〉甲申，《塘南王先生友慶堂合稿七卷補遺一卷》，卷4，頁261。
[51] 王時槐：〈石經大學署義〉，《塘南王先生友慶堂合稿七卷補遺一卷》，卷5，頁296。
[52] 同前註，頁293。
[53] 王時槐：〈答嶺北道龔修默公〉甲辰，《塘南王先生友慶堂合稿七卷補遺一卷》，卷2，頁214。

和「密密體認」（「默會」），所謂「精神心思歸一」即是非知識性的學習來說，此是「一字勿留於胸中」之意；所謂「默會」即是從非言說的經驗描述可成來說，此是「非猜想講說可明」之意。依此，王塘南所言的「透性」實即「悟性」。

綜言之，王塘南提出「透性研幾」之問題意識實是救弊於「陽明後學」的兩大流弊：「蕩而不檢」與「違其本真」，其「透性研幾」的提出，把「良知」定在「體用之間」，所強調的是「良知」的根源於「性體」，使得「良知」雖然處於「形氣」之中，但卻具有「根於性」之義，又不完全僅為「性之用」，是以「內不倚於空寂，外不墮於形氣」。依此而言，黃梨洲嘗言王塘南「言良知者，未有如此諦當」則可理解為相對於救弊意識來說。

（二）「第一義工夫」之追求的定位

牟宗三先生對於「陽明後學」研究在工夫論上僅以其為「常行」或「保任而守住」而已。然而，從「第一義工夫」之追求的問題意識來看，則王塘南所言「透性研幾」亦是以「悟本體與保任本體」為其工夫論探究的重點，其說：

> 問：「有謂性無可致力，惟於念上操存，事上修飭，則性自在，如何？」曰：「似也，而未盡也。悟性矣，而操存於念、修飭於事可矣；性之未悟，而徒念與事之致力，所謂『可以為難矣，仁則吾不知也』。」[54]

顯然地，王塘南對於「操存於念、修飭於事」等的工夫是以「悟性」為前提與根據，此正是其共通於「第一義工夫」之追求。然而，究竟王塘南是以怎樣的工夫論而追求此「第一義工夫」（悟性）呢？此即是王塘南「透性研幾」的工夫論問題。

先說王塘南言「透性」（「悟性」），其言：

---

[54] 王時槐：〈三益軒會語〉甲申，《塘南王先生友慶堂合稿七卷補遺一卷》，卷4，頁262。

意者知之默運，非與之對立而為二也。是故性不假修，只可云悟。命則性之呈露，不無習氣隱伏其中，此則可修矣，修命者盡性之功。[55]

夫體認入微，即謂真修。是悟由修得。[56]

王塘南言「透性」的要點是「性貴悟」，其所言為「悟」者僅能從「洞然通徹」或「豁然大徹」來說。雖然王塘南言「透性」可從「精神心思歸一」和「密密體認」（「默會」）而作，但這些工夫的實義即是「修」。王塘南曾言：「終日密密切己體認，剝落枝蔓，務徹本原，即所謂真修也。故修非從點檢末節之謂也，切己體認之修，真積力久而豁然通，乃為真悟，未有不修而能真悟者也。」[57]王塘南雖然著重「悟性」，但其「真悟」卻是從「真修」而得，此即「悟由修得」之意。依此，王塘南言「透性」工夫的提出實是虛說而已，牟宗三先生已指出：「若問如何悟性？塘南必應答曰：即在修命中悟，亦即在盡性中悟性。」[58]是以王塘南的「透性」（悟性）與「研幾」（修命）並無二致。

再說王塘南言「研幾」（「修命」），「研幾」的具體工夫即是「收斂沉潛，退藏於密」，而「幾」則是「性之呈露」，是以「研幾」實亦是「性之修」，王塘南言：

或謂：「性無為者也，安所事修？至於意，而善惡分，於是乎有修。」予謂：「意自性生，則即謂性之意，可也。意之修，孰能使之修哉？則謂性之修，可也。故即性即修，若謂修無關於性便落二見。」[59]

王塘南明言「修」是「性之修」，或「即性即修」，其中的理據是「意自性生」；說「意之修」實即別無性外的根據可說，仍只是本於性、

---

[55] 王時槐：〈答蕭勿菴〉丁酉，《塘南王先生友慶堂合稿七卷補遺一卷》，卷1，頁187。

[56] 王時槐：〈吳安節先生日省編序〉甲辰《塘南王先生友慶堂合稿七卷補遺一卷》，卷3，頁232。

[57] 王時槐：〈潛思箚記〉甲辰，《塘南王先生友慶堂合稿七卷補遺一卷》，卷4，頁266。

[58] 牟宗三：《從陸象山到劉蕺山》，《牟宗三先生全集》（第8冊），頁350。

[59] 王時槐：〈潛思箚記〉甲辰，《塘南王先生友慶堂合稿七卷補遺一卷》，卷4，頁268。

出乎性，率性以修罷了。是以其言「即性即修」。然而，牟宗三先生指出：「知與意雖屬後天，然因一是『在體用之間』，一是『生生之密機、知之默運』，故為純善，無可修也。……今言『知覺意念皆命也』，於知與意如何言修耶？是則王塘南之說不如其前輩所說者為諦當矣。」[60]換言之，王塘南雖言「修」實即只能從「念」而作「收斂沉潛，退藏於密」的工夫，其又屢言「性之修」，「命則性之呈露，不無習氣隱伏其中，此則有可修矣」，似乎並未察覺其說的「命」中之「知」與「意」並不能「修」。此正是牟宗三先生說王塘南「於工夫不警策」之所在[61]。

至此，王塘南的「透性研幾」工夫即主要落在從「念」上作「收斂沉潛，退藏於密」的工夫。然而，王塘南有言：「悟性矣，而操存於念、修飭於事可；性之未悟，而徒念與事之致力，所謂『可以為難矣，仁則吾不知也』。」[62]即是說，「操存於念」的「研幾」工夫為可行乃在於「悟性」；而「悟性」的具體工夫卻又在於「研幾」，兩者似乎僅是理論上的迴環。不過，王塘南有言：「所謂順性以動，即修是性，天行之健，寧有停歇之期？若謂悟後無修，則必非真悟，總屬虛見。」[63]又言：「既云有悟，豈遂廢修哉。必兢業保任，造次顛沛不違，……是修之無盡，即謂悟之無盡也。」[64]依此，王塘南所說的「透性」（悟）與「研幾」（修）的工夫可表述如下：「即性是修」即是悟前之修，目的乃是消磨習氣，趨向悟性；「即修是性」即是悟後之修，目的乃是保任悟境。兩者即是一「修之無盡，即謂悟之無盡」的關係。此即王塘南「透性研幾」的工夫論之殊異處。

---

[60] 牟宗三：《從陸象山到劉蕺山》，《牟宗三先生全集》（第8冊），頁351。

[61] 王塘南對於「意」的說法常常是意思混雜的。「意」有時是「良知」之義，其言：「陽明曰：『《大學》之要，誠意而已矣。』格物致知者，誠意之功也，知者意之體，非意之外有知也；物者意之用，非意之外有物也。但舉意之一字，則寂感體用悉具矣。意非念慮起滅之謂也，是生幾之動而未形，有無之間也。」王時槐：〈與賀汝定〉庚寅，《塘南王先生友慶堂合稿七卷補遺一卷》，卷1，頁176。「意」有時是指「良知」默運下的情識，其說：「情識即意也。意安從生？從本心虛明中生也。故誠意在致知，知者意之體也。若以情識為知，則誠意竟為無體之學，而聖門盡性之脈絕矣。」王時槐：〈三益軒會語〉甲申，《塘南王先生友慶堂合稿七卷補遺一卷》，卷4，頁252。依此，王塘南言「意」時而可修時而不可修，正是其「知」、「意」、「念」的區分問題。

[62] 王時槐：〈三益軒會語〉甲申，《塘南王先生友慶堂合稿七卷補遺一卷》，卷4，頁262。

[63] 王時槐：〈潛思劄記〉甲辰，《塘南王先生友慶堂合稿七卷補遺一卷》，卷4，頁266。

[64] 王時槐：〈吳安節先生日省編序〉甲辰，《塘南王先生友慶堂合稿七卷補遺一卷》，卷3，頁232。

四、結論：在牟宗三先生之後的「陽明後學」研究

　　總的來說，牟宗三先生指出：「王塘南則正從此不解而復漸遠離於王學」、「師泉塘南雖對於良知之知之了解較之雙江念菴為諦當，然而卻不能如黃梨洲所云『最為諦當』或『未有如此諦當』。」這一判定是本其深刻而整全的宋明理學研究脈絡為依據，並且，從「知在體用之間」的詮釋，指出王塘南言「知」（「良知」）是以「體用之間」為定位，致其言「性」、「意」等皆非王學；又從「然與所以然」言「未發與已發」的詮釋，指出王塘南言「未發之性」、「先天之（性）理」等強調「性體」乃是一形而上、靜而不活動之理，強調「性」與「心」的不混不雜，更是遠離於王學。可謂諦當之說。

　　然而，從王塘南的救弊意識來看，則其「透性研幾」的提出實是能撥正於「陽明後學」的兩大流弊：「蕩而不檢」與「違其本真」，使得「良知」的根源意義在於「性體」，把「良知」的意義能夠固定於客觀意義，而免卻「以虛見為實悟」的全然根源於主觀意義，依此救弊的問題意識而言，則可理解黃梨洲言王塘南「言良知者，未有如此諦當」的判語亦非無道理。

　　最後，從牟宗三先生對王塘南「透性研幾」的詮釋來看，雖然在文獻搜集上僅能依據黃梨洲的《明儒學案》，但是從義理的把握上卻能為「陽明後學」帶來確當的理解，也帶來極大的啟發，嘉惠後學。林月惠先生曾說：「與唐、牟兩位先生所處的學術環境相較，目前是研究陽明後學的絕佳時機。隨著前輩學者的耕耘，以及陽明後學研究文獻與原典的大量出現，『陽明後學』也可作為二個新的研究領域來探究，有其獨立性，不必成為陽明思想的附屬品。從哲學義理的研究來說，陽明後學文獻與陽明思想的交相對比印證，可以加深兩者的義理深度。」[65]在此，本人僅望能在牟宗三先生之後繼續在「陽明後學」的領域中探索與研究。

---

[65] 林月惠：〈唐君毅、牟宗三的陽明後學研究〉，頁32。

第五章　北學南移：現代新儒家的遺民情結及其價值──以唐君毅為例

宜賓學院政府管理學院
何一

　　1955年，唐君毅的《人文精神之重建》由新亞研究所第一次出版，這是他借居香港的第六個年頭。在該書《中國清代以來學術文化精神之省察》一文中，他述列慨歎了身邊諸師友守成文化傳統的孤懷閎識，之後，引用陶淵明《擬古•種桑長江邊》詩的前六句：「種桑長江邊，三年望當采，枝條始欲茂，忽值山河改，柯葉自摧折，根株浮滄海」[1]以抒懷。孤懸海外的文化悲願躍然紙上。同樣心契陶潛的母親曾賦詩勸慰雲：「遊子無家歸未得，十年憩息香洲。老身差健可無憂，放懷家國事，開展皺眉頭。宇內忘形能有幾，委心隨運歡遊。淵明味道恰相投，蝶周同一夢，栩栩欲何求。」[2]其實陶令式的南山悠然，一直是唐君毅心底忽忽閃現的夢緣。奈何當此私意對決於哲人志業，書生意氣，家國情懷，以及惻怛不忍的個人性情時，終究成「結」。因為文化使命的擔待，加上「他（指唐君毅，筆者）的性格決定他悲劇的命運。」[3]

　　自許由巢父至哭庵易順鼎，或自伯夷叔齊至黃宗羲《海外慟哭記》諸事諸君，歷代士人，每當政治更迭，江山易代，或以遜朝舊人不仕新代，或為懷道抱德不用於世。或隱或逸，亦疏亦離。及至近世遭「千古未有之大變局」，為文化為傳統義，進而或掙或殉，及至梁巨川「醒世」而歸，

---

[1]　唐君毅：《人文精神之重建》，收入《唐君毅全集》（臺北：臺灣學生書局，1991年），卷5，頁127-128。

[2]　陳大任：《思復堂遺詩》，收入《唐君毅全集》（臺北：臺灣學生書局，1991年），卷29，頁214-215。

[3]　唐君毅：《致廷光書》，收入《唐君毅全集》（臺北：臺灣學生書局，1991年），卷25，頁57。

王靜安「托命」而去。遺民逸士，一直是中國歷史上最能觸動知識份子複雜情志的一個群體。

現代新儒學自上世紀20年代興起，至1949年新政權建立後，雖梁漱溟、熊十力、馮友蘭、賀麟等新儒鉅子留在了國內並參與創造「中華民族一新生命的開端。」（梁漱溟致唐君毅信語）[4]但事實上，現代新儒學的中心，已然轉移到香港和臺灣，特別是1958年《為中國文化敬告世界人士宣言》的發表，具有標誌性意義。志傳統而履西風，居海外而系國運，存亡絕以開新命，這就是他們，特別是唐君毅的「心」和「境」。因而，他及他們既是文化遺民，又是身份遺民。他們的情結，實際上是民族、政治、思想、情感等諸多要素的「糾結」。

一、

傳統之文化遺民者，當時序鼎革，致學術、文化價值被凌逼，幾波及民族盛衰時，堅持以從事學術研究、賡續學術思想或文化傳播為職志，借助自己的情智塑造，將傳統的文化價值和思想觀念等，以或顯或隱的方式表現出來，從而使文化觀念和文化思想得到挖掘、傳承和開拓。換言之，「文化遺民」是集道統擔當、學統承續與文化弘揚為一體的「氣節之士」。唐君毅曾說：「氣節之士，與豪傑、俠義之士，同表示一風骨，而為義不同……氣節之士，則為一以身守道，與道共存亡之精神……而當人道、國家、民族、文化存亡絕續之秋，人命懸於呼吸之際，則豪傑、俠義之行，皆將無以自見於世，而唯有氣節之士，願與人道、國家、民族、文化共存亡絕續之命。患難之來，氣節之士，或隱或死。」[5]——顯然，他更加崇敬戮力於存亡絕續的氣節之士。

其實幾乎所有傳統士人的骨子裏都深藏著一個桃花源：子曰：「飯疏食飲水，曲肱而枕之，樂亦在其中矣。」[6]在20幾歲時，唐君毅也曾在詩歌裏這樣描述過自己的生命意象：

[4] 梁培寬編：《梁漱溟書信集》（北京：中國文史出版社，1996年），頁80。
[5] 唐君毅：《中國文化之精神價值》，《唐君毅全集》（臺北：臺灣學生書局，1991年），卷4之1，頁417。
[6] 《論語・述而》。

我願意這樣度去我的餘年：

白髮飄然，

依然莫有妻和子。

何處是深山，

我更入深山深處。

茅屋數間，蒲團一個，

夜夜等殘天欲曉，

遙聞虎嘯猿啼，

緩步出柴門，

看『天淡銀河垂地』。

默念：星移門換，萬古如斯，

人世悲歡，迴圈若夢，

遙對夜霧迷茫外之人間，

灑下數行清淚。

——這樣便可度去我的餘年了。[7]

　　但當1949年中國歷史革故鼎新之際，執於儒學傳統的他沒有選擇隱或死，即所謂「萬人如海一身藏」或「一死從容殉大倫」。他的性格也不容他的言行如他的朋友牟宗三式的「猶向寒宵作怒潮。」而是選擇「離」、「韌」、「行」。

　　陳寅恪在悼念王國維時說：「凡一種文化值衰落之時，為此文化所化之人，必感苦痛，其表現此文化之程量愈宏，則其所受之苦痛亦愈甚……」[8]亦即所謂「文化遺民」問題。具體到現代新儒家，這種痛苦，一在為本民族「新文化」所遺；二在為世界「主流文化」所遺。

　　所謂「為此文化所化之人」者，唐君毅幼「承父志」宗儒，15歲在重慶聯中讀書時，嘗在讀到孫奇逢《理學宗傳》至陸象山10余歲時，印悟宇宙即吾心之理，即驀然產生一憤悱之感而不能自已。生日那天，遙念先聖之德，更念及自己對華夏文化之重光之責，當有以自任。遂含淚賦二詩述志雲：「孔子十五志於學，吾今忽忽年相若。孔子七十道中庸，吾又何能

---

[7]　唐君毅：《人生隨筆》，《唐君毅全集》（臺北：臺灣學生書局，1991年），卷3之4，頁30-31。

[8]　陳寅恪：《寒柳堂集》（上海：上海古籍出版社，1980年），頁6。

自菲薄？」「泰山何崔巍，長江何浩蕩！鬱鬱中華民，文化藏光芒……舍我其誰來，一揭此寶藏！」唐君毅晚年回憶，對此「少年狂妄之情」，仍覺「未為大病」。[9]而此志則影響他整整一生。

在《懷鄉記》裏唐君毅曾說：「我與江水有緣。」[10]如前述陶詩雲「種桑長江邊」，「寫實」而似有隱喻。1949年離開大陸前，唐君毅出生、遊學到致力文教的主要三個城市宜賓、重慶和南京都在長江邊。而「種桑」的精神內容，盡在以傳統文化的重光為志。

「去國」以後，易代而來的新背景，棲身於香港這個「借來的時間和空間」，加之自感文化上「劫後餘生」的心境，使得他對於一個歷史時代進行新參照系下的反顧、審視成為可能。

新儒家在道義、情感及行為上不契於新時代，皆出於所護持文化義理的差異，亦即對世事、儒文化價值及匡時路徑的不同看法。

在唐君毅看來，中華道統獨存千載，至今日何以儒門淡泊，花果飄零，主要原因，就中國而言，在於中國社會步入近代以來，帝國主義、資本主義的入侵，「五四」新文化運動的反傳統及西化思潮，馬列主義的傳播以及中國共產黨所領導革命的衝擊。傳統的失卻，「整個表示中國社會政治、中國文化與中國人之心，已失去了凝攝自固的力量，如一園中大樹之崩倒，而花果飄零，遂隨風吹散；只有在他人園林之下，托陰避日，以求苟全……」[11]他相信，長此以往，「不僅是使中國人不成為中國人，亦使中國人不能成為中國一個人，更不配成為天下一家世界中之一份子，而將使中華民族淪為萬劫不復之地。」[12]而於當下全人類文化，唐君毅對西方自文藝復興以來的理性主義文化基本持批判態度，他認為「……西方哲人，皆太尚理智，而理智不以道義為根，則必以功利為主。」[13]所以「現在文化之病在於人之泯失。例如：人在階級膚色種族之觀念中沒了；人在近代軍事中沒了；人在商業社會工業社會中成商品，成齒輪；人在宗教獨斷中互為魔鬼；人在科學技術威脅下，隨時可死……」進而認為，[14]

9　唐君毅：《病裏乾坤》，《唐君毅全集》（臺北：臺灣學生書局，1991年），卷3之3，頁14。

10　唐君毅：《懷鄉記》，《唐君毅全集》（臺北：臺灣學生書局，1991年），卷5，頁600。

11　唐君毅：《中華人文與當今世界》，《唐君毅全集》（臺北：臺灣學生書局，1991年），卷7，頁12。

12　同前註，頁17。

13　唐君毅：《書簡》，《唐君毅全集》（臺北：臺灣學生書局，1990年），卷26，頁21。

14　唐君毅：《人生隨筆》，頁53。

「現代人類之最高之智慧，即在認識一切神聖事物皆可工具化，而顛倒其
價值，認識此世界，此人類歷史與人之生活，在根底上即是一神魔混雜
者。」[15]而要解救此唯工具理性的異化世界，唯賴「吾華先哲」。「……
吾華先哲，必先德性之知而後聞見之知……必先德慧而後術智，斯乃可通
西方之哲學與宗教道德之精神為一。」[16]因為，儒學智慧的根本，「孔孟
之精神，為一繼天而體仁，並實現此天人合一之仁於人倫、人文之精神。
由孔孟之精神為樞紐，所形成之中國文化精神，吾人即可說為：依天道以
立人道，而使天德流行於人性、人倫、人文之精神仁道。」[17]所以，「中
國文化的精神之神髓，惟在充量的依內在於人之仁心，以超越的涵蓋自然
與人生，並普遍化此仁心，以觀自然與人生，兼實現之於自然與人生而成
人文.」[18]即物統於人，人統於仁，智統於仁，宇宙統於內聖主體之「道德
自我」。從孔子到唐君毅，人文主義是儒家學說的基本內容和特徵表現，
儒家學說本質上是人學。唐君毅堅信，「中國人文精神之返本，足為開新
之根據，且有貢獻於西方世界。」[19]同時，新儒家認為：「本文化發展之
需要而言，中國需要現代化、需要科學、需要民主政治，但這些需要既都
是文化發展中之事，所以必須先護住其文化生命之命脈，這些需要始能由
內部自身之要求而自本自根地被發展出。」[20]「所以，疏通中國文化生命
之命脈、護持人道之尊嚴、保住價值之標準，乃是這個時代之重要課題。
這不但是解決中國問題之關鍵，同時亦是護持人類自由之關鍵。」[21]

　　基此宏願，唐君毅棲居香港二十餘年間艱難志行，主要有二：一則
歷經磨難參與創辦新亞書院，「新亞理想在維持一中國文化教育之傳統於
香港。」[22]二則殫精竭慮著書立說，遂有《中國文化之精神價值》、《文
化精神之重建》、《中華人文與當今世界》、《中國文化與世界》、《中
國人文精神之發展》等，其情其旨，「毅年來所著，頗罕純學術之著，其

---

[15] 唐君毅：《生命存在於心靈境界》，《唐君毅全集》（臺北：臺灣學生書局，1991年），卷24，
　　 頁461。
[16] 唐君毅：《書簡》，頁21。
[17] 唐君毅：《中國文化之精神價值》，頁490。
[18] 同前註，頁7。
[19] 唐君毅：《人文精神之重建》，頁3。
[20] 牟宗三：〈序〉，《唐君毅全集》（臺北：臺灣學生書局，1991年）。
[21] 同前註。
[22] 唐君毅：《書簡》，頁235。

所論自不能盡諦當，然皆由感慨憂慮之餘，不得已而後言，則足以告慰賢者當今世變日亟，舉世沉淪，必賴大心之士共發弘願，重建人極，亦即所以仰副天心。」[23]正如他的外甥王康所言：唐君毅一生行述，「始終有三個母題灌注其中：人生、中國、世界。唐氏『三位一體』思想也可以其三句互為因緣的話語另表：人當是人；中國人當是中國人；現代世界的中國人當是現代世界的中國人。在唐氏無出其右的思想體系中，『中國』既是聯結『人生』與『世界』的臍帶，更是其全部精神生命的思想創造須臾不可離棄的血肉文本和心靈故園。唐氏不止一次申言：『我對中國之鄉土與固有之人文風教的懷念。此實是推動我之談一切世界文化問題之根本動力所在。』」[24]唐君毅自己也曾感慨：「吾人居此亂世，能遇艱困而不棄所學，即可不愧為炎黃子孫矣！」[25]

　　身居斗室，心憂天下，知其不可而為之；命懸海外，卻情系故土。對此，與唐君毅亦師亦友的李璜曾感慨道：「此其出於惻怛之情，大悲之志……」「其志不在一室之內。」「君毅立言立德，勢將不朽，即在於此。」[26]所以，他是「一代儒宗」。[27]

二、

　　「遺民」作為易代之際「士」的固有角色及政治狀況的關係和身份表達，是士與過去歷史時代的聯結，是作為「士」所選擇的一種人生態度、思想情感、生活方式和價值取向。這不僅是一種特有的身份，而且是一種生存狀態與思想心態。自處遺民身份與人生，是士人艱難與痛苦的政治態度選擇後的自覺塑造或再造。

　　現代新儒家對遺民身份的自決，「形上」之源，是與現實新文化或意識形態的深刻不契；而「形下」則表現為政治身份與民族身份的悲情糾葛。

　　自1947年解放戰爭進入解放軍戰略反攻階段以來，南京國民黨政府的統治日陷式微。當此之際，唐君毅心懷疑慮。一則在意識形態上，他對

---

[23] 同前註，頁329。

[24] 王康：〈序〉，《中華人文與當今世界》（桂林：廣西師範大學出版社，2005年），頁4。

[25] 唐君毅：《書簡》，頁465。

[26] 李璜：〈紀念集〉，《唐君毅全集》（臺北：臺灣學生書局，1990年），頁15。

[27] 同前註，頁12。

唯物主義，對「蘇式」理論及制度，對以源自西方的馬克思主義為中國文化思想的正朔「終身不契」；二則他並不反對社會主義，認同共產黨在道義上的正義性，主張社會平等。在1948年11月5日的日記裏他寫到：「我覺中央政府遲早將失勢。」「未來之政府唯有一方行社會主義，一方保存國家民族意識者能存在。」但就當時的國民黨當局而言，此等理想「今之政府，決不能行。」[28]但是他對新政權缺乏認識和信心；三則他的同事兼師友錢穆的名字幾乎被列入共產黨的戰犯名單。因素林林總總，抉擇的焦慮、悲涼抑或「悲壯」感，在他1949年1月21日送母親及兩個妹妹離甯返川時的對話表現得淋漓盡致：「兒未嘗為官吏，亦不隸任何政黨，唯兒上承父志，必以發揚中華文教為歸，今世亂方亟，以後行無定所……」[29]那個時期的日記，常有夜不能寐和思考「政治問題」及「國事」的記錄，可以說是在走與留之間日子搖曳。他開始激烈思索國家和個人的前途。據1948年11月8日日記記載：「時局惡化，念今日應一面標民族國家大義，一面求均貧富。此須一方反共黨，一方反政府。此時如有此一文化思想運動出現，……並接中國之歷史文化。如此則吾人雖失敗而犧牲，吾人之所號召之義仍有客觀價值。惟吾人如發動此運動必準備兩面受敵與必要時之犧牲，昨夜念及此，擬將家庭謀一安頓，即作獻身社會國家之準備。」[30]像這樣較長的篇幅的文字在唐君毅的日記中是比較少見的。唐君毅基於自己的學術和文化立場及對即將來臨的共產主義力量的不理解，背負為民族文化存亡絕續的大義，懷揣一介書生的俠肝義膽，欲以一棄絕國、共的「思想文化運動」造就「第三種」力量以拯救中國。這一悲願得到了其母陳太夫人的鼓勵：「汝必欲與中華文教共存亡，則亦任汝之所之矣。」[31]當然這種想法的事實結果：一是唐君毅大陸一別的最後目的地，既不是臺灣或西方國家，也沒有留在大陸，而是去了「第三地」的香港；二是後來雖然他最崇敬的父執與師長梁漱溟數次去信，言國內形勢「中華民族一新生命的開端」完全可以肯定，並與諸友人竭誠對之「勸駕北上」。[32]惟唐君毅以對意識形態認識的「私意」相左而拒絕。[33]在1950年7月9日的日記

---

[28] 唐君毅：《日記‧上》，《唐君毅全集》（臺北：臺灣學生書局，1991年），卷27，頁16。

[29] 唐君毅：《年譜‧年表》，《唐君毅全集》（臺北：臺灣學生書局，1991年），卷29，頁69。

[30] 唐君毅：《日記‧上》，頁16-17。

[31] 唐君毅：《年譜‧年表》，頁70。

[32] 見梁培寬編：《梁漱溟書信集》，頁80。

[33] 唐君毅：《書簡》，頁16。

裏還這樣表達了對新政權的看法：「彼等今日之對文化學術之根本觀點為錯誤。我既治此學，即當就此處彈正，其刻苦耐勞之處固好，但此與馬列主義無關，無論如何其學術底子是錯的。」[34]最終，1949年4月4日與二妹唐至中、錢穆等離開南京去上海，[35]三天後與錢穆同乘金剛輪赴粵。[36]6月8日早晨抵達香港。[37]身份遺民於是始焉。

　　遺民的出現，本身就表明了一種政治態度，是一種選擇的自由：一種為保持獨立的人格，珍惜適意率性的生命，並獲得自由生活而遠離政治的選擇。如果說唐君毅選擇離陸去港，是因為意識形態兼有政治因素，那麼他最終沒有選擇臺灣，除了對國民黨政府的失望，則還有與遠離政治的生活志趣相關。

　　唐君毅曾這樣比較國共兩黨：「凡人總有『質』為第一，有質自有文。國民政府之人皆文勝質而文皆虛文，喜漂亮，此點尚不如共黨之士氣，故敗於共黨。」[38]所以在1949年南下滯穗及初到香港期間的日記中，屢有見國民黨及其他政治人士不相契的記載。如4月28日：「徐復觀請吃飯，與錢先生同入城，晤見國民黨中上級人物數人，覺無甚可談。」[39]5月15日：「閻錫山及國民黨等要人來一帖，約我與錢先生入城茶會，看見三黨人不少，然氣象罕足觀者，後有人提議發起反侵略會，我與錢先生遂退……」[40]又9月13日：「復觀請吃飯於香港仔，晤見此間國民黨人，覺無意思之人較多。」[41]居香港後，對臺灣官方態度如1974年7月18日記：「台中央月刊囑為國民黨八十周年撰文，決定不作。對台國民政府之態度……不參加總統祝壽，不講三民主義，亦不對國民黨歌功頌德，此外我於孫中山先生不稱國父，因中國早已存在，國不能有生之之父故。」[42]在個人志趣上，雖然北伐時，年輕的唐君毅也曾短暫參加過國民黨，[43]但「十六年到南京，因左右派都在拉青年，我覺麻煩。造成了討厭政治的不

[34] 唐君毅：《日記‧上》，頁64。
[35] 同前註，頁30。
[36] 同前註。
[37] 同前註，頁34。
[38] 唐君毅：《書簡》，頁66。
[39] 唐君毅：《日記‧上》，頁31。
[40] 同前註，頁32。
[41] 同前註，頁41。
[42] 唐君毅：《日記‧下》，《唐君毅全集》（臺北：臺灣學生書局，1991年），卷27，頁349。
[43] 唐君毅：《書簡》，頁331。

革命的青年，從此走到學術的路上去。直到而今，仍不喜現實政治。」[44]
在《柏溪隨筆》篇首詩中他曾寫道：

> 我永愛天風吹過腦海時，
> 思流橫縱；
> 也偶然珍惜，
> 心泉上湧出的泡沫。[45]

　　他亦曾抱怨自己「……為人過於仁柔，處處苦口婆心，用之於教育
則宜，用之於辦事則太囉唕……」[46]——這才是真正的書生唐君毅。而且
他還號召青年在今天的時代，於政治和學術的選擇，「我們的生命不要
只成為炸彈。」而「要在人世間做一個燈塔，既能照耀人間，指導人生，
而且使自己也成為一個永恆的光明之存在。」[47]畢竟，在新桃換舊符的關
頭，臺灣與大陸是一種政治上的截然對立的存在，去那裏會罩上敏感的政
治色彩，而且進退幾無迴旋。加之，香港「由於貼近祖國大陸，政治經濟
的發展方式，帶來某種『方便』，每遇國內有甚麼大變動，她（香港）總
會以出人意料的包容力量，接納祖國來人，而因各種不同原因借居此地的
人……」[48]「也成為故國來客的庇護所。」[49]同時，唐君毅的母親家人還在
祖國內地。所以，於信仰、志趣、事業、親人計，落腳「居間」之地的香
港，成為民族身份的遺民，終為不選之選。
　　在孔子的視界裏，基於入世和知其不可而為之的使命意識，雖嘗
贊「伯夷叔齊餓於首陽之下，民到於今而稱之」[50]「不降其志，不辱其
身」，是「古之賢人也。」[51]但卻並沒有從不仕新朝的意義上來表彰過他
們。在《論語·微子第十八》「子路從而後」章中，從孔子對子路遇荷蓧

---

[44] 唐君毅：《懷鄉記》，頁601。

[45] 唐君毅：《人生隨筆》，頁21。

[46] 唐君毅：《日記·上》，頁5。

[47] 唐君毅：《人生隨筆》，頁42。

[48] 盧瑋鑾：《香港的憂鬱——文人筆下的香港（1925-1941）》（香港：華風書局，1983年），
〈序〉，頁1。

[49] 葉漢明、廖迪生、張兆和、蔡志祥合編：《香港歷史、文化與社會》（香港：香港科技大學華南
研究中心，2001年），頁226。

[50] 《論語·季氏第十六》

[51] 《論語·述而》

丈人事淡淡的一句「隱者也」，以及子路對隱者頗有微詞的記載，可知在儒者的心中，隱者不仕是逃避對社會的責任。[52]於是，「大變局」之下「流亡海外」的新儒諸君「在四顧蒼茫，一無憑藉的心境情調之下，撫今追昔，從根本上反復用心，」[53]辦學校、出雜誌、開學會、撰著述、發宣言……一切以維護傳承中華文化為念。但畢竟「香港是殖民地社會。」人們是不得不「在這個『借來的地方』，在這個『借來的時間』中掙扎求存……」[54]

　　腳下沒有了祖國，為異族臣民的唐君毅在國家正朔上「承認國民政府為中國政府，承認其重視中國文化之價值，每年我也參加國慶紀念……」[55]卻屢遇懸掛「國旗」糾紛；辦學則「仍須依仗外人之辦學校，」而有英語國語之爭、自主權之爭，「此為最可痛心者。」[56]做學問則「因國家之界限莫有，家庭不能安頓，故一談問題皆為世界性，則無從下手。人只有漂蕩、流轉。在香港猶然。」[57]思鄉則歎「緬焉神往，何年何月得見我家鄉？那山頭掛一縷斜陽，影射躍波輝煌。噫籲兮，大陸在何方？」[58]而最可傷情者，多年來，「羈旅異域，更時懷家國之痛。」「吾母病逝蘇州，而吾亦不得奔喪。」……[59]

　　當一種文化衰落之時，必然會有一種新文化的興起，那些為舊文化所「化」之人，在即將興起的新文化環境裏，無法融入其中而深感痛苦，並想盡一切辦法去維護或傳承那種即已衰落的舊文化。這種遺民，由於其文化情結的根深蒂固，也由於其遺民立場的文化含義，使其所有的表達都富於一種文化內涵，而使其自身的存在更具有複雜性和價值意義。

---

[52] 《論語‧微子第十八》。
[53] 唐君毅：《中國文化與世界》，《唐君毅全集》（臺北：臺灣學生書局，1991年），卷4之2，頁5。
[54] 葉漢明、廖迪生、張兆和、蔡志祥合編：《香港歷史、文化與社會》，頁226。
[55] 唐君毅：《日記‧下》，頁349。
[56] 唐君毅：《書簡》，頁443。
[57] 唐君毅：《人生隨筆》，頁46。
[58] 同前註。
[59] 唐君毅：《病裏乾坤》，頁10。

三、

　　關於歷史文化之價值表現方式，唐先生曾說：「存在本身即－價值。」[60]文化遺民的價值功用原非某種預設，就像唐君毅曾在給友人張遵騮的信中稱「來港初亦是偶然之因緣……」[61]其物質身份上成為「遺民」實屬偶然，但是現代新儒家第二代的重鎮卻因茲而歸集香港，其於歷史的必然性意義與價值，則展現出區別於大陸及海外華人世界的獨特性。限於篇幅，略述如下：

　　學術史的延續：現代新儒諸君依託香港獨有的人文氣候，疏證傳統，厘清價值，倡揚文化，立庠鑄顏。以此賡續了自西學東漸以來，東西方文明交匯在學術領域、學術層面及基於學術範式和學術態度的迎拒、博弈、融匯以及開新歷程，不致如大陸斷裂了數十年。

　　學術生命勃發：在香港這個「借來的空間和時間」，感懷「花果飄零」，更激發現代新儒家們「靈根自植」的悲壯使命意識。由此，他們的學術成就，無論在量還是質上，都普遍遠遠超越他們身處他處的朋輩。

　　文化生命的守護：他們對於傳統堅守、護持的真實情感，文化認同的學術理性，以及民族責任的使命擔當，繼承了傳統中國知識份子進退皆憂，君民入懷的家國與天下情懷，在精神實體上維護了傳統文化的存在。

　　慧命傳薪的成就：通過現代新儒家們的文化實踐，在學術理路、思辨成就、文化統序上延續了中華文脈；在人文實踐、精神氣質乃至「新文化遺民」的培育方面，為傳統復興之「回流反哺」策略保留了一塊策源地。同時，通過他們的努力，中華文化得以在海外持續傳播，這為東方文明在內地、海外華人及至世界範圍內獲得重新認知，以致今天一定程度的理性復興，奠定了實踐和思想基礎。

　　文化生態的平衡：近代理性主義以來，西學勃興，世人趨之若鶩，以致情急、激進與浪漫主義氾濫成災。目光與情志一路向西，科學擢升為主義，理性為籲人籲物的唯一萬能理則。對此，現代新儒家以儒學立身成學，執持東方主義價值信念，為我們以超越、懸空的姿態和博大的胸襟理

---

[60] 唐君毅：《懷鄉記》，頁603。
[61] 唐君毅：《書簡》，頁239。

性審視多元文明，提供了特質鮮明的「他者」。他們的行為和心境，冥冥之中印證一個事實：站在價值和意義的層面，歷史的腳步並非總是向前走，許多時候，所謂發展僅僅是變化。他們的努力使對於文化的「回望」和「遠望」成為可能。

　　學術範式的保存：現代新儒家的學術實踐，具有區別於西方純客觀化科學研究、傳統中國人學直覺體悟及內地數十年來意識形態化學術的個性。他們傳承中國氣派而不羈腐儒，針砭西學而不拒人千里之外，中體西用，和而不同，自持其真，自行其道，自得其樂。相比內地，使得學術本身獲得了主體地位而非「哲學成為神學的奴婢」式的意識形態附庸。

　　士人風骨的留存：內地長期極左，意識形態獨大與強勢，嚴密的人事組織集中機制，使得清流不在，士人焉存！反觀港臺文化「遺民」們，由於外在政候的足夠空間與內在信仰的堅守和執持，不僅使我們有機會看到了傳統與現代張力和諧的宏觀共生景象，還為社會保留下深懷「素王改制」理想的士人亦即公共知識份子階層和政治文明、學術昌明的具體力量。

　　就唐君毅個人而言，其因遺民而獲致的獨特價值在於：居於殖民地而展現中國傳統知識份子的士人精神。對於書院教育精神的堅守和創新；相比於近代以來的學術大勢和朋輩立場志向的避趨主流，唐君毅在學術上的獨特性主要表現在：他以一生幾乎一半的著述（8種10冊數百萬字）專事討論和梳證中華人文的價值和建設問題。他以「即哲學史以言哲學」的獨特方式對中國哲學史進行了系統的梳理，留下200萬字的六大冊《中國哲學原論》，這兩者均為中國近現代學術史所罕有。同時，在中國自近代以來，於文化上的華夷之辨，一直以非此即彼，優劣持論，或「全盤」或「國粹」的極端情勢下，唐君毅以超越立論，用和的智慧，對中西文化融通判教，在學理上可謂別開生面；其為學「宣言」：「我之一切文章討論此問題，都是依於三個中心信念，即：人當是人；中國人當是中國人；現代世界中的中國人，亦當是現代世界中的中國人。」[62]一語道盡當下中國學術和學人的責任與尊嚴，可謂擲地有聲；最後，唐君毅歷來執持知行合一、躬行踐道的學術信念，被公認為踐道仁者。他肫執孤介、至性至情、自不容已、且仁且智、希聖希賢的儒者情懷，仁柔彌縫的拳拳事功，以及

[62] 唐君毅：《人文精神之重建》（桂林：廣西師範大學出版社，2005年），上，〈序〉，頁4。

作為當代「士人」所擔當的社會良心，在師友、在新亞、在香港青年中，
產生了深刻的影響。就連屬於私人領域的情感生活，一部《致廷光書》、
一部《愛之福音書》，已然世範。學生翟志成先生嘗說：「重思辨而輕踐
履，是當代新儒家的致命傷，不但是『舍本求末』，而且造成言行不一的
後果。」[63]而唐先生則是例外。

　　唐君毅歷來主張學術源自生命。學術與道德生命是一而二二而一的東
西。所以，北學南移以及文化遺民的情結，最重要的價值還在於對於自己
信念道義與文化生命的執守。1959年3月1日，已居港十年的唐君毅給好友
牟宗三的一封信正展現了他那一代知識份子不同的風度、胸襟與擔當：

> 　　弟昔常感此一時代之人，一方傷於哀樂，一方又能作寧靜之觀
> 照。西方所謂Cosmic feeling，此時代人蓋極富之。由此亦易接上
> 佛學。自曹氏父子至稽、阮及淵明與王羲之等文人之情調中，皆已
> 有一無可奈何之感。落下為人物之欣賞稱美，及名理之遊心，翻轉
> 為神滅不滅之辯，時亂世中人之時代心情，後之化為綺麗，皆殘花
> 片片，其背景中實有一悲劇愴涼感。至唐初之陳子昂之《登幽州台
> 歌》之「前不見古人，後不見來者」之四句，實全幅魏晉人心情之
> 一反溯與結束。
> 　　然吾人今日所處之時代，實與魏晉六朝相近，不與戰國相近。
> 戰國之衰，猶有暴烈之氣，魏晉六朝人似氣質皆收縮而靈慧則蕩漾
> 於天壤。吾人今日所處之時代似魏晉，而人之靈慧又多入於壤罕升
> 於霄，此其所以更為難堅也。[64]

　　顯然，新儒諸君，其為學，不願為「人物之欣賞稱美，及名理之遊
心」，不甘為「綺麗之殘花片片」，決不為「靈慧入於壤而罕升於霄」，
甚至不屑為「Cosmic feeling」之貌似高卓。他們所思所為的，是「氣質」
的勃發與「蕩漾於天壤的靈慧」的事業，並以「前不見古人，後不見來
者」的氣概，以期「結束」此一「魏晉人心情」的時代。雖然，但此「背

---

[63] 翟志成：〈引論〉，轉引自何一：《情儒者與儒者悲情──唐君毅水準學術研究》（北京：光明
　　日報出版社，2011年），頁13。

[64] 唐君毅：〈弁言〉，轉引自何一：《情儒者與儒者悲情──唐君毅水準學術研究》（北京：光明
　　日報出版社，2011年），頁1-2。

景中實有一悲劇愴涼感」。這是深具歷史感與天下意識的孤獨與淒美的堅執，也是當下學人的短板。

　　基於學理或實踐或已然成史的事實，現代新儒家的義理偏致和情緒執障固然存在，但在故國與新朝之間，文化遺民的人格魅力，在於士人對生存狀態道德意義的注重以及信念的執著，即橫渠先生所謂「為天地立心，為生民立命，為往聖繼絕學，為萬世開太平。」但他們又是普普通通的、並執於人學的人，所有的人間冷暖，比我們的體悟都要通透。在《懷鄉記》末尾，唐君毅曾經深情地說：「處此大難之世，人只要心平一下，皆有無盡難以為懷之感，自心底湧出。人只有不斷的忙，忙，可以壓住一切的懷念。我到香港來，亦寫了不少文章。有時奮發激昂，有時亦能文理密察。其實一切著作與事業算什麼，這都是為人而非為己，亦都是人心之表皮的工作。我想人所真要求的，還是從那裏來，再回到那裏去。為了我自己，我常想只要現在我真能到死友的墳上，先父的墳上，祖宗的墳上，與神位前，進進香，重得見我家門前南來山色，重聞我家門前之東去江聲，亦就可以滿足了。」[65]

　　雖然唐君毅曾在給友人張遵騮的信中稱「來港初亦是偶然之因緣……」[66]但年輕時他曾經「設計」過自己跟海邊有關的死：

　　　我屢曾想這樣的死：
　　　中天明月，玉宇無塵；
　　　沙灘寂寥，海潮初靜；
　　　獨泛小舟，遙望天水之涯徐駛；
　　　待波濤洶湧，
　　　我亦沉沒入海天的無盡。[67]

　　——或許作為遺民的唐君毅在遙遠的南海而永別故土，是冥冥宿命。1964年8月15日下午，他與老師方東美至新界邊境遙望大陸——這種情況在日記中曾多次出現。

[65] 唐君毅：《中國文化之精神價值》，《唐君毅全集》（臺北：臺灣學生書局，1991年），卷4之1，頁488。
[66] 唐君毅：《書簡》，頁239。
[67] 唐君毅：《人生隨筆》，頁24。

　　在年輕時的某一個清晨，他忽成詩二句：「誰知月落星稀後，一片清冷萬古心。」然「前二句不可得。」[68]這是他的使命預兆嗎？他也曾滿懷信心，自己在海外的學術總有一天會回到他的祖國。這種願望，就像他的外甥為他的著作第一次大規模在內地出版的書序文名：一元初透，魂兮歸來。

---

[68] 同前註，頁34。

第六章　唐君毅及牟宗三兩位先生對《楞伽經》中如來藏思想的詮釋

Institut des Hautes Etudes Chinoises, Collège de France
岑詠芳

一、撰文緣起

　　1974年我考入新亞研究所碩士班，原初提出的研究計劃與佛學本無關係，後來興趣轉到禪學上，但題目仍在摸索中。當時曹士邦學長常回研究所，知我在找尋研究禪宗的題材，便建議我從禪宗最初宗於《楞伽經》而後來宗於《金剛經》的演變過程中思考，看是否可以找到適合的研究方向。但《楞伽經》卷帙浩繁，義理艱晦，實不易掌握。

　　導師唐君毅先生知我有研習此經之意，遂建議我從歐陽竟無先生撰寫的《楞伽疏訣》入手。由於研究所圖書館沒有此書，便將自己家裡所藏的那套，請當時任書記的洪名俠先生製了一複印本，並親自拿到圖書館給我。那時，我已經開始在研究所圖書館當攻讀生。記得在某日下午，我剛好走出館藏室，便見到唐師拿著兩冊複印的《楞伽疏訣》，從梯間走上來，有點氣喘，想是攀登了三層樓梯之故。他把已訂裝成冊的複印本交到我手上，那紙質頗沉重，是初期的複印紙，油墨仍餘一股化學劑的酸味。唐師對學生的關懷備至，讓我感動不已，此事一直銘記心中。

　　沒多久，唐先生便到台灣講學，之後因健康問題動了手術，留在台灣養病。研究所從新安排，請了牟宗三先生指導我。牟先生認為我可以研究《楞伽經》中如來藏方面的問題，他要我兼讀《勝鬘夫人經》及《大乘起信論》，同時，認為印順法師對這兩篇經論的《講記》，文意淺白而中肯，可以幫助我了解《楞伽經》中如來藏的含意及思想上的傳承。此外，牟師又建議我將此經的三個漢文譯本中有關如來藏的段落作詳細比較，看

其「如來藏藏識」一詞，是否如內學院特別是呂澄先生所說的：「一法而異義，一事而殊名」[1]；「如來藏」就是「藏識」，即將《楞伽經》中的如來藏看作是「基層的意識」[2]這一說法，是否成立。

在撰寫論文的時候，牟師的《佛性與般若》還未出版。我是循著他的指導，再參考他的《心體與性體》第一冊附錄：〈佛家體用義之衡定〉[3]來構思。後來論文寫完，題目定為《楞伽經中如來藏與藏識一體二名之辨》，內中有不少篇幅，是對呂澄把如來藏放在妄心派的脈絡上，將元魏菩提留支所譯的《楞伽經》判為誤譯之說予以釐清。隨後，牟師兩大冊《佛性與般若》[4]於1977年問世，對此問題便有專章論述，體大思精，發人深省。

1976年秋天，唐師養病回來，儘管身體虛弱，仍為同學們開講《禮記》。當時，他知我已提交論文，特拿來翻看，但很遺憾的是，我一直未有機會好好請教並聆聽他的意見。一年多後，唐師逝世，更成永憾。兩冊複印的《楞伽疏訣》一直放在我的案頭上，及後並跟隨我到法國。但唐師是如何看待《楞伽經》中的如來藏問題，因後來研究方向的轉變，一直沒有探究，深感愧疚。今借「北學南移」學術會議之機會，撰文回顧當年唐師和牟師對我論文指導的不同進路，將兩位老師對同一問題的不同詮釋作一介紹，一方面懷念老師，另一方面希望藉此重拾荒廢多年的課題。

本文主要參考唐君毅先生的《中國哲學原論-原道篇卷三》[5]、《中國哲學原論-原性篇》[6]；與及牟宗三先生的《佛性與般若》（上冊）、〈佛家體用義之衡定〉（收入《心體與性體》第一冊附錄）中有關《楞伽經》如來藏思想的闡述，並輔以歐陽竟無先生的《楞伽疏訣》和呂澄先生的《〈起信〉與〈楞伽〉》[7]。

內容分三部分，先說唐君毅先生的看法，次述牟宗三先生的論點，最後，比較兩位先生的異同作總結。

[1] 呂澄：〈「起信」與禪〉，《呂澄集》（北京：中國社會科學出版社，1995年），頁196。
[2] 同前註。
[3] 牟宗三：《心體與性體》（台北：正中書局，1990年），第一冊，頁571-657。
[4] 牟宗三：《佛性與般若》（台北：臺灣學生書局，1977年）。
[5] 新亞研究所出版，香港，1974年。
[6] 新亞研究所出版，香港，1974年據1968年本修訂再版。
[7] 見《呂澄集》（北京：中國社會科學出版社，1995年），頁194-200。

二、唐君毅先生對《楞伽經》中如來藏思想的詮釋

　　有關唐先生對佛教思想的探索，可見於上述先生的兩部巨著。他分別從「原性」及「原道」這兩個角度去梳理佛家各派的宏旨。其中關涉如來藏思想的部分，主要見於以〈中國哲學中人性思想之發展〉為副題的《中國哲學原論-原性篇》第八章：「佛心與眾生之佛性」，與及以〈中國哲學之道之建立及其發展〉為副題的《中國哲學原論-原道篇卷三》第九章：「法相唯識宗之佛學道路」；第十章：「大乘起信論之佛學道路」。以下就此章節，先看唐先生從廣義上對「如來藏」一詞之意的解釋，繼而看其對《楞伽經》中之「如來藏」，或「如來藏藏識」含義之取決。

1-如來藏一詞之意義：

-從佛性上說如來藏之本義：

　　唐先生謂，自佛學傳入中國，魏晉之初盛行般若「空」「有」之問題；繼而及於法性，旋即由法性轉入佛性之問題。而凡言眾生有佛性者，其本於印度之經典者，皆要在《涅槃經》與《法華經》。他說：「於此吾人今只須由二經所述，對佛之常住世間與佛之本懷，先有一宗教情操，而順佛心之悲心弘願，以觀佛之必化度眾生，眾生之必在化度之歷程中；則自然能有對一切眾生之佛性之肯定，為其所以能成佛之理之所在；亦必當肯定眾生之心識，原能證悟此「理」，具此理，以得入於成佛之途。此義則道生之言中已具之。道生言有佛性我。《涅槃經》〈如來性品〉，謂「我」者即是「如來藏」，而此「藏」即眾生之具此理以為性之「心識」也。」即是說，如來藏乃為當來之佛果作因。

-從經論上說如來藏之引申義：

　　唐先生在《原性論》中，就眾生皆有佛性之思想，進而說在理上必肯定眾生皆有本淨之心性，故《勝鬘經》先言三宏願，後即言眾生皆有此如來藏。此如來藏在不同的經綸中，其引申的名稱有：「成佛之如來藏」（勝鬘楞伽）；「自性清淨藏」、「法界藏」、

「法身藏」、「出世間自性清淨藏」，或「自性清淨心」（勝鬘
經）；或「如來清淨藏」（《密嚴經》）；「自性清淨之心真如」
（《大乘起信論》）；「一性淨妙明之心」、「妙淨明體」、「妙
明元心」、「淨圓真心」、「常住真心」、「淨覺真心」、「真精
妙覺明性」、「圓融清淨寶覺」（《楞嚴經》）。

　　對於《起信論》之如來藏自性清淨心，唐先生引用《翻譯名義
集》以解釋其「藏」之義有三：隱覆名藏、含攝名藏、出生名藏。
此乃本世親《佛性論》所謂隱覆藏、所攝藏、能攝藏之義而略改其
名。又本《勝鬘經》五藏之名以釋如來藏：一為就其為當來佛果之
因，現尚為染法所覆，而說之為「在纏如來藏」；二為自其雖在
纏，而仍自性清淨，說為「性清淨之如來藏」；三為自其至佛果而
出纏，為果位功德所依，稱「法身藏」；四為自其出纏功德之超過
二乘菩薩，而名之為「出世間上上藏」；五為自其通因果位，持一
切染淨有為法，含一切含沙德性，而名「法界藏」。此五藏之名，
實指一物事，而說之方式不同，遂別為五。唐先生說：吾人亦實可
以此五方式，以說此如來藏內在於染，兼善不善因，眾生因；或超
越於染而只為善因佛因，或整個之法界因；亦固可由其原淨以說到
其染，或即其染而指其原淨。

2-對《楞伽經》中如來藏或如來藏藏識之含義之疏解：

　　《楞伽經》乃唯識法相宗所宗的經典之一。唐先生認為此經「對吾
人現有之心識之反省的分析與追溯所成之義，不外所謂五法、三自性、八
識、二無我之旨。」此中之五法為相、名、分別、正智、真如；三自性為
偏計所執性、依他起性、圓成實性；八識為六識外加末那、賴耶；二無我
為人無我、法無我。

　　關於八識中之賴耶識，在《楞伽經》中則以藏識為名，且說如來藏，
有時則說如來藏藏識，例如卷五：

　　　　「如來藏是善不善因，能遍興造一切趣生，譬如伎兒，變現諸
　　趣，離我我所，不覺彼故，三緣和合。而有果生，外道不知執為作
　　者。無始虛偽惡習所熏，生於七識，無明住地，譬如大海，而有波

浪，其體相續，恆注不斷。本性清淨，離無常過，離於我論。」[8]

「大慧，若無如來藏名藏識者，則無生滅，然諸凡夫及以聖人悉有生滅，是故一切諸修行者，雖見內境住現法樂，而不捨於勇猛精進。大慧，此如來藏藏識本性清淨，客塵所染而為不淨，一切二乘及諸外道臆度起見，不能現證，如來於此分明現見，如觀掌中庵摩羅果。」[9]

《楞伽經》繼承《勝鬘夫人經》，把如來藏與藏識合起來說，在唯識宗真妄兩派中引起了很大的歧義。唐先生在他的《原性論》第八章，〈自性清淨心與生滅無明之關係及新生萬法之「生」義詮釋〉中，分析真心唯識與妄心唯識各自所依憑的理據之不同，而必然有不同之發展，發人深省：

「《楞伽經》所言之如來藏藏識，初或重在言如來藏之一面。然亦以此經為所宗之唯識宗，則化其如來藏為無漏種，而只言藏識，亦大可表示一思想上之發展。因唯識宗乃能涵藏染淨之一切法之種子，非純淨之如來藏可比。純淨之如來藏唯含藏淨法，其自體只是一心，正有如西方基督教之謂上帝只涵藏萬物之理型，印度教之梵天之含藏生萬物之功能，固皆只為一至善之純精神之存在，而皆宜不能含藏一切染法之種子於其中也。」[10]

「吾人今如本一剋就現實與之宇宙之全，而反省其根源之宇宙論的態度以思維，亦實必須逼出一「能藏現實宇宙現有之一切現象之一切功能種子」之實在，如唯識法相宗之兼具淨染種子之賴耶之類者，方能說明此現實之宇宙何以有淨兼有染之故也。」[11]

「然吾人於此若根本不自此一宇宙之態度出發，並本邏輯律令以為推論；而自另一「向內反省吾人在修道歷程中，此心之如何對所遭遇者」之態度出發；則謂一切染法萬種塵勞，以及整個之天地萬物，皆由一心真如或清淨如來藏以生，亦有可說。此所謂生，則為另一義之生，非邏輯中之前提生結論之生，亦非宇宙論中之「可能」或「潛能」「種子」生其現行或現實之生也。此所謂生之另一

---

[8] 《大乘入楞伽經》卷五〈剎那品〉第六，（唐）實叉難陀（652-710）譯。見《大正大藏經》，頁612c。

[9] 同前註。

[10] 《原性論》第八章，第四節〈自性清淨心與生滅無明之關係及新生萬法之「生」義詮釋〉，頁241。

[11] 同前註。

義，吾人可說即：「吾人之修道心之貫徹於其所遭遇之一切之中，以使之呈現於此心之前，而又與此心求轉染而依淨，捨染而取淨，相依而轉」之生。」[12]

唐先生認為妄心唯識派繼承《楞伽經》中如來藏藏識的思想，是朝宇宙論或邏輯律令的態度而發展；但亦可以從向內反省處看心之所求，此即真心唯識派的如來藏藏識的思想，即轉染而依淨，捨染而取淨的旨圭，這是《楞伽經》上承《聖鬘經》而下開《起信論》的必有發展：

「《楞伽經》言如來藏藏識，亦有以如來藏為人之成佛因之義。兼名之為藏識，則蓋在言其藏吾人之染淨善惡之習氣種子，為吾人後起之染淨善惡之因者。則此如來藏藏識之名，乃表示吾人之底層之心識中，既有染淨善惡業之習氣種子，為後起之染淨善惡業之因，亦有純清淨之如來藏為成佛因。則見其仍存勝鬘以來如來藏為最深一層之即佛性即心性之旨。」[13]

「茲按其中之解釋《起信論》此心真如有如實空，如實不空二義，則此正同《聖鬘經》之言如來藏，有此如實空，如實不空二義，亦同《楞伽經》之言若無識藏名如來藏者，則無生滅；如來藏自性無垢，畢竟清淨。無垢，即如實空；而畢竟清淨，即如實不空也。然聖鬘在說如來藏時，又對其何以連於污染，謂其難可了知。《楞伽經》於如來藏及識藏或藏識，亦恆相連說。而《大乘起信論》即將此連於藏識之如來藏，屬於此如來藏心或心真如之生滅門，而將此如來藏，心真如之自身，純屬於不生滅門；遂將此二者，在概念上明白加以劃開，以使人能自信，在其如來藏，或心真如之自身上說，只有此「如實空，與如實不空，離妄空妄，而其自體實無可空，而恆常不變，淨法滿足」之義。此大乘起信論之義，雖當說是出自聖鬘楞伽，然亦自有其所進者在也。」[14]

然而唐先生對法相唯識宗所持之論，一方面批評其無漏種不能自現，必待聞以前之佛之言教為外緣方能自現之說，這樣後待前，前更待前，則永無佛能成。但另一方面，唐先生亦認為此成唯識論之說，最能貫徹佛家

---

[12]　《原性論》第八章，第四節〈自性清淨心與生滅無明之關係及新生萬法之「生」義詮釋〉，頁242。

[13]　《原道論》第九章，第一節〈法相唯識學之淵源〉，頁1182。

[14]　《原道論》第三卷第十章，第二節〈心真如門〉，頁1222。

緣生之義，以言一切心佛眾生之成，無不賴於因緣者。又在眾生未成佛，有染污執障之種子與現行時，此種子與現行之可轉化可空，初亦原只是一理。由其轉化而空，方證真如，則真如亦當說是一理。人亦必須正視此污染之種子現行之可轉可化，是理，亦實有此理，而依因緣以實成其轉化之事，方能在現實上成佛。人之污染之種子與現行，有種種差別，其依因緣以實成其轉化之事，亦有種種差別，此皆須一一正視。人固不能只自持其有一自性清淨之如來藏心，便謂可剋日成佛。此自持，即是末那識之妄執一恆常之自我，亦即人之我見、我慢、我愛之所依，而為自信其有此如來藏者所恆難免者。在此點上，唐先生肯定唯識法相宗之論，有一破此自持妄執之教化上的價值。[15]

　　是故，唐先生認為《起信論》內中用名，雖然與《楞伽經》多同，亦實是於《楞伽經》之義有所承。但《楞伽經》於如來藏與藏識，合為一名，而《起信論》則以如來藏為第一義之心，更言依之而有賴耶識或藏識，則為將《楞伽經》之言如來藏、藏識分為二層次之說，此即不合《楞伽經》原義。[16]

　　唐先生進一步以真諦、南北地論師等皆以如來性為第一義之佛性，而不同後之護法以無漏種子為佛性之說。《起信論》以如來藏即心真如、亦即法性，則又通於南地之說。其以阿梨耶識為雜染所依，更言其為由第一義之如來藏，而衍出之第二義之心，顯然是綜合此北地與攝論宗之義。故其依《楞伽經》之如來藏藏識為之一名，更言依如來藏以有藏識或賴耶識；以由一開二。此開之為二，唐先生認為未必合《楞伽經》之本旨，但即由此，正好形成《起信論》之思想上之創造。[17]

三、牟宗三先生對《楞伽經》中如來藏思想的詮釋

　　牟先生談佛學義理，可散見於他的各種論著，如《心體與性體》、《智的直覺與中國哲學》、《現象與物自身》及演講集《中國哲學十九講》等。但說到對佛學的全面論述，體大思精，他的兩大冊《佛性與般若》，堪稱是劃時代之作。本文謹就此書之第二章〈攝論與攝論師〉之第

---

[15] 參見《原道論》第三卷第九章，第八節〈轉識成智之可能與緣生正理〉，頁1212。

[16] 參見《原道論》第三卷第十章，第一節〈大乘起信論之時代與其宗趣及內容〉，頁1217。

[17] 同前註，頁1218。

三節〈本性住種與世親的佛性論中之理性佛性〉，第三章〈真諦言阿摩羅
識〉，先看牟先生對唯識宗真妄兩派的如來藏思想的疏解；進而根據第五
章<楞伽經與起信論>之第一節〈楞伽經如來藏藏識一詞之意義〉，看牟先
生如何釐清真妄兩系對此問題的糾纏。

1-唯識宗真妄兩派之如來藏思想

-真心派之如來藏自性清淨心：

此系之思想，以真諦的前期唯識學，《勝鬘經》，《起信論》等
為代表。

牟先生謂：「真諦順《攝論》之以阿賴耶識為「界」[18]而以如
來藏自性清淨心說之，如是，遂說阿賴耶「以解為性「[19]。又謂：
「於他處，凡言及「轉依」時，真諦則把此「轉依」析為滅阿賴耶識
證阿摩羅識，如是遂轉八識為九識」。「又轉依是轉阿賴耶依而為法
身依……，若依真諦，此法身即如來藏自性清淨心。在纏名如來藏，
出纏名法身。它既是自性清淨心，自本具無量無漏功德，因而亦自能
為功德法之生因」。

真諦之釋《中邊論頌》：「不染非不染，非淨非不淨，心本清
淨故，煩惱客塵故」，乃從《勝鬘經》之「不染而染」而來。此即
顯示無論「心性本淨」（原頌句）或「心本清淨」〔釋頌句〕皆同於
「如來藏自性清淨心」。牟先生指出此頌之重要性，它是真妄系統分
歧的關鍵所在。如果「心性本淨」就是「自性清淨心」而為「客塵所
染」，則形成「真心為主虛妄是客」之真心派。而《起信論》就是典
型的「真心為主虛妄熏習是客」的系統。既然是一系統，當然須通過
一分解來展示；牟先生認為此分解乃是一超越的分解。

---

[18] 此乃「無始時來界」中之「界」字。根據真諦釋「界」字之五義全就「如來藏自性清淨心」說阿
賴耶識，故視阿賴耶識「以解為性」。

[19] 牟先生說明這「解性」是阿賴耶的「超越的性」，當它在纏時，它是迷染的。這迷染性不是它的
超越的自性，乃是它的客性（暫寄的後天性）。故當通過正聞熏習而得轉依時，它恢復了它的超
越的自性（解性）。當其在纏時，吾人就其迷染之客性（不染而染）而名之曰阿賴耶；當其出纏
時，吾人就其超越的自性而名之曰如來藏自性清淨心。

-妄心派的如來藏自性清淨理：

　　此系之思想，以攝論及後來玄奘所傳的世親護法之成唯識論為代表。

　　世親《佛性論》中謂如來藏義有三種應知，就是一「所攝藏」、二「隱覆藏」、三「能攝藏」。論云：「一所攝名藏者，佛說約「住自性如如」，一切眾生是如來藏。言「如」者有二義：一如如智，二如如境……。言「來者」約從自性來，來至「至得」，是名如來……。所言「藏」者一切眾生悉在如來智內，故名為藏」。牟先生從《佛性論》言三種佛性處，根據其內容，判其為理性佛性，即就「真如空理」而言佛性。由於真如空理自身並不起現功德法，乃是行者依此空理而加行，始有功德法。是故，「如來」是這樣地來，並不是如理自身能活動地來。

　　「二.隱覆為藏者，如來自隱不顯，故名為藏。言「如來」者，有二義。一者現「如」不顛倒義……；二者現常住義」。牟先生說此常住不變只分解地就如理言。空如之理當然不會變異，但此決非《大涅槃經》之言佛性常樂我淨，法身恆常不變。

　　「三.能攝為藏者，謂果地一切過恆沙數功德，住如來「應得性」時，攝之已盡故。若至果時，方言「得」性者，此性便是無常。何以故？非始得故。故知本有，是故言常。」牟先生說此「應得性」即「真如空理」之佛性在其「住自性性」時，即已蘊涵著其所應得之一切功德法。此「應得性」不是就其自身能生起功德法而說其應得性，乃是憑依而得。

　　另世親亦依《勝鬘經》之五藏而言佛性之自體相（見上文所引），可是此有五藏義之自體相，皆是就「以無為如理為體」的應得因佛性而言，是故牟先生說其雖依《勝鬘經》說五藏，而所說的皆指「如來藏自性清淨理」而言。此佛性論之言如來藏，是適應阿賴耶主體的唯識系統，是妄心派之如來藏。其阿賴耶識以迷染為性，成佛必須靠後天的見聞熏習。此亦為一分解的系統，牟先生以其為經驗的分解。

2-對《楞伽經》中如來藏或如來藏藏識之含義之疏解：

《勝鬘夫人經》首言空如來藏，不空如來藏：「空如來藏，若離若脫若異一切煩惱藏。不空如來藏，過於恒沙不離不脫不異不思議佛法」；又言如來藏既為生死依，又為不思議佛法之所依。繼《勝鬘經》後，《楞伽經》亦言如來藏，亦言藏識，又合言如來藏藏識。《勝鬘經》無此合言，此一合言之名引起了爭論。

牟先生在其巨著《佛性與般若》上冊，第五章第一節中，對此問題，作了詳盡而深細的闡釋，目的是釐清內學院歐陽竟無先生及呂澄先生對此經中所說之如來藏藏識一詞之糾纏。其中牟先生將此經的三個譯本，即（劉宋）求那跋陀羅譯的《楞伽阿跋多羅寶經》共四卷、（元魏）菩提留支譯的《入楞伽經》共十卷以及（唐）實叉難陀譯的《大乘入楞伽經》共七卷，中的有關段落作比較，以簡別此一詞之含義。以下是牟先生所作的結論：

-皆肯定「如來藏是善不善因」。此同於《勝鬘經》言如來藏為生死依亦為清淨無漏功德依。但經文並未詳細解釋如何為生死依，如何為清淨無漏功德依。若然如來藏同於阿賴耶藏識，則其為兩者之所依，就生死言，是生因，就清淨無漏功德言，就不能是生因，這同於《攝論》所說。但如果如來藏不同於阿賴耶識，則如《起信論》所說。[20]

-皆肯定「如來藏本性清淨，離無常過，離於我論」。如果如來藏同於阿賴耶藏識，此同於如真諦所說之「以解為性」之賴耶，但不能說如來藏就是藏識，即不能說它與藏識為一事之異名。[21]

-皆肯定藏識是由「如來藏為無始虛偽惡習之所熏」而轉名，如是，遂有「如來藏藏識」一複合名。此複合名可依《勝鬘經》之「不染

---

[20] 見書頁450。
[21] 同前註。

而染」作解，或如《起信論》所說之一心開二門。取性（迷染性）是它的內指的本性，解性則是它的超越的本性。就取性言，它是雜染生法之所依，亦是其生因。就解性言，它是清淨功德法之所依，亦是其生因。如是，如來藏必是自性清淨心，而不只是自性清淨理。[22]

-皆提到《勝鬘經》說有：「如來藏名藏識」（唐譯）或「如來藏及藏識名」（宋譯）。雖然《勝鬘經》中無藏識名，亦無「如來藏藏識」一複合名，但牟先生認為不要緊，因為俱是佛說或佛意。經中屢言「如來藏藏識」，並不表示此兩者是異名而同體。[23]

-舉宋譯「無我如來藏」一段，進一步說明此無我之我即是「中道第一義空」。此不過將一切法統於真常心，就其空如無相而一起寂滅之，法寂故心寂而亦無我相也。此即是「空如來藏」。然而就一切法之寂滅無相而為清淨功德言，則亦即是不空如來藏。法不寂而有相，則心即轉為識心。然而心性本淨。本淨之心不染而染，即有生死。復其本淨，即有涅槃。此是以「真心為主虛妄熏習為客」之說法，遂此說其非阿賴耶中心系統。[24]

四、結語

對《楞伽經》的整體思想而言，唐先生是把它放在法相唯識宗之系統上而論說，特別是當中所謂五法、三自性、八識、二無我。譬如三自性的思想，唐先生於《原道論》第九章第四節〈法相唯識宗對心理之反省的分析與追溯之態度〉，即特重此經之所說：

> 今按《楞伽經》即注重言人所徧計之人我法我諸執見所對之境，依此心之徧計而現，即以此言徧計執之依他起者。此徧計之依他起，即依心識之分別、相、名而徧向一方向，而又對此外者之無明而

---

[22] 見書頁450-451。
[23] 同前註。
[24] 同前註，頁452。

起。此外，《楞伽經》亦於此相、名、分別三者間，言及其相依而
起，而互為依他起之義。如依相立名，名即依他。依名生相，相亦
依他……。再人之現有之意識心、分別心、亦依此心底層之賴耶末
那而起。而現有之意識心分別心所造之業，轉成賴耶識中之習氣種
子，則賴耶識亦依他而有其習氣種子。於此一切依他起法中，空其
徧計所執之人我法我，即見圓成實性。此皆《楞伽經》所及。故三
性義之大旨，已備在《楞伽經》。[25]

　　所以，唐先生在書中再三肯定，由《勝鬘》至《楞伽》、《密嚴》、
《解深密》，與後之唯識宗諸論之發展，乃傾向於以最底層之心識為兼具
污染不善與清淨善性之賴耶識。於此，他對把《楞伽經》中如來藏藏識之
分為二層次之說，甚有保留，並清楚表示這樣是不合《楞伽經》之原義
（見上文引述）。但唐先生並不因此而忽視《起信論》一心開二說的價
值，並許為思想上的創造。

　　唐先生之從法相唯識宗的角度看《楞伽經》的八識，而將其如來藏藏
識看作底層的心識。與此異趣的，牟先生則從如來藏自性清淨心處看《楞
伽經》的八識，而將如來藏藏識納入真常唯識系中，說其不染而染，自性
清淨。牟先生在〈《楞伽經》「如來藏藏識」一詞之義〉中解釋此經之
「八識謂：如來藏名藏識，意及意識，並五識身」時，如此詮釋：

　　此中之如來藏名藏識，是染淨一處……。但此染淨一處之如來藏藏
　　識，豈即是攝論之無漏種寄於賴耶中耶？豈即是以阿賴耶識為如來
　　藏耶？如果如來藏為無始虛偽惡習所熏，遂得轉名為藏識，則此藏
　　識正是本性清淨之如來藏之不染而染。[26]

　　接著牟先生解釋其微妙處：

　　如來藏藏識這個染淨一處，正示藏識為如來藏之不染而染，這其中
　　有一曲折跌宕，不是空頭言藏識受熏，即此名為如來藏也；亦示藏

---

[25] 見書頁1189-1190。

[26] 《佛性與般若》，頁438。

識為一幅湊點，有其超越的解性，亦有其現實的取性，這就是不生不滅與生滅之和合。[27]

　　唐先生雖然認為將如來藏藏識分成二層並非《楞伽經》之原義，但他對起信論之一心開二門的如來藏緣起系統予以高度評價；牟先生雖然反對把如來藏藏識放在阿賴耶緣起上說，但他亦不否定法相唯識宗在俗諦上的意義：

　　……依唯識學之三性觀之，當該即是遍計執性之執。但此種種相卻是科學知識所以可能之基本形式條件。因此，吾人當稍正此遍計執，而予以積極之價值……。科學知識亦是世俗之諦（真理）。欲成此諦，則必須正視遍計執之積極意義。吾人不但於幻化依他中過幻化的現實生活，而且亦當在計執中過獲得科學知識的現實生活。此自不是究極，然此方便之權亦當有也。[28]

　　最後，我想補充的是：唐先生在《原道篇》的第九章第一節討論有關《楞伽經》的如來藏思想，說到：「……則見其仍存勝鬘以如來藏為最深一層之即佛性即心性之旨」時，有注曰：「據云《楞伽經》之梵本，日人鈴木大拙有英譯本[29]，更顯見其以如來藏之義為本。但我尚未及讀」。

　　鈴木是於1993年出版此經之英譯本，然而早於1930年，他便出版了他研究此經的博士論文[30]。兩本書對英語界的佛學研究影響至深。他的英譯本是根據日人高楠順次郎的梵文整理本而翻譯。事實上，他在翻譯的過程中，在理解上遇上困難時，是參考（唐）實叉難陀的漢譯。可以說他的英譯同時受漢譯的影響。

---

[27]　同前註，頁439。

[28]　同前註，頁363-364。

[29]　Daisetz Teitaro Suzuki, *The Lankavatara Sutra*, for the first time from the original sanskrit. London, 1932.

[30]　*Studies in the Lankavatara Sutra*: One of the most important texts of Mahayana Buddhism, in which almost all its principal tenets are presented, including the teaching of Zen. London, 1930.

第七章　牟宗三先生對宋明理學的詮釋

中央大學文學院
楊祖漢

一、引言

　　牟宗三先生《心體與性體》三冊，及《從陸象山到劉蕺山》，以二千多頁的篇幅，論述宋明理學，是當代研究宋明儒學的經典著作，他對宋明儒的詮釋，最鮮明的主張，為「宋明儒學應分為三系」之說。[1]對於宋明理學的分派（分系）問題，傳統的看法是區分為程朱、陸王二系，而以朱子集北宋周濂溪、張橫渠及二程諸人的說法於一身，故朱子學就可以概括周張二程之學。但北宋以來就有二程思想不同的說法，當代馮友蘭先生的《中國哲學史》也認為二程之學有不同，[2]只是對於二程之所以不同並未明確給出分析，牟宗三先生則認為可以根據《二程遺書》前十卷〈二先生語〉的大部分內容與其他明確標示為「明道語」的文獻來論述程明道的思想，如此一來，明道的思想內容就得以詳細展現，而明道與伊川思想的不同也朗然在目。牟先生又認為朱子只承繼程伊川的思想，順伊川的思想而往前進，而周張大程三家的思想，與伊川朱子是不同型態的，此三子思想的真正承繼者，是南宋比朱子稍早的胡宏（五峯先生），而明末的劉宗周（蕺山先生）思想與胡五峯相近，於是牟先生認為宋明理學可以大分為三系，即：五峯、蕺山系；伊川、朱子系；象山、陽明系。而五峯、蕺山系與象山、陽明系雖有不同，但乃同一個圓圈的兩個來往，二系可以合成一大系，伊川、朱子系則不在此圓圈內，可說是岐出的義理型態，[3]如

---

[1]　牟宗三：《心體與性體》（台北：正中書局，1968年），第一冊，〈綜論〉。
[2]　馮友蘭先生在三〇年代出版之中國哲學史，便提出二程思想不同之說。
[3]　牟宗三：《心體與性體》，第一冊，〈綜論〉。

是，則三系也可以說為二系，此二系的不同的關鍵是前二系都是認為理、道體、性體是即存有即活動，在人生命中當下可以呈現出理的活動，此活動的理也就是內在於人的性體，心性天可以通而為一，此一義理系統也可以說是「直貫創生的系統」或「縱貫系統」。而伊川、朱子系由於從所以然來理解理，認為理不活動，活動者是氣，而心是活動，故心與理為二，對於理只能理解為是活動的所以然，心對於理只能通過後天的經驗認知而了解，理不能直接呈現於人的生命活動中，此一義理型態由於心性平行為二，心由認知才能知理，於是牟先生稱為「橫攝系統」或「本體論的存有系統」，牟先生以四大冊著作詳論上述宋明理學諸大家的思想哲學，成為當代研究宋明理學的最重要的成果。可以說經過牟先生這些論說，當代學者才能對宋明六百年的儒學發展，有明白而具系統的了解，故牟先生《心體與性體》出版四十年來，華文學界討論宋明理學的義理內容者，不管贊成與否都不能不討論牟先生的說法。如果不對牟先生的有關論著加以消化吸收，以之作基礎而進一步發展而妄自立說者，大多是析論不深入，或甚至是無價值之作。[4]

二、直貫創生系統之旨要

　　牟先生認為周、張、大程、五峯、戴山及象山、陽明都是屬於縱貫系統，所以這一系統是宋明儒學的大宗，而且不只是宋明理學，先秦儒學中的《論》、《孟》及《易傳》、《中庸》都是屬於這一系統，故依牟先生說若不瞭解縱貫系統的要義，對於儒學是不能有真正的了解的。對於此系統牟先生規定為「即存有即活動」，而以「逆覺體證」為功夫。所謂「即存有即活動」是表示道德之理不只是理或原則，同時又是可以當下呈現於人生命中的活動，如孔子從「不安」、「不忍」來說仁，仁固然是理，但又不只是理，而亦是當下可呈現的真生命，是吾人真正的自己，或真正的主體。故孔子所言之仁，很明顯既是理，又是心。故孔子說：「為仁由

---

[4] 勞思光先生是公認的當代哲學名家，他對於牟先生的宋明理學見解並不贊同，但也不能不對牟先生的三系說給出詳細的回應，（見勞思光：《中國哲學史》〔香港：香港友聯出版社，1980年〕，三上）而建立起他的宋明儒學一系說之論。唐君毅先生對牟先生的朱子學詮釋，也不很贊成。他在《中國哲學原論》的《原道篇》與《原教篇》中也花了許多篇幅來討論有關問題，唐先生的理解也是很精深的，唐牟二先生對於朱子學的不同意見，是當代中國哲學史上的重要論爭。

己」，「我欲仁，斯仁至矣。」仁此一德性的道理，是在人真切的欲求實
踐仁的時候呈現的，故欲仁之己，即欲求仁之主體，就是仁本身的呈現，
於是仁固然是理，但也就是我們的真正主體，而此踐仁之主體，當然是一
活動。此「即存有即活動」的存有，不只是道德的主體或道德性的活動，
同時也就是天地的生化之本體，是使一切存在能夠繼續存在的創生性的活
動，也就是天道本身。故孔子之踐仁，是知天命的根據，所謂「踐仁以知
天」，而孟子說的「盡其心者，知其性也；知其性，則知天矣。」（〈盡
心上〉）也表示了盡心知性是知天的根據。《中庸》說：「惟天下至誠，
為能盡其性。」而至誠者之盡性是要以盡人性、物性為條件的，故此性體
是不受人類所限制的，是普遍的、無限的概念。《易傳》所說的「窮神知
化」也表示了若能洞開真生命之神用，就可以了解天地生化的活動意義。
由以上所說可知，先秦儒學所說的仁、理、性、天是相關聯的，甚至是相
通的。這些概念都可以用存有來說，而此存有固然是道德意義的存有，也
是存有論意義的存有，此存有固然是理，也是當下可以在人的生命中呈現
的活動，而由呈現於吾人生命中的活動，既然可以體會到存有之理，則
也可以肯定作為一切存在的存在根據的天道，也是活動的。由於是如此，
要了解此理或此存有，最恰當的功夫便是在此存有成為活動而表現在我們
生命中之際，當下逆覺之。依此義，孔子論仁所以會用「於汝安乎？」
（《論語・陽貨》）、「有能一日用其力於仁矣乎？我未見力不足者。」
（《論語・里仁》）、「夫仁者，己欲立而立人，己欲達而達人。能近取
譬，可謂仁之方也已。」（《論語・雍也》）這些啟發指點的方式要學生
體會仁，便是要讓學生自己生命活出仁的意義，如此就可以反身逆覺，親
切體認仁是甚麼？如果不是讓自己的仁的主體當下呈現出來，則很難在外
面存在界中，了解何謂仁。孟子的從惻隱說仁，從見孺子入井必有怵惕惻
隱之心，來指點人性之善，也是孔子的路數，即是要人反身逆覺，於不
安、不忍處當下體證，此時自己的生命，就是普遍的道德之理的當下呈
現，此生命中的不忍或羞惡、辭讓、是非等，固然是我的心情，但又不能
限於我而具有普遍性，而且此普遍的心情，不只是可以及於一切人也及於
一切物，故此一心情是絕對普遍的。若能於見孺子入井時，反身逆覺，就
可以當下感受到一個絕對普遍的心情，此所謂「具體的普遍」。道德之理
固然是普遍的，但由於也就是我們的本心、善性，而且此心性隨時可以當
下成為活動，故也是具體的。孔、孟言道德之理，雖然喜歡從具體的生活

實踐中指點，但通過指點而給出的或要人當下感受的，一定是超越的普遍之理，而並非限於人的特殊生活中的情感。

由上述，牟先生用「直貫創生」、「即存有即活動」及「逆覺體證」來規定儒學的正宗的義理是非常有道理的。言先秦儒學可以這樣說，而言宋明儒更可以如此說。宋儒周濂溪以誠來比配《易傳》所說的「乾元」，說「元亨，誠之通；利貞，誠之復。」（《通書・誠上第一》）表示元亨利貞等天道生化的四個階段，只是真實無妄的誠體之流行，而此誠體在我們生命中是當下可以呈現的，故曰：「幾動於彼，誠動於此」（《通書・思第九》），即是說誠體可以在感性的意念活動的時候，給出暢通生命的力量，此誠體的力量雖不同於感性生命的活動，但也是活動的，故曰：「動而無靜，靜而無動，物也；動而無動，靜而無靜，神也。……物則不通，神妙萬物。」（《通書・動靜第十六》）周濂溪很清楚表示了誠體具有活動性，雖然其活動並非如經驗現象中可見的活動，但不可見的神體的活動卻是具有妙萬物的作用。此誠體也是我們的真生命，如果能夠主靜無欲，則此體就可以在生命中呈現，而成為我們的道德主體，故曰：「無欲，則靜虛動直」（《通書・聖學第二十》）、「誠，則無事矣。」（《通書・誠下第二》）此生命中的真正本體的呈現，固然不離於感性的生命活動，但可主宰妙運現實的生命活動。他論性時，雖然未能明確表示誠體即是性體，但他所說的「性者，剛柔善惡，中而已矣。」此「中」未必是就氣性得其中來說，很可能是就超越的本體承體起用，衝破剛柔善惡的氣性的限制來說的，故後文又說：「故聖人立教，俾人自易其惡，自至其中而止矣。」[5]如果此處所說的中是氣性，則中是天生的，便不能說可以從「自易其惡」而達至。故此「中」可能可以理解為人人都有的「本體」。如果這樣解，中就是「即存有即活動」的誠體。

周子如此言誠，合於《中庸》所說「誠則形，形則著，著則明，明則動，動則變，變則化。」之義，即《中庸》原文便表示，誠體是活動的，在人的生命中，可生起形、著、明、動、變、化等作用，而此等作用，並不同於自然生命之活動。在程明道的文獻中也非常明確的表達了「即存有即活動」及「逆覺體證」之義，他說：「仁者，渾然與物同體，義禮智信

5　對於《通書》此章的內容，我的理解不同於牟先生，牟先生認為此「中」仍應就氣性上說，見《心體與性體》（第一冊）論濂溪的部分。

皆仁也。」（《識仁篇》）表示了渾然與物同體的心情就是仁，而此仁就是一切道德活動、道德價值的根源。他又說孔子從「己欲立而立人，己欲達而達人」說仁是要從自己有所感、不痿痺來體會，「欲令如是觀仁，可以得仁之體。」（《程氏遺書》卷二上）這種人我、物我同體而不麻木、感通不隔之情就是仁之本身，所謂「仁之體」。從這些地方，就可以親切體會何謂仁。故據明道的體會，仁當然不只是理，而又是我們當下呈現的感通不隔的真生命。當張橫渠以「定性未能不動，猶累於外物」（〈定性書〉）的問題來請教明道時，明道的答覆是要體認己之性本來是無內外的，即是普遍、無限的，只要呈現吾人之真性，就可以「廓然而大公、物來而順應」。因為當絕對普遍的性體、仁心呈現時，人便與萬物為一體，如是便不會視外物為外，而把一切都看作是自己要去成就之事，莫非己也；既然一切都是自己分內的事，便不會有為外物所累之問題。他是以本性的呈現來當下解決由於區分人我內外，而產生的會受到外物的牽引而動的生命問題。即如果朗現了普遍無限而與一切感通不隔的真生命，就不會是內而非外，喜靜而惡動，於是就可以達到無將迎、無內外的境界。這是頓悟真生命，洞開真正的德行實踐之源，而立刻消去了自私的生命的毛病。橫渠雖然努力求自己的生命合於天道，但仍然未達人我內外渾然是一的境地，這是他定性未能不動，有累於外物的問題所在。明道則以頓現性體的活動來回答此問題。明道此義，用牟先生所說的「逆覺體證」之義來說明，確是很貼切的。從人感受到與一切的存在感通不隔處，就可以親切地體會此生命本體，而讓此生命本體當下呈現，便可以真正給出行動實踐的根源動力，這也可以說是承體起用的工夫，此工夫是以本體本身的當下活動為工夫，也可以說是頓悟的工夫，即只有「存有成為活動」，也就是本體、性體以我們生命的主體的身份而呈現其活動時，我們才能真正了解此本體，而在真正了解此本體時，也就是此本體在我們生命中真正成為活動時。程明道對於此一關鍵的儒學的義理掌握得非常中肯，表達得非常透徹，由此也可以證明牟先生以逆覺體證為成德之教的本質工夫，此一詮釋是很有根據的。又，明道所謂的「只心便是天」、「只此便是天地之化」（《二程遺書》，卷二上）表示了若對於眼前自己的道德主體真有了解，則可悟在此本心的活動處，即是天道生化的活動流行。天道的生化與在我的道德的創造，本來是一事，並非從我的道德活動可以接近或了解天道的生化。如果是後一說法，便是「天人為二」。牟先生用圓頓的一本來說明

道此義[6]，確是一大發明。

　　此逆覺體證的工夫並不是以理或天道作為認識的對象，從而了解之。而是本心、性體的自我呈現，逆覺，是覺其自己。覺其自己，亦即呈現其自己。此時雖然也可以有主客或能所的區分，但此一區分只是一時之權相，其實是本心之自覺其自己，也可以說以心覺其自己的本性，但本性並非外於心的對象。此一情形，牟先生有時也用「在其自己」與「對其自己」來說明，本心之明覺，便是性體之呈現，所以心之覺其性，並不構成主客對列的關係，只是本心之覺其自己，此「覺其自己」，也就是實現其自己。是故「縱貫」或「直貫」從心性兩方面都可以說，性體是道德實踐的真實根據，而且其本身就有實現的動力，性體不已的起作用，給出道德創造之能，即存有即活動，故是直貫創生的。在本心上說，心的自覺活動，固然是自主的，但在其自發自主處，也就是性體的本有的能力的實現。在本心的明覺活動處，既是心，也就是性，心性是一。此時雖然也可以說心知性，或知性知天，但其實是如明道所說「只心便是天，盡之便知性。」（《二程遺書》，卷二上）心、性、天只是同一個創造性的活動的不同的表達。故依牟先生所說的逆覺體證的工夫，是讓本心善性或天道在人的自覺中具體呈現的工夫，這種工夫非常特別，不能用主客或能所相待的方式來表示，只是通過覺悟而讓天道、性體或心體在吾人生命中呈現出來。這種工夫與一般所謂的修養工夫不同，一般所謂的修養工夫是可以展示為主客、能所的分別，依作為對象的客觀的標準來善化我們現實的生命；而逆覺體證則是讓本來在我們生命中明覺呈現的心體、性體，通過覺悟而更真實而具體的表現出來。「去覺的」與「被覺的」是同一個創生性的活動。此義也可以如此表示：當人自覺去弘道的時候，正是道自己呈現的時候，故雖說「人能弘道，非道弘人」，但也可以說，「人能弘道，道亦弘人」人之所以能弘道，是因為在他去弘道的時候，正是道給出了作用的時候，沒有道的作用的實現，人又如何可以能弘道呢？

　　道不遠人，隨時都會在人之生命中呈現；人要作的功夫，是在道呈現時逆覺之，使道更真實而具體地呈現出來。「逆覺體證」之「體證」，便是讓道體在自己生命中真實呈現之意。而由於人有其感性意欲，並不能時時呈現道體，故須有此逆覺體證的工夫。此工夫是將性體在生命中

---

[6] 見《心體與性體》（第二冊）論明道言一本處。

不容已的活動或本心之明覺，逆而覺之，以求充分的實現出來。有時牟
先生又從人不肯順著感性慾望的往下流，或往外追逐，而力求振拔，回到
以本心善性作為主宰的情況來說逆覺。如果是此意，則「逆」是對順著感
性欲望的往外追逐來說的。雖然如此，「逆覺」之義，還是要以與朱子的
心理為二，以心明理之「順取」相對之意來規定。如果上述不誤，可見牟
先生此一用「直貫創生系統」及以「逆覺體證」為工夫來對宋明儒的正宗
義理的規定，於儒學傳統的義理是有重大的發明的。他把孔孟至程明道這
一系列一脈相承的特殊義理、特殊體會，做了非常明白的，也很有哲學性
的闡釋。以前的儒者對於這方面的義理，多少有所體會，如對孔子所說的
「仁」，孟子所說的「本心」，或「盡心知性知天」中心、性、天的關
係，都會覺得其中有相當特別，甚至玄奧的義理在，但很少能用言說概念
清楚地表達出來。又陽明所說的致良知，是擴充其良知，同時也就是恢復
良知本有的作用，良知是在擴充中恢復，或說在致中覺悟，陽明又說「致
知存乎心悟」（〈大學古本序〉），這也必須要用逆覺體證才能說得明
白的。

三、對朱子義理型態的衡定

依牟先生，朱子的義理是橫攝系統，由於朱子言心並非心即理的本
心，心屬於氣，與理有形上、形下的分別。由於是如此，朱子所提倡的
成德工夫，是以心知之明去明理。以心明理便不能是前面所說的逆覺體
證，也不能是心之活動就是性與天道的具體呈現，此便非心性天是一的縱
貫型態。而性與天是心知之明所要了解的對象，於是便不能說心之活動
即是性、天的呈現；仁只是心之德、愛之理，為心所具，而不是心，於是
理不能活動，只能說是「存有」，是一切存在的超越的所以然。依牟先生
的說法，朱子的義理型態，主觀上說是靜涵靜攝的系統，客觀上說是本體
論的存有系統，即是說從主觀上，人需要用以敬涵養，使心氣平靜，然後
運用心知之明，通過格物來了解道德之理、性理、天理；而客觀上說，一
切存在都有其存在的根據，而天理就是一切存在的根據，也就是「然」的
超越的「所以然」。由於朱子要明的理，並不能說是本心所自發之理，而
是要通過格物而知的，通過格物而知的理，並不是事物的可經驗的理，而
是做為一切存在的根據的超越的所以然之理，此理牟先生認為大略同於康

德所說的「以存有論意義的圓滿來規定善」之「存有論的圓滿」。牟先生
認為朱子如此說理，雖然很能顯出理的形而上的性格，很有哲學性，但與
傳統儒學言理之義是不切合的。孔孟乃至於周張明道之言理，雖然可以說
理為絕對無限的，也就是天道本身，但這乃是從道德實踐的自發而不容已
的活動來說上去的，即其形上學的理論，乃是有真實的道德實踐的活動中
的體會作根據的。如明道言天理，是從為人子當盡子道，為人君，當盡君
道，此是天理之自然，非人為造作來說，而且即使如舜之盡子道，堯之盡
君道般的理想，也不能說對於君道與子道增加了一分一毫，此對於道德實
踐是依無條件的律令而行，本來是盡所該盡，能實踐道德便可以取得絕對
的價值，而此價值是絕對的，也本來是存於天地之間，不因為人之能盡而
增一分，也不因人之不能盡而減一分，元來依舊。此都可以證明道的天道
論、天理論是從人的真正道德實踐的體會下來說上去的。牟先生認為朱子
的格物窮理論，由於理是心之所對的對象，要知理明理才能合理，於是對
於理便不能體會其為自發而無條件的活動，不能說理直接成為人的生命活
動的主體，即理或性不能如縱貫系統所表示的，本身自有其活動的、實踐
的動力，而可以洞開人的道德實踐的根源。如果性理是即存有即活動，則
其活動處便是本心的作用，心即是性、即是理，朱子既然不能說心即理，
而只能以心知去明理；而持敬使心氣平靜，乃是心之明理所需要做的先行
的工夫。由於理是心知所對之對象，而不能以心之活動，如明覺、惻隱來
理解或規定，如此一來，朱子對於理的規定，就不能夠以道德的本心或性
體的活動所表現出來的道德意義來規定，於是性理就只成為存有論意義的
存有，此存有是一切存在的超越的所以然，此所以然雖然是超越的，但由
於不能以自發而無條件的道德意識來規定，於是此存有論意義的存有的內
容是不清楚的，亦可謂是「性體之道德性之減殺」。[7]雖然朱子往往說性
理就是道德之理，但此道德的意義並不能從朱子所說的格物窮理的工夫給
出來，即是說人如果沒有先行的因著本心、良心的呈現而生發的道德意識
為根據，而先去從事格物窮理，是得不到道德意義之理的，也不能從格物
致知而覺悟到人本有的道德心性。據此，牟先生認為朱子是意志的他律型
態的道德學，因為在朱子理論中，道德之理並非心或意志自己給出來的，
而是要通過心所對的對象的了解，而得知的。心、理既為二，理是心所知

---

[7] 見《心體與性體》（台北：正中書局，1969年），第三冊，頁476。

之對象，而不是由心、意志所呈現，故是橫攝的系統。而理只能是存有，不能是活動。心通過格物致知所知的理，由於是存有論意義的存有，並不必然是道德的，也給不出道德實踐的動力，於是朱子的理論便靠持敬迫使心氣合於通過格物而得的超越的理。持敬雖然可以說是道德實踐的修養工夫，但由於理是存有而不活動，於是持敬的工夫也沒有動力的來源，如此言敬，便是空頭的，用在心氣上的外部工夫。如此，實踐的動力是很不夠的，心的合於道德之理的實踐也並無必然。

四、五峰蕺山系以心著性的義理型態之大意

　　前述直貫創生與逆覺體證的義理型態，牟先生認為是儒學正宗的義理型態，其實不只是儒學，此一義理思想或精神在中國的佛教與魏晉玄學都有表現，佛教雖以空為性，不能肯定本體，亦不宜說直貫創生，但為了說明成佛的根據，也不能沒有真常唯心系。根據對如來藏自性清淨心的肯定，便可以有直從真心而發的頓悟之可能，故有竺道生頓悟成佛義，及禪宗明心見性、道在心悟之說。牟先生甚至認為，竺道生及六祖慧能之見解乃是孟子之靈魂再現於中國佛教。[8]道家雖以無為體，並非如儒家從道德實踐肯定本心善性，但當莊子說「俄而有無矣，而未知有無之果孰有孰無也」（《莊子·齊物論》）表示人當下可以悟即有而無之境，故真正的道體就表現在眼前的即有而無的主體覺悟中，這也是一種逆覺體證。魏晉玄學也盛言聖人有情，真人可以即迹而本，即天刑而得解脫，此也表示了不離開當前的任何活動，也可以不作絲毫的改變，當下表現體無的化境。這裡也表示了如明道所說的圓頓化境的「一本」之義。由此可知，如果明瞭了牟先生所說縱貫系統（直貫創生系統）及逆覺體證之義，對於傳統中國哲學的精義，可以思過半矣！

　　對於此反身而誠，及當下頓悟，心即是天的圓頓之境及逆覺工夫，似可有太強調當下的頓，並不能展開為能所主客之關係，如是則作工夫的主體並不能突顯；而讓本來已經在生命中活動呈現的本體進一步表現，工夫也不容易做。[9]對於此問題，牟先生所闡釋的五峰蕺山系的特色，或者

---

[8]　見牟宗三：《中國哲學之特質》，《牟宗三先生全集》（台北：聯經出版社，2003年），第28冊，第11講，頁92。

[9]　在《心體與性體》（第三冊）論朱子與五峰學派辯論仁的意義，及《從陸象山到劉蕺山》中論朱

可以做一補充。依牟先生之說，五峰蕺山二子雖然是周張大程三子的嫡系繼承者，但乃是以心性並舉，以心著性的架構來表達者。性體是客觀的大本、道體，是一切存在之根據；而心體是主觀面的道德本心，雖也是本體，但乃是在人的生命中以道德實踐的主體來表現。所謂以心著性，是認為作為天地之大本的道體、性體，透過了我們的本心（心體）來表現時，便有具體化、逐步形著之過程。如是心、性便可有區分，雖然有此區分，但由於心體也是無限的、至大的，故心性也可以頓時是一。雖然如此，道體、性體是就一切存在的根據上說，其外延所涉是無限廣大的，而心體是關連到個體生命來說的，個體生命是有限的存在，在此有限存在中，所表現的心體，雖然在內容意義上與性體同其無限，但在外延上便不如性體。即道體性體是宇宙生化的本體，此本體繁興大化，作用無窮無盡，而在有限的生命存在中的心體，雖然也表現了無限的意義，但在及物作用的過程上看，是不可能如天道般的無限的。或可以說，在質上說，本心呈現時表現與天地萬物為一體的意義，此是一無限之意義，所以心同於天；但在量上說，人是透過道德實踐的親親、仁民、愛物的過程來實現創生性的活動的，故不能如同天道生化一切般的具有有無限之量。於是從及物之過程上看，便有不斷努力體現無限的意義，但永遠不能全盡之相。牟先生所說的「以心著性」既表示了天道的生化，與道德價值的創造是相同的，五峰、蕺山正表示了人道德的實踐，便可具體化呈現宇宙生化的意義之儒學要義，另一方面以心著性說，也表達了人的道德實踐，是努力通過心的自覺以體現天道的無限內容，但永遠體現不完之意。由於有此一面相，人便必須保持對天道的敬畏，不能因為本心自由自發、體現了人道的尊嚴，便妄自尊大。故以心著性說一方面有主客兩方面的挺立，而彰顯了道德實踐的活動與天道生化的關係；另一方面保持了人需要對性與天道保持謙虛崇敬的意義。此一義理型態雖然仍然肯定心性是一，但由於在實踐有永不可及之相，此便拉開了心、性的距離，如此從工夫上講，也可以有心嚮往無限的性體，而時時有對天道維持敬慎寅畏，時時「對越在天」之感受。此是將本來可以不分的心性，拉開距離，盡心以求成性。如此就比強調頓悟、覺悟的工夫較顯工夫相。也由於拉開了天人的距離，使人在盡心的過程中，時可有無限的奧秘逐步在有限的生命中具體化之感，這是有很強烈的

子與象山的爭辯時，牟先生都有反省到此以「覺悟」為根本的工夫之困難，有所討論。

宗教意識的。如劉蕺山便有從心宗及從性宗之不同的慎獨工夫，此兩重慎
獨的工夫，是逐步把當前自覺、自發、圓滿自足的良知呈現，視為客觀的
具有無限意義的性與天道的具體化，如此便把當下圓足的良知，暫時視為
並不圓足，即以性與天道來範域良知，此亦可堵住良知教可能的流弊，所
謂「王學末流」的問題。此一工夫也可以是化頓為漸，使當下具足者表示
為永不能自足、永不能盡者。這樣似乎可以補充以心體當下可以頓現的縱
貫系統，逆覺之工夫是自己覺自己，其工夫不容易掌握，似乎是無工夫可
用之難題。在以心著性的架構下，可以使心即性，二者當下頓現渾化為一
的情況暫時分別為主客相對，內在與超越相對，將本心的無限奧秘看作為
客觀自存的天道本體，在這個情況下用工夫，就有如同五峰所說的，盡心
成性的工夫可用，即要本心充分努力地實現其自己，以顯發天道的無限意
義。雖然有此工夫相，但心體本來是無限的，只是在形著性天的過程中顯
示了步步實現之相，此並無減損心體無限自足的意義。

　　以上是順牟先生的說法，對周張大程與五峰蕺山的義理型態的可能
不同處，稍作說明及補充。我認為牟先生所說五峰蕺山是北宋三子的真正
善紹，雖然是對的，但也須強調「以心著性」之義，在五峰蕺山才充分彰
顯，而在工夫論上說，五峰蕺山與北宋三子也有不同。以心著性或盡心成
性的工夫論，對於北宋三子尤其是明道的圓頓說法，是有很好的補充的。

五、對伊川、朱子之學的進一解

　　牟先生此直貫與橫攝的區分，的確能使宋明六百年儒學的主要義理發
展給出一個明白的闡釋，也使伊川朱子學之為理學中的非正宗的，甚至是
「別子」的意義明白表示出來，經過牟先生的詮釋，使得中國宋明理學的
思想義理得到前所未有的朗現，也成為可以分解的研究的學問，後學即使
不盡同意牟先生的詮釋，也不能不順著牟先生的研究成果而往前進，牟先
生的有關著作，做為宋明理學研究的基礎之意義，我想是不可動搖的。雖
然如此，對於牟先生的三系說，尤其是關於朱子思想型態的衡定，我有一
些想法，認為牟先生此一縱貫與橫攝的區分，或許可以微調一下。

　　我近年一再講授康德的道德哲學，尤其是《道德底形上學之基本原
則》（牟宗三先生譯本），深覺康德的理論可以用來說明伊川與朱子的理
論型態，通過這樣的詮釋或許可以得到與牟先生不同的，對伊川、朱子的

理論之衡定。康德認為對於道德法則或義務的意義，一般人都能理解，即一般人都能了解道德或義務性的行為，是不先考慮行為的結果對自己是否有利，而只考慮此行為是否為該行的行為，如董仲舒所說的「正其誼而不謀其利，明其道而不計其功」，這種對道德的了解，其實是一般人皆知且東西方皆同的，也可以說這種對道德的理解是先天的知識，所謂「理性的事實」（見康德的《實踐理性批判》）。只是這種對道德的一般的理解，往往並不能使人真正做出道德的實踐，所以會如此，康德認為這是由於人生命中，會產生「自然的辯證」（見康德的《道德底形上學之基本原則》第一節）的緣故。康德所謂的自然的辯證，是說在人引發了道德意識，本著其對道德的本有之知，希望能無條件為善時，人的感性欲望由於受到排斥而產生反彈，質疑這種道德意識或無條件為善的想法，而希望藉著為善的行為滿足本能欲望的要求。本能欲望的要求不能說不合理，但在人意識到要無條件的為善，才是道德的行為或義務性的行為時，會不顧或甚至否定本能欲望的要求，不讓欲求加進來作為行為的動機。這是所謂義利之辨，而在此時感性欲望會因為受到排斥而起反彈，在這種天人交戰的情況下，如果人對道德的實踐或服膺義務不能有清楚的肯認，不深切了解道德行為的價值並非感性的滿足所可以比較，那便很容易的遷就感性欲望的要求而使無條件的道德實踐轉成為有條件的，即會為了對自己有利而為善，此時的為善，只有有行為外表符合善，而存心不是善的。人如果產生了這種行動的存心的滑轉，雖然行為的外表很可以仍然是善的，但其實該行為已經沒有道德價值了，順著這種存心的滑轉，人會為了有利於自己才去為善，或甚至為了利而做出不善的行為。這就是何以人人都知道什麼是道德法則、義務的行為，但往往不能貫徹、付諸行動的原因。康德認為必須從一般的對道德的理性的了解，進至道德哲學的了解，才可以堵住這種自然的辯證的生命問題。

　　康德上述的說法，我認為可以用來說明程伊川「談虎色變」[10]的例子所含的道理。伊川此一故事是說明人對於何謂道德，或對於性理的意義是本來有所知的，此所謂「常知」，好比對於老虎的可怕是三歲童子都知道的。但必須通過格物致知的工夫，才能對道德之理（性理）有深切的了

---

[10] 見《二程遺書》，卷2上。伊川此說所涵的義理十分重要，關於此義之討論，詳見拙著：〈程伊川、朱子「真知」說新詮——從康德的道德哲學的觀點看〉《東亞文明研究學刊》第八卷第二期（2011年12月）。

解，這好比是只有曾遭老虎傷害過的田夫，才會談虎色變，這田夫才是對老虎的可怕有「真知」。如果這一詮釋是不錯的，則伊川的格物致知的工夫是有對性理本有所知，作為工夫的起點的。並非如牟先生所說，由於伊川、朱子主張心理為二，而要從事事物物處格物、窮理，所以其所了解的理，只是存有論意義的所以然之理，並不一定是道德之理。如果伊川是有對道德之理有所知，所謂「常知」作為格物窮理的依據，則他通過格物窮理而真知的理，應該也是道德之理。伊川對於德性之知也有明確的表示，說德性之知不從聞見來。[11]此即表示對於德性或道德法則的了解，伊川認為是先天的。在朱子討論大學所說的「明德」時，也有對於德性的了解，是人本有之明的說法。又，朱子在《大學格物補傳》中所說的「必使學者即凡天下之物，莫不因其已知之理而益窮之，以求至乎其極。」（《四書集註‧大學章句》）所謂「已知之理」，也表示了對道德之理是人本來有所知的。而所以要從對道德之理本有之知作進一步的了解，即要作格物致知的工夫，是認為必須對性理有真知才能有真正的道德行為，伊川與朱子用《大學》「知至而後意誠」之說來說明此義。如果配合康德所謂必須對道德從一般的了解進到哲學的了解，才能克服人生命中「自然的辯證」的現象之義，則程朱的格物致知的工夫論，是有其必要的。因為通過格物致知才會對本來已知之理有更進一步的了解，具有此種對性理的真切了解，才可以對治自然的辯證，才能避免人心的自欺。

於是藉康德的道德哲學的理論，便可說明了伊川、朱子的格物致知論是有對於性理有本知作為根據，而非是在對道德之理沒有了解的情況下，希望通過對事物之然而推證所以然之理；而所以要本著常知推至真知的地步，是為了克服人生命中天理人欲衝突的現象，由此一比較或借用，我認為確可以把伊川與朱子的理論所涵的意義，及其理論的合理性闡發出來，這不是隨便的類比，伊川與朱子確有康德理論中所說人對於道德之理有本知的肯定，而對於自然的辯證的現象，在伊川朱子的文獻中，也可以找到[12]。

---

[11] 伊川說：「德行之知，不假聞見。」《程氏遺書》，卷25。

[12] 伊川對人的氣稟的複雜或由於氣相即而產生的對實踐的限制，很有體會。朱子在討論《大學‧誠意》章的時候，也有人雖然明知善是應為，但往往不肯為善的有似於康德所說的自然辨證的現象。

　　通過對於人所本知的道德法則的分析，人便會加強或進一步引發道德意識，產生應該讓無條件的道德法則決定自己的存心的要求，此時人便可以產生要去從事道德實踐的動力，如是便可以藉著對道德法則的分析，產生給出真正具有道德價值的行動。何以對道德法則做進一步的了解，真知道德法則的意義，會產生按照法則而去行動的自我要求呢？因為當人越了解道德法則時，越會肯定道德法則是真實的，不容懷疑的，而如果在真知道德法則的情況下，不認為道德行為是人應該給出來的，或懷疑道德的行為，或服膺義務的行為是無條件的，便是沒有道理的，甚至是自相矛盾的想法。這是對自己的理性的決定給出懷疑，此種懷疑是不應該有的。故這種由對道德法則做真切的了解，而引發按照道德法則而行的行動，應該不是如牟先生所說的「他律的道德」型態。這是對自己本知的道德之理做進一步的分析，引發自己的道德意識，而要求自己按照此「理性的事實」而行動，應該還是屬於自律的道德學。因為此法則是我們本知的，越了解之便越會肯定此法則是我的理性所給出來的，是我必須肯定的。或者此一理論型態可以說是「主理」的型態，或以了解理來引發人的道德動力的成德之教的型態。[13]由於要通過格物致知，以加強本有的對道德之理的了解，故要把生命活動中或倫常關係中所涵的道德之理，抽出來正視或加強了解，如是便不能不有心理為二，理為心之所對之表象，這是要對道德法則、性理作充分的了解必須要有的過程及姿態。而當人於事事物物處真知理的意義時，也同時可以深切明白了我們本知的理的意義，可以說在明白外物之理時，同時彰顯了人本具的性理，如伊川所說的「才明彼，即曉此」（《二程遺書》，卷18）。

　　如果伊川、朱子是主理的型態，則孟子、陸、王一系便可以說是「主心」的型態。此型態如上文牟先生所說的，通過「逆覺體證」讓心即理之心真實體現，本心呈現了，此理也真實為我們所了解。主理的型態從對道德法則本有所知來入手，對道德法則做進一的分析。此一格物致知的工夫的效果是越分析，自己便會越同意，而且會越要求自己按照道德法則、無條件的律令而行動，這是由真知而起真實行。這是伊川、朱子希望通過「真知」，而產生真正的道德行為的理據所在，《大學》所說的知至而後

---

[13] 見拙著：〈從主理的觀點看朱子哲學〉，《當代儒學研究》第15期（中壢：中央大學儒學研究中心，2013年12月），頁117-140。

意誠，通過以上的詮釋，也可以證明是合理的實踐次序。而依孟子、陸、王一系的說法，雖然是以當下明本心為工夫，從本心的朗現處，體證道德之理，如上文所說。但在本心呈現時，也有要把此心即是道德之理之所在之義展示出來。故孟子對此心之為無條件的、行所當行的心，（所謂「非所以內交於孺子之父母」等等）及「義利之辨」等道德之理的涵義，有相當明白的論述。陸象山雖然以發明本心、「先立其大」為首要的教人之方，但也強調「辨志」的工夫，而「辨志」也就是「義利之辨」，這也是說明了此本心所含的道德法則。這種現象，正好說明了康德所謂的道德法則與自由意志這兩個概念，是互相涵蘊或互相回溯的之意。[14]如果上面所說的不誤，則伊川、朱子系與陸、王系是可以相會通的。此問題需要更作討論，本文暫止於此。

---

[14] 見康德：《實踐理性底批判》，第一部卷一第一章，牟宗三先生：《康德的道德哲學》，全集本第15冊，頁178。

第八章　唐君毅對船山「心性理氣」概念之闡發——以《中國哲學原論‧原教篇》為例

東海大學哲學系
蔡家和

一、前言

　　勞思光先生對於船山學做評價時曾言：「當代哲學家唐君毅先生，於其《中國哲學原論》中暢論船山思想，周浹透闢，可謂最能知船山者；」[1]然勞先生如此贊盛唐先生之後，其實之後的認為是，船山學有其學問基礎之缺失；吾人此文並不談船山學理論的缺失，理由在於是在勞先生的體系下才有如是缺失，船山學本身並不見得如此。吾人卻認為勞先生所推崇的唐君毅的船山詮釋最好，這一點，吾人亦同意之。唐先生的船山學，吾人所找尋到者，主要在三本書中，其中《原性篇》有一章，嚴格言之，這一章中有五節，只有三節論船山學，另二節則不是；而《導論篇》有二篇文章，分布於二小節；[2]相對而言，份量最多者，則是在《原教篇》，共有六章，占全部約四分之一強。蓋「教」也者，修道之謂也，人能修道，物不能，故在此重人成之義，這與船山的精神是一致的。船山是依於性日生日成、人能弘道等義，而視人成之重要，責人努力進步。於此六章中，唐先生分述船山學的「天道論」、「性命天道關係論」、「人性論」、「人道論」、「人文化成論（上）（下）」，而以天道論一章做為

---

[1] 勞思光：《新編中國哲學史》（臺北：三民書局，1995年），第3冊（下），頁684。
[2] 可參見《中國哲學原論‧導論篇》中第2章，第6節「王船山及清儒與事理」；及第18章，第6節「王船山之命日降、與無定命義，及立命者之死而不亡義。」唐君毅：《中國哲學原論‧導論篇》（臺北：學生書局，2004年）。

論王船山之起始，於此章中的前言有些話相當重要且簡精，此前言雖置於
天道論之始，然其實內容仔細觀之，乃是做為此六章船山學詮釋的簡介，
唐先生用簡捷的文字，約一兩頁的內容，概略的描述出船山學的輪廓，吾
人認為簡捷有力，而且可以切近船山學，對於學習船山學是有助益，而且
對於船山學的判準是相當準確的。唐先生此文「前言」處分為二段，第一
段吾人並未選錄，理由在於其中不是只談船山，而是綜述各家，此乃唐先
生談船山，先把宋明儒發展到船山做一簡介；然第二段可謂重要，其文中
唐先生自己以朱砂筆圈選之的文字有一半以上，可見唐先生自認為此文字
之重要，而吾人亦覺得是船山學精要之處，值得介紹。也因為船山文字不
易讀懂，而唐先生的文字有時文白並敘，吾人不辭淺陋，舉船山文以說明
之，讓整個架構能更加完整。

二、內文

　　唐先生「前言」之文的第二段，吾人全錄，相當重要，雖然置於第
二十章「船山的天道論」一章中，但其實是此書對於船山六章的簡介，六
章介紹船山之文，只有此章有前言，此前言通論船山義理，內文對於船山
所使用的概念都述及之，不是只談天道論，因無法獨立為一章，故不得已
只好放在「天道論章」的開頭，等於是對於船山學的綜述。吾人一一述及
之，並對於唐先生的見解，引原文以佐證之，以見唐先生解船山之精確的
功力。吾人把此第二段之言再分為四段，第一段言：

　　　　船山之哲學，重矯王學之弊，故於陽明攻擊最烈。於程朱康節，皆
　　　　有所彈正，而獨有契於橫渠。其著作卷帙浩繁，又多是注疏體裁，
　　　　思想精義，隨文散見，其文之才氣盛大，恒曼衍其辭，汗漫廣說，
　　　　頗難歸約。[3]同類之語，重複疊見各書，尤難選擇何者最宜作為代
　　　　表，加以引用。吾雖嘗全讀其書二度，亦不敢言於其書之要領，皆

---

[3] 唐先生認為船山學難於歸約，曾昭旭教授亦有相同之見解，其言「然其著述，則大率為注疏體，
往往隨文引義，因事顯理，既無系統嚴整、內容單純之代表性著作，足以據為貫穿全書之參考標
準。」曾昭旭：《王船山哲學》（臺北：遠景出版社，1983年），頁291。此乃曾教授對於船山
學不易讀的理由之一。

> 得之無遺。大約其書，以周易內外傳，讀四書大全說，詩廣傳，尚
> 書引義，思問錄，正蒙注，讀通鑑論，宋論為最重要者。[4]

船山的思想，一般歸納為「反對心學，修正程朱，歸宗張載。」[5]唐先生認
為船山學攻擊陽明學最烈，[6]這點吾人亦是同意，其有言：

> 以本言之，則天以化生，而理以生心。以末言之，則人以承天，而
> 心以具理。理以生心，故不可謂即心即理，諉人而獨任之天。心以
> 具理，尤不可謂即心而即理，心苟非理，理亡而心尚寄於耳目口體
> 之官以倖免於死也。[7]

在此船山認定「理以生心」及「心以具理」，相對而言，船山學的進路還
是較契合於朱子學，雖與朱子學不全同，但船山的心具理的意思，近於朱
子，而遠於陽明，陽明是心即理的體系。心具理，則重在性理，而不是在
心，心之為本乃在於能存性理與否，性理是絕對至善，此至善在性理不在
心。船山認為心即理說法的流弊，乃諉人而獨任之天，因為認為心都能是
至理的表現，則為狂誕，因而放棄了人成的努力，而自認自己能一舉一動
無非天理的表現；如此則人不用再提升自己，自我努力了。船山認為這是
狂禪，也是不負責的話。當然船山所理解的陽明，是否正確，可以再討
論，但是船山之反對心學最烈，這是無庸置疑的。除此之外，船山認為心
具理，而不是心即理，因為心若是非理，人還是可以無恥的活著。心可以
是人心，也可以是道心，人心者，心依於形氣之私，這時心不是理，也不
依理，更不可言心即理。在此可以看出船山之反對陽明最烈。

---

[4] 唐君毅：《中國哲學原論·原教篇》（臺北：學生書局，1990年），頁515-516。
[5] 嵇文甫言認為船山學「宗師橫渠，修正程朱，反對陸王。」嵇文甫：《王船山學術論叢》（臺北，谷風出版社，1987年），頁2。
[6] 王孝魚言：「他想證明，從大端上看，朱熹還有反對主觀唯心的思想，……他之所以仍然承認朱熹為正統思想的代表，其原因亦在此。」見〔清〕王夫之：《船山全書》（長沙：嶽麓書社，1996年），第6冊，頁383。王孝魚先生對於船山評述是確準的，其認為船山《四書訓義》一書尊朱，於《讀四書大全說》與《四書箋解》批朱。兩相對反，為何如此，其認為不批朱子原因在於可以引朱子以批評心學。故吾人認為王船山對於朱子學的態度，以「修正程朱」，則為準確。
[7] 〔清〕王夫之：《船山全書》，第6冊，頁1112。

又唐先生認為船山彈正者康節、程朱，[8]而歸宗張子，此亦相當明顯
而易見，如於《外傳》，還有〈周易內傳發例〉中，反對邵雍的圖書之
說，〈周易內傳發例〉云：

> 至宋之中葉，忽於杳不知歲年之後，無所授受，而有所謂先天之學
> 者，或曰邵堯夫得之江休復之家。休復好奇之文士，歐陽永叔嘗
> 稱其人，要亦小智而有所窺者尔。或曰陳摶以授穆修，修以授李之
> 才，之才以授堯夫，則為摶取魏伯陽《參同契》之說，附會其還丹
> 之術也無疑。……其經營砌列為方圓圖者，明與孔子「不可為典
> 要」之語相背。[9]

在此船山明顯的批評邵雍的先天之說，船山認為在其時代的易經版本，常
有一些圖與書，例如朱的易本義，前面部分亦是有圖與說，船山懷疑這些
圖書的來源，認為有些是邵子編造的，或者是邵子得之於道教之圖而來，
相對於易經本來者，四聖一揆，孔子、文王、周公、伏羲之一致相傳者，
亦無一些奇特的圖與書，邵雍此派必不能與正統的四聖相一致。船山認為
理由在於這些經營砌列之圖者，與孔子易傳所言的「易不可為典要」之語
相違背，《易傳》認為神無方而易無體，若以邵子此系言之，則神有方，
易有體，依著此方所之體，依著此圖書按圖索驥，則能推算天機，此船山
認為邵子之說的不可信。批邵子的真正理由在於，認為以邵子之學，則誤
學術，學術不是用以算命趨吉避凶，命也不是預定好而為宿命，如此說法
將使人不努力而盡棄人為。

至於船山彈正程子而歸於張載之處，從《讀四書大全說》可以明白看
出，《讀四書大全說》，其實正是船山讀完《四書大全》的心得，其心得
是反對程朱的四書詮釋，仔細而言，主要批評朱子後學，至於朱子也會批
評，但若非大錯時，不批評之，反而維護，但終究歸宗於張載的思想，理
由在於程朱的四書詮釋，重理而貶氣，反似於佛老，[10]與儒家的重世間、
重氣的見解不合。在此船山言：

8　船山於張子正蒙注處，反駁朱子的講法，朱子依程子而視張子正蒙之學為大輪迴，船山護著張子
　　而對朱子展開批評。

9　〔清〕王夫之：《船山全書》（長沙：嶽麓書社，1996年），第1冊，頁651。

10　例如船山反對以因病施藥之說以詮釋論語，因為會把孔子弟子貶低了，視之都為病人。後人亦有

告子唯認定心上做，故終不知性。孟子唯知性以責心之求，故反身而誠，以充實光輝而為大人。釋氏言「三界惟心」，則以無為性。聖賢既以有為性，則唯性為天命之理，而心僅為大體以司其用。伊川於此纖芥之疑未析，故或許告子「生之謂性」之說為無過。然則欲知心、性、天、道之實者，舍橫渠其誰與歸！[11]

船山認為告子的不動心，乃死守此心而不動，而不是如孟子的知言養氣集義，於性上養，故告子是知心而不知性，如同釋氏之本心，而不是孟子的本天之說。在此船山認為告子同於佛氏，因為都是本心之說。而伊川之過為何呢？一方面許告子的生之謂性[12]；一方面重言盡心而輕言知性。[13]又重講心而輕言性，其認為弊如佛氏與告子。故依著以上所舉船山言論看出，船山於此時四十七歲左右，已經以橫渠為依歸，而反對程子之說。[14]

除此之外，唐先生認為船山的學問多採注疏體，難以用哪一本書以歸約之，因為重要的概念，其實是散寫在各書，如性日生命日降，乾坤並建，兩端一致之說，幾乎於各書都曾言及之，而不是只在一書。而且以上的這些觀念，不斷的重複出現，亦可看出此不斷重複者是船山學的重點，如性日生日成，兩端一致等之說。然而若要選一本代表著作似乎也不容易。而唐先生作為一個哲學家，其所建議出的船山重要著作，不是一本，而是數本，包括《周易內傳》、《周易外傳》、《讀四書大全說》、《詩

人跟進於船山的說法，如程樹德言：「至更易經傳，推翻舊說，其風固自宋人開之。集注至以樊遲為粗鄙近利，以子夏子游為語有流弊，敢於罵及先賢，更不足為訓。以朱子之賢，猶有此失。……集注喜貶抑聖門，為全書最大污點，王船山《讀四書大全說》，毛西河聖門釋非錄，論之詳矣。是書凡攻朱子之語，例不採錄，對此不能不設例外。……子貢方人，孔子以為不暇。故古來叢謗之深，無如朱子者。……宋儒以禪理詁經，好之者喜直截痛快，惡之者又目為陽儒陰釋。」程樹德編著：〈凡例〉，《論語集釋》（北京：中華書局，1990年），第1冊，頁8。

[11] 〔清〕王夫之：《船山全書》，第6冊，頁1112。

[12] 此乃批評明道之言，明道認為生之謂性，善亦性，惡亦不可不謂之性，生之謂也。

[13] 程子曰：「何必如此數，只是盡心便了，纔數著，便不盡。如數一百，少卻一便為不盡也。大抵稟於天曰性，而所主在心。纔盡心即是知性，知性即是知天矣。」〔宋〕程顥、程顥，《二程集》（北京：中華書局，2006年），上冊，頁208。由此段可見，伊川此章的詮釋重在盡心，而不是知性，故朱子亦反對程子的講法，因為工夫順序相反，朱子言：「伊川云：『盡心然後知性』，此不然，盡字大，知字零星。性者吾心之實理，若不知得，卻盡個甚！」〔明〕胡廣編：《四書大全》（臺北：臺灣商務印書館，1983-1986年影印文淵閣《四庫全書》第205冊），頁806。

[14] 程子的心性天一理也，也是為船山所反對，船山認為理以天為本，而程子認為天以理為本，故船山批評之。

廣傳》、《尚書引義》、《思問錄》、《正蒙注》，及兩本詮釋史學之
書。這些的確是船山的哲學著作，其中的義理思想甚為重要。若真能如唐
先生，把這些書取來精讀兩遍，將有助於對於船山的掌握與理解。

　　之後唐先生對於船山學的主要概念做一解說，特重在其理氣論上，唐
先生言：

> 以其哲學思想而論，取客觀現實的宇宙論之進路，初非心性論之進
> 路，特取橫渠之言氣，而去橫渠太虛之義。彼以氣為實，頗似漢
> 儒。然船山言氣復重理，其理仍為氣之主，則近於宋儒，而異於漢
> 儒。惟其所謂理雖為氣之主，謂離氣無理，謂理為氣之理，則同於
> 明儒。明儒言氣，或溯之於未始有物之先之元氣，如王廷相；船山
> 則即器以言氣，從不溯氣於未始有物之先，則大異於明儒。又其言
> 氣，不言一氣之化，而言二氣之化；二氣之德為乾坤，故其講易主
> 乾坤並建，謂太極即陰陽二氣之化之渾合。此又異於先儒二氣原於
> 一氣之說。[15]

唐先生認為船山思想是採客觀的宇宙論進路，而初非心性論之進路。此乃
唐先生的架構下所做出的詮釋。唐先生的圓融個性，面對宋明儒學，甚至
明末清初學者的互相批評否定，唐先生並不去判誰是誰非，面對宋明儒
者，給每一位學者一個位子，故其學問認為船山雖批評陽明，修正朱子，
但並不一定是船山正確而朱子、陽明必非，唐先生如此判定亦乃因唐先生
的圓融個性，而讓每一位學者都能宣說自己立場；於是唐先生判，船山所
重的面向在客觀面上，而陽明、朱子，[16]從主觀面上來談。[17]若如此，則

---

[15] 唐君毅：《中國哲學原論‧原教篇》，頁516。

[16] 其實吾人認為朱子學不一定屬主觀性原則，理由在於朱子的理還是客觀的，山河大地都陷了，理
還是在。唐先生的圓融個性面對宋明儒者之互相批評，而採互不否定，給每位學者一個位子。若
吾人自己面對程朱、陽明、船山的爭吵的判定是，程朱乃在建構學問，故其學問有其自己的獨特
性，而不能全同於先秦儒者；陽明亦是以心學建構，以包括天地、經學，然與先秦儒學有距離。
至於船山也有自己一套，然船山何以批評陽明？其認為以一個心統括所有經書亦是納圓為方，格
格不入；船山批評朱子乃是因為朱子學是在建構學問，其中把四書五經以一個原則，如理氣論原
則貫穿之，這一點船山不反對，至於朱子學的詮釋之雜有佛老，這是船山所反對者。

[17] 「然船山之此義，亦唯對一客觀的『觀一個體之人物之性、天地之氣之流行中之善、及此善之所
以成之理或道三者之關係』之觀點，而後可說。若在人主觀的向內反省其生命中道、善、性之如
何相關時，則人固仍可緣程朱陸王之論，自謂其性之所在，即當然之理、當行之道所在。」唐君

陽明朱子重在主觀，與船山重客觀的講法可以不衝突，各有一個恰當的
位子。

又唐先生認為船山取張載的氣義而不取太虛義[18]。先看船山所取張載
的氣義，首先張子的「太虛即氣」的義理如何判定呢？如牟先生把虛與
氣視為形上、形下，而二者卻是本體宇宙論的直貫創生，是一個理氣圓
融義。[19]然這種判法與唐先生對張載的判法是不同的。唐先生言：「宋明
理學中，我們通常分為程朱陸王二派，而實則張橫渠乃自成一派，程朱
一派之中心概念是理。陸王一派之中心概念是心。張橫渠之中心概念是
氣。……『理』之觀念在其系統中，乃第二義以下之概念。」[20]唐先生視
張子之學是氣論，而與牟先生的虛氣相即之說，虛與氣為形上、形下之不
同，而且唐先生認為船山之接續於張子，正是此氣論。[21]然唐先生認為船
山不取張子的太虛義，似乎船山有時取太虛之義，有時亦不取太虛之義。
船山於《讀孟子大全說》處有云：「然則其云『繇太虛，有天之名』者，
即以氣之不倚於化者言也。氣不倚於化，元只氣，故天即以氣言，道即以
天之化言，固不得謂離乎氣而有天也。」[22]在此船山順著張子的講法，並
未對於太虛於以否定，當然只是順張子原文談太虛，而於詮釋時，似不
強調太虛之義。但在同為《讀四書大全說》中的《讀中庸大全說》裡，船
山言：

　　大率聖賢言天，必不捨用，與後儒所謂「太虛」者不同。若未有用
　　之體，則不可言「誠者天之道」矣。舍此化育流行之外，別問窅窅

毅：《中國哲學原論‧原性篇》（臺北：臺灣學生書局，1990年），頁504-505。在此看到唐先
生以船山為重客觀，而程朱、陽明為主觀。

[18] 「『太虛』是張子主見。」〔清〕王植：〈臆說〉，《正蒙初義》（臺北：臺灣商務印書館，
1983年據乾隆44年欽定四庫全書本影印），頁4。王植認為太虛是張子主見，而唐先生認為船
山較不強調太虛。

[19] 見牟宗三：《心體與性體》（臺北：正中書局，1990年），第1冊，頁481。

[20] 唐君毅：《哲學論集》（臺北：學生書局，1990年），頁219。

[21] 船山學為氣論這是明顯的，朱子批告子不知性之為理，而以氣者當之。而船山認為告子若真能懂
氣則為正統，船山心目中的氣，是有理之氣，是兼形上形下的。船山言：「朱子謂告子只是認氣
為性，其實告子但知氣之用，未知氣之體，並不曾識得氣也。告子說『勿求於氣』，使其能識氣
之體，則豈可云『勿求』哉！」〔清〕王夫之：《船山全書》，第6冊，頁1052。由此看出船山
的重氣思想。

[22] 〔清〕王夫之：《船山全書》，第6冊，頁1109。

> 空空之太虛，雖未嘗有妄，而亦無所謂誠。佛、老二家，都向那畔
> 去說，所以儘著鑽研，只是捏謊。[23]

在此看到船山反對太虛之說，[24]也就是說唐先生認為船山談及太虛即氣之
義時，重所謂的氣，而少說太虛，在船山的文獻的確是有根據的。[25]然船
山於張子正蒙注，言及太虛即氣時，並未明顯反對太虛之義，可見，船山
面對張子的太虛即氣之說，重在氣，而不要人太著眼於「太虛」，[26]以同
於佛老，故在此唐先生的見解亦是準確的。因著船山避免把氣講成佛老
義，故其言太虛之氣，重在氣而不在太虛，故船山的氣屬實，乃實事實
理，就此而言，唐先生指出此乃近於漢儒。本來，言太虛之氣是宋儒張載
的意思，張子說虛的用意本是以佛老語言之曉喻佛老，而歸於儒學之大正
至中，張子言虛並不是佛老；佛老的確喜言虛，如佛教認為要致力於廣大
如虛空而無所倚；而太虛兩字，本出自莊子。[27]船山依著朱子之說，認為
儒家乃至虛而實實之學，虛者心，而實者性，言氣則亦為實，不為虛，唐
先生指出此乃近於漢儒的氣化之說，漢儒亦不以虛說氣，漢儒的元氣之說
為實。可見船山言氣乃是天、乃是誠，誠者實也，氣為實，而不是虛，雖

---

[23] 同前註，頁529。

[24] 又此可參看陳來教授的講法，其言：「船山把朱子『湛然虛明』的說法等同明中後期流行的『心如太虛』之說而致其不滿。」陳來：《詮釋與重建──王船山的哲學精神》（北京：北京大學出版社，2004年），頁60，及注37。

[25] 船山說：「用『如太虛』之說以釋『明明德』，則其所爭，尚隱而難見。以此言『明』，則猶近老氏『虛生白』之旨。以此言『正心』，則天地懸隔，一思而即知之矣。故程子直以孟子持志而不動心為正心，顯其實功，用昭千古不傳之絕學，其功偉矣。」〔清〕王夫之：《船山全書》，第6冊，頁421。在此稱贊程子以不動心釋正心，反對以太虛說心。此乃批評朱子之說，朱子於《四書大全》處有言：「使此心如太虛，則應接萬務各止其所，而我無所可也。」〔明〕胡廣編：《四書大全》，頁28。因為這種講法將淪為佛老之說。又說：「但知誠意而不能密察此心之存否，則其弊也，為克伐怨欲之不行，而不足以為仁；其流且為異端之狂心乍歇而即為菩提。……淳熙（1174年，指朱子及後學）以後之學者，於存養之功未有得焉，而不能篤信正心之有實。為之說曰：心之體如太虛。曰：湛然虛靜，如鑑之明。……曰：如鏡未有象，方始照見事物。則疾叛師說，墮於釋氏之支說，甚矣！……正心之學不講久矣！」〔清〕王夫之：《船山全書》，第4冊（長沙：嶽麓書社，1996年），頁1489-1490。以上可見船山談太虛之氣，重氣，而不重太虛，乃是為了避免如同佛老一般，而其批評者，是朱子及其朱子後學，他們有時用太虛來形容心。在此亦可謂唐先生的見解是正確的。

[26] 可參見陳祺助：〈王船山論存養本心的工夫──心、意（性）（情）貫通之道〉，《中央大學人文學報》第52期（2012年10月），頁58。亦對船山的太虛之說有說明。

[27] 「以無內待問窮，若是者，外不觀乎宇宙，內不知乎大初，是以不過乎崑崙，不遊乎太虛。」《莊子·知北遊》。

張子說虛，然張子亦不是佛老，船山也不願意流為佛老，故強調氣，而不強調虛。

　　而船山雖可稱之為氣論，然其氣是有理的，不是無理之氣，可謂理氣合一、理勢合一，理欲合一。[28]然而理與氣的關係在船山是如何看待呢？宋儒如朱子，尊理之超越崇高性，故有如此之言：「要之，也先有理。只不可說是今日有是理，明日卻有是氣；也須有先後。且如萬一山河大地都陷了，畢竟理卻只在這裏。」[29]唐先生認為船山的理，仍為氣之主，這一點近於宋儒。船山有言：

> 其或可以氣言者，亦謂天人之感通，以氣相授受耳。其實，言氣即離理不得。所以君子順受其正，亦但據理，終不據氣。新安[30]謂「以理御氣」[31]，固已。乃令此氣直不絲理，一橫一直，一順一逆，如飄風暴雨相似，則理亦御他不得。[32]

由此段可看出，船山認為理是可以主宰、統御、調劑此氣，[33]與朱子的講法相近，唐先生稱此為近宋儒，是無誤的。但船山言氣，又認為離氣無理，理只是氣之理，則為近明儒，在此吾人舉明儒羅整菴之說，其言：「理只是氣之理，當於氣之轉折處觀之。往而來，來而往，便是轉折處也。夫往而不能不來，來而不能不往，有莫知其所以然而然，若有一物主

---

[28] 「此世界乃是氣所充周的世界，不過依船山看來，此氣之世界即是理之世界，氣與理是不分的，氣與理是合一的。」林安梧：《王船山人性史哲學之研究》（臺北：東大圖書股份有限公司，1991年），頁98。亦可參見陳啟文：《王船山兩端而一致之思維的辯證性及其開展》（臺北：國立臺灣師範大學國文所博士論文，2006年），其第二章談「理氣合一」；第七章談「理與欲」。以上二文都認為船山是理氣合一，理欲合一。

[29] 〔宋〕黎靖德編，王星賢點校：《朱子語類》（臺北：文津出版社，1986年），第1冊，頁4。

[30] 有時人們用新安理學以泛稱朱子學，此新安是以地名而稱朱子。在此船山所指的新安，指的是陳新安，陳櫟、陳定宇、陳壽翁，同一人。可參見，〔明〕胡廣編：《四書大全》，頁8。

[31] 「新安陳氏曰：『此命字，氣也，順受其正，理也，立巖墻下非理也；盡道而死，理也，桎梏死，非理也，君子必以理御氣。』」〔明〕胡廣編：《四書大全》，頁809。新安指的「命」字，是指孟子的「莫非命也」的命字。新安用朱子的理氣論詮釋孟子此章。

[32] 〔清〕王夫之：《船山全書》，第6冊，頁1114-1115。

[33] 理作為氣的調劑，船山有云：「理只在氣上見，其一陰一陽、多少分合，主持調劑者即理也。凡氣皆有理在，則亦凡命皆氣而凡命皆理矣。故朱子曰『命只是一個命』。」〔清〕王夫之：《船山全書》，第6冊，頁727。

宰乎其間而使之然者，此理之所以名也。」[34]唐君毅先生一方面看出明儒所言的理與朱子的所言的理已有些微之不同的，主要在於明儒視理不在氣之外，不像朱子的山河大地陷了理還在的說法，而是離氣無理。此船山於《周易外傳》曾言：「道者天地精粹之用，與天地並行而未有先後者也。使先天地以生，則有有道而　天地之日矣，彼何寓哉？而誰得字之曰道？」[35]這是船山對於老子的有物先天地生的反對，其認為儒家言道，道在器中，理在氣中，不是先有一個道，若如此，則此時氣於何處？若如此，則重道貶氣，人倫滅矣。在此看到唐先生的見解都很能合於船山。唐先生認為船山言氣之講法與王廷相是不同的，差別在於是否溯氣於未始有物之先。又船山言氣，主張二氣，與漢代的元氣之說是不同的，故船山的精神是乾坤並建，兩端一致。於易學主張中，認為太極即陰陽二氣之化之渾合。船山這種講法與朱子相差甚多，因為朱子視氣為形下，而船山的氣是即於形上與形下。故船山認為太極者，陰陽二氣之相加為太極，而朱子認為陰陽二氣之相加還是形而下，不是形上太極。於此看出船山的氣論，不同於朱子的氣論。[36]在此可參見船山之說，其言：「故可謂之靜生陰，動生陽，而非本無而始生，尤非動之謂陽、靜之謂陰也。合之則為太極，分之則謂之陰陽。」[37]此可謂船山的兩端之說及其氣化思想，而與漢代的元氣之說不同，與朱子的氣是形下之說亦不同。此船山的理氣論的確有其多元性，一方面有似於宋代，漢代，明代之氣說，當然有其相似性，也有不同之處。

接下來，唐先生對於船山學做一歸納，特就其心性論中的一些重要概念做一解說，唐先生言：

> 其論性則謂天以氣授理於人，以為人之性；人能受理而性獨善。故船山言性，特重人物之性之差別，而嚴辨人禽之異。其言性具於心，而心非即性；性無不善，而心有不善之幾，即不善之源，致情有不善者。故船山不任心而尊性，亦不寵情以配性，而主以性治情。情之不善，不原於氣質，而原於氣質與物相感應之際。故氣質

[34] 〔明〕羅整菴：《困知記》（北京：中華書局，1990年），頁68。
[35] 〔清〕王夫之：《船山全書》，第1冊，頁823。
[36] 唐君毅：《中國哲學原論・原性篇》，頁503。
[37] 〔清〕王夫之：《船山全書》，第1冊，頁525。

善而不可說惡，即氣之性善而不可說惡。由此而本氣以確立性善義。乃不復如宋儒之多歸惡之原於氣。[38]

　　唐先生認為船山言性，性是理氣合，人性乃人之得於天者，得於天之氣，乃天之氣化而落於人者，然此氣不是徒有氣，亦有理。然船山重人禽之辨、華夷之辨、儒佛之辨等，[39]故面對朱子以人性、物性相同的講法是不同意的。船山認為人性不同於物性，孟子的性善就人而言，動物不是性善。在此船山有言：「人有其氣，斯有其性；犬牛既有其氣，亦有其性。人之凝氣也善，故其成性也善；犬牛之凝氣也不善，故其成性也不善。」[40]雖然船山有些架構來自於朱子，然面對朱子的理一分殊之說，以至於人性與物性同一性的講法，其實船山是不同意的。船山認為這是受了佛學之說所做成的詮釋，孟子不如此，船山言：「程氏乃曰『一物之中莫不有萬物之理』[41]，則生同而性即同，氣同而理皆同矣。有者無不同，同而後皆能以相有。異端之說曰『若見相非相，是為見如來』；唯相非相，乃如兩鏡相參，同異互攝，而還相為有也。」[42]船山雖批程復心，他是朱子後學，然還是對於程朱的學說之不同意。程朱與程朱後學認定人性與物性於天理處是一樣的，這種講法船山不同意。他認為這乃是受了佛學的兩鏡互參，從一毛孔可通於其他毛孔之說，如同華嚴之說。故在此唐先生的見解是準確的。船山的這種講法也與戴震的人性不同於物性的講法相近[43]。

　　又唐先生認為船山是心具性的系統，而不是心即性的系統，故可謂近於朱子，而遠於陽明。船山反對心學的心即理之說，上文已提出船山

---

[38] 唐君毅：《中國哲學原論‧原教篇》，頁516。

[39] 船山言：「而禽狄之微明，小人之夜氣，仁未嘗不存焉；雖其無禮也，故雖有存焉者而不能顯，雖有顯焉者而無所藏。」〔清〕王夫之：《船山全書》第4冊，頁9。

[40] 〔清〕王夫之：《船山全書》，第6冊，頁1054。

[41] 這裡的程氏指的是程復心，朱子後學，其思想亦是程朱學，故其言「一物之中莫不有萬物之理」，與二程所言的「萬物皆備於我者，不獨人爾，物皆然。」是一致的，我備於萬物，萬物備於我，乃因理一分殊，同受此天理。表面批程復心，其實意在程朱。

[42] 〔清〕王夫之：《船山全書》，第6冊，頁1118。

[43] 「然性雖不同，大致以類為之區別，故《論語》曰『性相近也』，此就人人相近言之也。孟子曰：『凡同類者舉相似也，何獨至人而疑！聖人與我同類者』，言同類之相似，則異類之不相似明矣；故詰告子『生之謂性』曰：『然則犬之性猶牛之性，牛之性猶人之性與』，明乎其必不可混同言之也。」〔清〕戴震：《戴震集》（上海：上海古籍出版社，1980年），頁292。

的原文了，不再重覆。又唐先生認為船山不任心而尊性，此在船山而言亦明顯。船山言：「《集注》謂『情不可以為惡』[44]，只緣誤以惻隱等心為情，故一直說煞了。若知惻隱等心乃性之見端於情者而非情，則夫喜怒哀樂者，其可以『不可為惡』之名許之哉！」[45]船山在此與朱子的見解不同，朱子視惻隱等是情，而船山認為惻隱是心，不只是心，惻隱之心之所以必善，源於惻隱等是仁義禮智之性善所貫注而為必善，故可知船山視性必善，不只善，而且是絕對的善。至於情（船山特就喜怒哀樂為情，惻隱等不視為情），船山認為依著孟子原文而自己做推證，乃若其情可以為善，情可為善則亦可以為不善，情可善可惡，且是相對之善惡，不是絕對的。故依著船山把性與心分開，性與情分開，性必善，心可有不善之幾，而導致於情不善。唐先生又言，船山不寵情以配性，此在船山原文是有根據的，船山言：「不賤氣以孤性，而使性托於虛；不寵情以配性，而使性失其節。」[46]船山認為氣不該低，乃表示其氣論重視人倫世間，否則只是一個孤立之性，不在實氣之中的性則是虛性；但並非因為重氣，則氣與情就可以不用節制，故船山言不寵情，乃以配性，乃是說情不滅絕，但還是要依性來統領，則情不氾濫。若如此，耳目五欲貨色等都可以保任住，不是滅絕之，而是節制之。

　　於此段之最後，唐先生談船山論惡的起源。船山認為惡不源於氣質，故氣質可以保住，唐先生在此有自己的創造義，其認為氣質之客觀存在義，縱使不中不正還是氣，可以接受此客觀不中不正之氣；而程朱就不能接受此客觀不中不正之氣，而視之有惡。故船山之說與程朱視氣質有惡的講法是不同的。船山視惡還是歸於習，除了習外，還認為惡表現在於感應之幾，如於易學處認為卦無對錯，只有不當位，此乃相應之際，不當的表現，天道無謂惡，天道生犬牛也許無法皆善，但天道本身要有犬牛卻還是善。而於人道上，人道的惡，是人之應幾之不恰，如講話不得體、不依禮，下位者做上位者之事，不合於時節禮儀等，此則為惡。惡是如此，則惡不該歸為氣質，故船山在詮釋《張子正蒙注》時，張子認為「故氣質之

[44] 朱子認為惻隱等情是為善情，所謂的四端，是為善情；而七情者，則可善可惡。朱子分四端與七情之不同，引起了韓儒的四七之論辯。

[45] 〔清〕王夫之：《船山全書》，第6冊，頁1070。

[46] 同前註，頁1068。

性，君子有弗性者焉」，[47]張子的原意也許不容易詮釋，然船山的詮釋是「弗性，不據為己性而安之也。此章與孟子之言相為發明，而深切顯著，乃張子探本窮歸之要旨，與程子之言自別，讀者審之」[48]船山並不把「弗性」視為「不是性」，而是認為不以此為安的意思。看出船山不反對氣質之性，船山視仁義之性與氣質之善都是善，仁義禮智是善，耳目口鼻初亦不為惡。而程子把惡歸於氣質，船山不如此。船山視惡乃情才所造成，才者清濁厚薄、聰明不聰明等所致，而不是耳目口鼻所致。情也不馬上是惡，而是情之流變而為惡。

　　接下來，唐先生再度對於船山的工夫修養論、心性論等重點做出提示，唐先生言：

> 在脩養之工夫上，乃可立真正之養氣踐形之功。養氣而浩然無敵，乃可克復險阻，成真正之事業，以人事繼天功。故船山之根本思想，即在由性即氣之性，而暢發性善氣亦善之義。惡不在氣而在情，善不在心而在性。故即情不足以知性，任心不足以見性，舍氣實足以孤性。即情知性，即心見性，則明儒即心之知覺運動、視聽言動、喜樂哀怒以言性之說。舍氣言性，則程朱以理言性，氣為理蔽之說。即情言性，其病只在重氣機之鼓盪，而不知氣之凝結而蘊於內者，或不免以人欲為天理。舍氣而但以理言性，則不免以觀理為重，而輕養氣，或流於山林枯槁。而此二者在船山意，則皆為宋明儒思想之鄰於佛者；必別而去之，乃可以嚴儒佛之壁壘。[49]

上文談人性不同於物性，乃船山嚴人禽之辨，而如今談儒佛之辨，這幾乎也是船山關心的重點，所以在船山的經典詮釋中，不要陽儒陰釋。對於朱子的錯，不得已亦提出以批評之。先就此唐先生之文順之，唐先生認為船山為氣論學者，然而氣又是理氣合，故氣中有理、有性，在詮釋孟子的知言養氣之工夫中，認為要集義所由生，故養氣也是要養性，性中有又仁義禮智；故依著船山的理論，可以開出養浩然之氣的工夫，這也是船山的重

---

[47] 《正蒙・誠明篇》。亦可參閱，〔清〕王夫之：《船山全書》（長沙：嶽麓書社，1996年），第12冊，頁128。

[48] 〔清〕王夫之：《船山全書》，第12冊，頁128-129。

[49] 唐君毅：《中國哲學原論・原教篇》，頁516-517。

氣之說；除此之外，船山對於孟子的踐形之說，以重氣的主張解說之較朱
子的理氣分說之詮釋來的順；因為孟子認為形色天性也，故所謂性者，不
是如程朱認定的只是理，也有氣，形色也是性，天地之性與氣質之性都是
性，此性不離氣。形色既然是性，踐形則為踐性，睟面盎背，四體不言而
喻者，乃為踐形，踐形乃能養氣、集義，而表現於身心上，故船山的工夫
修養論可以與孟子學有其相合處。主要是船山的氣論，即理即氣，而不是
只有形下性。

又船山言人事以繼天功，船山依於孔子之言，「人能弘道，非道弘
人」，而張載依此，用自己的語言認為，「心能盡性，性不知檢其心」。
到了船山還是繼承這個見解，認為人文化成之重要，雖要有天道，但人還
是重要，真能繼善成性還是在人，人才性善，物不能擔當此。船山於《張
子正蒙注》，注解〈西銘〉之題解時有言：

> 自太極分為兩儀，運為五行，而乾道成男，坤道成女，皆乾坤之大
> 德，資生資始，則人皆天地之生，而父母特其所禪之幾，則人可
> 以不父其父而父天，不母其母而母地，與六經、語、孟之言相為蹠
> 盭，而與釋氏真如緣起之說雖異而且同，則濂溪之旨，必有為推本
> 天親合一者，而後可以合乎人心，順乎天理而無敵，故張子此篇不
> 容不作，而程子一本之說，誠其立言之奧而釋學者之疑。[50]

船山認為張子的〈西銘〉之作有其必要性，乃因周子之〈太極圖說〉容易
讓人視為只談天道論，而父其天地之父，而不父其本真之父，故張子之
說，補其不足，既要父天，亦要父自己親父，天道人道通而為一，繼天立
極，這與明道的一本論之說也是相合的。不只是天道重要，人成更重要，
人才能弘道，盡性至命。

此外唐先生還認為，船山言性，不孤立的談性，性是即於氣之性，性
是善，氣也是善。惡在情，在於情之流時才有惡。唐先生於《原性論》論
船山一文時曾談到船山論惡之說，其言：「察此船山之唯在情才之流之交
上，[51]說惡之地位之說，固與程朱由氣質之性，言不善之源者異。然程朱

---

[50] 〔清〕王夫之：《船山全書》，第12冊，頁351-352。
[51] 唐先生認為船山視情才本無惡，而於情才之交之流上，始流於惡。如同船山視小體亦無惡，「從
小體」始有惡。船山有言：「小人喜用其逸，而又樂其所得之有量，易於得止而屬厭；大人重用

此說，……此義實亦非船山之言之所能廢。」[52]這一段的意思是，船山認為情不即為惡，乃情之流之交而流盪始為惡。這種講法與程朱認氣質有惡之說不同。然唐先生是站在圓融之說，故視程朱與船山的講法都對，乃在於船山是客觀的談，而程朱是從心性主觀的談，兩者不矛盾。

又唐先生舉出，船山不是即情見性之說，也不是即心見性之說，後者為陽明的見解，而前者為情識而肆，乃陽明後學的見解，船山為了堵此流弊，故與明儒之說不同，明儒之說容易流為以氣、以情說性，然在此船山反而近於朱子，情不是性，氣也不是性（性是理氣合，至少還要有理），性必善，心與情卻不能如此，唐先生指出船山的講法，是為了反對明儒心學之說，明儒則容易流為禪學的作用見性之說，[53]一方面船山學要堵住心學的流弊，另一方面也要堵住理學的流弊，故船山不歸於心學，雖近於理學，然亦不屬理學。一般而言，我們稱船山學術方向為「反對心學，修正程朱，歸宗張載」。唐先在此的意思亦是如此。至於程朱之病於何處呢？唐先生與船山指出一方向，認為程朱只談性即理，惡是理為氣所蔽造成，然這種講法容易像佛老之說，以氣質為惡、以食色物欲為惡，結果是日中一食，樹下一宿，修成了道貌岸然的君子、節欲的君子，不是真正儒家的君子。明儒以氣為性的問題，在於只知氣之用，而不知氣之體，此體除了氣外，亦有理，明儒之說容易濫情，以情識為天理，認賊為父。而程朱的孤立一清高之性的結果[54]，理高於一切，則重理輕氣，貶低世間，而流於山林枯槁。我們說蕺山之學的是堵住所謂的王學末流的情識而肆與虛懸而盪。依著唐先生對於船山所做出的詮釋，似乎船山學也是面對心學與理學之弊而來的檢討。船山認為此二派都有流於佛老之弊，容易造成陽儒陰釋。船山批評心學為禪學，這在船山文中常見及之。除此之外，面對程朱

其勞，而抑樂其所得之無窮，可以極深研幾而建天地、質鬼神、考前王、俟後聖；故各以其所樂者為從，而善不善分矣。乃耳目之小，亦其定分，而誰令小人從之？故曰小不害大，罪在從之者也。」〔清〕王夫之：《船山全書》，第6冊，頁1088-1089。此意思是小體不會害大體，害者而為惡者，乃「從」小體始有惡。

[52] 唐君毅：《中國哲學原論‧原性篇》，頁511。

[53] 船山詮釋論語其心三月不違仁時言：「不知心外無仁，猶言心中有仁，與『即心即佛』邪說，正爾天淵。且此『心』字是活底，在虛靈知覺之用上說。將此竟與仁為一，正釋氏『作用是性』之狂解，烏乎可！」〔清〕王夫之：《船山全書》，第6冊，頁675。船山反對即心即仁，作用見性，認為是釋氏之說，心學之說，無與於孔子。

[54] 對於朱子的詮釋，有人重其理氣不離之意，有人重其理氣不雜之意，若是後者，則程朱被詮釋為尊理貶氣，但朱子的詮釋不是只有這一種詮釋。

學，亦認為尊理貶氣，亦容易流為佛老。船山的《讀四書大全說》之作，
即是反對朱子及其後學的詮釋，而重新以張載的重氣之義理詮釋四書，理
由是張載的氣論可以面對世間，承認世間，而朱子的理學設計以詮釋四
書，其中受到佛學影響，以致於低看氣，於是人倫不保，流為陽儒陰釋之
說。然在此唐先生都看出來了，並指明方向，讓後學有所遵循。唐先生對
於船山學的發揚，可謂大有功。並讓後學者，能夠容易接契船山學。而唐
先生此段的提出，更是畫龍點睛，直指船山學之精髓。

三、結語與反思

　　本文就唐先生的船山學之綜述做一說明，並舉船山原文以證之，大致
而言，唐先生的觀點是精確而值得效法。唐先生嚴分船山的心性之不同，
以別於儒佛之疆界，人禽之不同，以別人性於物性，這些都是船山學再三
的強調，常因著先儒為佛學所染，如眾生平等，人性同於物性，如去欲等
說，雜於佛學，則儒學有陽儒陰釋之嫌。又唐先生對於船山的氣學，視其
有多面性，一方面不取張子的太虛義，一方面有著漢儒的實體義；又理氣
之關係，有其似宋之處，如以理領導氣的講法，然又未全同之，而又有明
儒的理在氣中的意味，此對於理氣的見解，除了有宋明理學的意思，也同
於張載的氣論，而能接於明清之後。理一方面有其主持調劑之義，另一方
面也只是條理、事理，相較於朱子而言，超越義較少。而氣的見解，氣既
是形上也是形下，故能合陰陽而為太極，精神與物質俱於氣之中。至於心
與性，則近於朱子，遠於陽明，船山不言心即理，而是心具理，心主要是
虛靈明覺，如此則能嚴分儒佛；至於船山言性，近於朱子，而不全同於朱
子，因為朱子視本然之性只是理，而船山視性為理氣合，天地與氣質之生
都是善，氣善，理亦善，理氣一滾而出，有理即有氣，反之亦然。此唐先
生對於王船山的詮釋，而可謂善紹船山學。

　　然當吾人認為尊舉唐先生的船山學時，亦有些地方值得舉出以討論，
即唐先生面對船山之批評朱子，面對兩造之爭時，於是取一個為主觀面
向，另一個客觀面向，如此則能肯定兩者。然而吾人認為這是唐先生的創
造性詮釋，不忍心批評先儒，於是圓融地給雙方一個正面的歷史地位。然

朱子學言理，不該只是主觀面向[55]，故船山之批評朱子學，也不見得能以主客觀之各取所需而言之，而船山批朱子陽明真正理由其實唐先生亦早已指出，即是認為要嚴分儒佛，於是對於陽明朱子學有所彈正，相對而言，船山學不一定完全能合於先秦，但船山學的陽儒陰釋的成分相對於陽明、朱子而言，畢竟少了一些，這是船山有自覺的反省，而吾人也予以正面肯定之。但唐先生其實早見及之，只是說法上較不明顯罷了。

---

[55] 至於唐先生的主觀面向的意思，也許有其特殊的規定與涵義，此待吾人日後對唐先生有更深入看法時再做討論，目前只是暫時的結論。

第九章 從「實現之理」及「形構之理」論牟宗三先生及唐君毅先生對中西形上學之了解與會通

香港樹仁大學中國語言文學系
周國良

一、引言

眾所周知，在中國哲學發展的長河中，探究的對象素來是較側重於道德踐履及主體價值的安立，而與西方哲學強調對客觀世界的認知及知識的確立大異其趣，這可謂中西哲學在研究方向上較明顯的分歧。然而，西方哲學除重視知識的探究外，亦極富於形上學的興趣，對萬物的根源、本體、存有等觀念，具有悠遠的探究傳統。至於另一方面，中國哲學圍繞「天道性命相貫通」所函蘊的天道、道體、心性等概念，亦屬於形上學的觀念，與西方的本體、存有等概念，從義理互通的角度言，正可互通有無，相互展示彼此的分際與性格。

西方的形上學，在康德的批判哲學出現之前，主要以柏拉圖及亞里士多德的形上學為典型，其影響延伸至中世紀經院哲學，以迄近代萊布尼茲的形上學系統。其主要討論內容，概略而言，可分「存有論」或「本體論」（Ontology），以及「宇宙論」（Cosmology）兩方面。牟宗三先生曾對西方的形上學有這樣的了解：「一般地說來，形而上學的職責唯在於變化中顯示出不變來。形上學有兩個部份：一為本體論或體性學（Ontology），一為宇宙論。這兩個部分常是關聯著的，不是截然分開的」。[1]「存在是什麼？」、「事物的本性是什麼？」、「實體是什

---

[1] 見牟宗三先生：《道德的理想主義》（臺北：臺灣學生書局，1980年），頁77。

麼？」，以至「人的性質是什麼？」等問題，都是「本體論」經常探討的課題。至於另一層面，關乎萬物的生成演化、由來、以及使生成演化之所以可能或其第一因等問題的探究，則屬「宇宙論」之領域。在中國形上學的論述傳統中，對上述的問題有那一種方式的思考？而其了解又是否與西方大異趣？

　　牟宗三先生在詮釋宋明理學的《心體與性體》中，為闡釋各家思想的義理性格以及分判各家思想系統的差別，曾提出一對十分重要的概念：「實現之理」和「形構之理」。[2]在牟先生的思想系統中，若著眼於宋明理學的內部討論，這對概念主要在於闡釋及區分宋明儒對理之了解的不同形態。可是，回顧牟先生不同時期的著述，在提出到反覆申述這對概念的過程中，其實可以發現透過這對概念的對比，從另一層面上，顯示中國與西方對形上學的「本體論」與「宇宙論」的了解或詮釋，其各自的性格以及形態上的區別。

　　不約而同，除牟先生外，唐君毅先生亦於《中國哲學原論・導論篇》，在闡釋朱子思想的論述中，提出了「實現原則」與「形式之理」這對概念。而從其內容及意謂來看，「實現原則」相當於「實現之理」，「形式之理」則相當於「形構之理」。唐先生除透過這對概念，說明朱子對「太極」和「理」的了解之外，亦進一步從比較哲學的角度，指出中國與西方對形上學理解的分別，以及在了解本體概念上的分歧。[3]再者，唐先生在《中國哲學原論・人性篇》，亦運用了類近的詮釋，說明西方與中國在人性的特質上，所表現的不同理解，從而指出了解中國傳統思想中人性所應採取的恰當進路。[4]

　　從發生學的角度回溯唐、牟二先生的著作，「實現之理」乃由唐先生首先提出。當時，唐先生稱「實現之理」為「存在之理」，並以之與「當然之理」比對。[5]然而，若以「實現之理」與「形構之理」作為一組對比

---

[2] 關於牟先生對「實現之理」及「形構之理」的論述，見《心體與性體》（臺北：正中書局，1979年），頁87-100。

[3] 有關唐先生對「實現原則」與「形式之理」的闡述，見唐君毅：《中國哲學原論・導論篇》（臺北：臺灣學生書局，1980年）頁443-445。

[4] 唐先生有關人性論的討論，見唐君毅：《中國哲學原論・人性篇》（香港：新亞研究所，1968年），頁2-4。

[5] 有關唐先生對「存在之理」的提出，見唐君毅：《中國哲學原論・原道篇卷三》（臺北：臺灣學生書局，1980年），頁471-510。

性概念而提出，則可說是由牟先生首先提出的。事實上，由於牟先生與唐先生論學相交，時相往還，相互啟發，從而在論述中使用相類的概念，亦屬平常。而從這些概念的闡釋和使用來看，兩位先生的理解亦大體相近。

　　首先，在牟先生的論著中，一般我們對「形構之理」和「實現之理」的認識，主要是透過《心體與性體》；然而，其實「實現之理」在牟先生早年的著作中，早已見其端倪，分別在《邏輯典範》及《認識心之批判》二書中已分別出現。首先，在《邏輯典範》，牟先生提出了「實現之理」與「紀綱之理」。「紀綱之理」表示邏輯思辨或理解之理；而「實現之理」則乃使紀綱之理之所以實現的原則。「紀綱之理」維繫現象，「實現之理」實現現象。析言之，「紀綱之理」乃對邏輯作後設檢討而提出，與「形構之理」並不相類；而「實現之理」則為一切現象之本，屬「本體」概念。[6]至於《認識心之批判》則旨在詮釋康德哲學之「知性」之「邏輯」性格，而對知性之「存有論」性格，未有著意探討。[7]然而，牟先生在此書終卷，討論本體論及宇宙論構造之部份，亦有使用「實現之理」以描述「本體」之作用。[8]故綜合而言，在牟先生早期的著作中，並未有提出「形構之理」，至於「實現之理」則指謂現象背後之本體，其義理性格及範圍大抵初定，為形上學之概念。

　　「實現之理」和「形構之理」這對概念首度出現，乃見於牟先生〈論無人性與人無定義〉一文。此文乃從檢討法國存在主義哲學家沙特（J.P Sartre）對人性的了解切入，尤其對人性能否定義，以及西方形上學「本質先於存在」引生之一系列問題的澄清與辨析。[9]在論述中，牟先生透過提出「實現之理」和「形成之理」，一方面回溯西方形上學的本源及詮釋其特點，一方面突顯中國形上學的形態，尤其扣緊「本體論」方面對人性的了解，以及「宇宙論」方面對存在何以能出現之第一因的問題，從而揭示中西方形上學在形態上之區別。再至《心體與性體》，牟先生在第一部

---

[6]　見牟宗三：《邏輯典範》，載於《牟宗三先生全集》第十一卷（臺北：聯經出版事業股份有限公司，2003年），頁739-749。

[7]　見牟宗三：《認識心之批判‧上冊：重印誌言》，載於《牟宗三先生全集》（臺北：聯經出版事業股份有限公司，2003年），第十八卷，頁5-7。

[8]　見牟宗三：《認識心之批判‧下冊》（臺北：師範大學美術社影印版，1984年），頁267-280。

[9]　見牟宗三：《道德的理想主義》（臺北：臺灣學生書局，1980年），頁115-134。有關沙特對人性之討論，非本文探究重點。有興趣了解牟先生對沙特觀點之評論，請參看原文。

的綜論，就以更體系的處理方式，對「實現之理」和「形構之理」，施以透徹的分析，進一步分疏和會通中西形上學的異同。[10]

《心體與性體》刊行後，唐先生於稍後出版的《中國哲學原論・導論篇》在論釋朱子太極的章節中，便繼而使用了類近於「實現之理」和「形構之理」的概念，一方面說明朱子之太極的特點，另一面亦透過這對比，進一步說明中西方對形上本體理解之差異。再次，唐先生於稍後完成的《中國哲學原論・原性篇》，在涉及中國人性論的論述中，雖然並無直接援用這一對概念，但在申述中國人性論之特點時，仍可發現其詮釋的理論底子，隱含著這一對概念。

另一點尚需指出的是，無論牟先生或唐先生，在早年對「實現之理」的闡釋中，均不約而同，透過與亞里士多德「四因說」的比對，以說明實現之理的意義及作用。而牟先生在晚年的講課中，對實現之理與四因說在義理上之關係，就有更細密的分疏；至於「形構之理」，亦簡括扼要地指出其與四因說的相干性。[11]

以上為從發生學角度所作的考察，至於本文之探究重點乃旨在透過唐、牟二先生的著述，綜合闡釋二者對「實現之理」與「形構之理」及其相關概念的了解、申述和使用；並以此為基礎，闡釋兩位先生如何透過這對概念，以詮釋和會通中西形而上學的觀念，從而進一步檢視其意義與作用。以下之討論為求理路較明晰，將會捨發生學而採用問題進路方式，依形上學的內容分「本體論」與「宇宙論」兩部份。本體論部份之闡述會圍繞以人作為世界上的存在個體，就如何探究人的存在性質而展開。換言之，這部份會從人性論之討論切入，側重闡釋由人性論討論所帶出之有關中西形上學的問題與差異，從而透顯「形構之理」在本體論的地位與作用。至於宇宙論部份，則會從存在與本質如何結合之問題切入，透過中西形上學對萬物之所以存在的第一因的了解，以揭示「實現之理」在其中發揮的關鍵作用。

---

[10] 《心體與性體》之「形構之理」即〈論無人性與人無定義〉一文之「形成之理」，其關係詳見後文。

[11] 見牟宗三著，盧雪崑整理：《四因說演講錄》（上海：上海古籍出版社，1998年），頁1-43。

二、本體論之論說——形構之理與人性之探究

　　人具有人性，人性是人之特性或本質。無論什麼人，不論原始社會的野人又或公民社會的文明人，都具有相同的性質，這可謂基本常識。而在西方哲學的傳統中，關於「人性」或「人之所以為人」之性質的討論，乃屬本體論之探究。而從存有或本體的角度切入，這乃受到古希臘以降的形上學傳統影響，尤其以亞里士多德視人為一外在的對象，透過下定義的方式而產生的著名命題——「人是理性的動物」。這種詮釋理路可謂西方哲學從體性學或存在學角度，對人性或人之性質之了解的典範式看法。

　　具體而言，亞氏的做法乃是一種以傳統邏輯為底子的思考進路，為人類下一個定義。定義以「目，即定義＝差＋綱」的方式表述。其方法先把人這個要定義的「目」，放進一個比人的外延較大，可包括人在內的「類」之中，這個類就是「綱」，亦即動物；然後再在「綱」之中透過進一步的劃類，分割出一個較小的類，也就是「差」，亦即理性。[12]析言之，這個「差」乃人之所以為人之特質，藉以呈顯人與動物的分別。當然，這個「差」要適中，才可恰當突顯人與其他動物的區別。而在「人是理性的動物」這定義中，「理性」這個「差」正好能顯示人在動物這個「綱」之中的特殊性。這個特殊性，「在西方，亞里士多德有本質（Essence）之說。本質是由之以界定物類者，亦是一物之所以為此物之理」。[13]換言之，這定義由兩個括弧構成，一個是「綱」，另一個是「差」。「綱」這個括弧，從動物一面看，乃著眼於人的形體一面；而「差」這個括弧，從理性一面看，則著眼於人的心靈一面。

　　牟先生對這種透過下定義而界定人性的思考方式，有這樣的評述：人作為存在，乃是具有一定形體的在，他的形體不是石頭，不是草木，這個形體是一個括弧；而人除形體外，亦有心靈。在此，形體可說是一個括弧，而心靈又是他的另一個括弧。就是藉著這兩個括弧，遂形成「人性」一概念，亦使人之定義為可能。在西方傳統中，凡從邏輯定義所了解的「人性」，就是依這兩個括弧而說的，人的定義亦是就這兩個括弧而成

---

[12] 有關亞里士多德透過古典邏輯下定義方法的闡釋，參見牟宗三：《理則學》（臺北：正中書局，1972年），頁9-12。

[13] 見牟宗三：《心體與性體》，頁91。

的。而以這種方式定義的人性乃是客觀了解的、劃類的人性，所表示對人性的了解，只是人這一有限存在之「形成之理」。[14]對這種從邏輯定義所了解的「人性」，牟先生進一步分疏：

> 形體與心靈這兩個括弧所成的「人性」，所成的人的定義，實在是普泛的很。……並沒有說什麼，它卻盡了劃類的責任。……對於一有限存在所作的邏輯定義就只是在劃類，而對於此有限存在所說的「性」，亦就是在此邏輯定義中所表示的「性」。……這邏輯定義中的人性當然不能盡人性之全與真，……它是由以「人」為對象而對之作外在的了解，作邏輯的了解，而形成的。這時人只把人作一存在看，而客觀地了解之……客觀了解中劃類的人性是表示「人」這一有限存在之「形成之理」（Principle of Formation）。[15]

順西方古希臘以降的形上學思路，對人性之了解大抵是依此種方式。這種人性的定義，對於人這一具體的存在，從對象方面說，乃是「體性學或存在學的陳述」；而從人之客觀了解方面說，則同時是一「邏輯的陳述」，所表示的只是形式的了解。進一步說，由形成之理所了解之人性，乃是一個「類概念」，乃表示一物之所以為此物之理，此理可透過定義表示。換言之，形成之理所表示的人性只是表示「靜態的、客觀的，綜持的了解，亦即是劃類的了解。所以既是形式的，亦是外在的。這種了解亦可以說是知識上的了解，或觀解的了解（Theoretical understanding）。在此種了解下，人與其他有限存在是一樣的，即在同一層次上。落在人上，是人的定義，表現人的性；落在石頭上，是石頭的定義，是石頭的性。

　　因應於西方形上學這種對人性的了解，牟先生繼而指出，在中國哲學思想中，亦有相類的看法：

> 告子「生之謂性」、荀子「生之所以然者謂之性」、董子「如其生之自然之質謂之性」，凡此所說之性倒是形構之理、類概念之性，即以知識類概念之態度說人之性也。「生之謂性」是經驗地詮表性

---

[14] 有關人性與形體括弧及心靈括弧關係之闡釋，見《道德的理想主義》（臺北：臺灣學生書局，1980年），頁116-120。
[15] 同前註，頁122-123。

之一原則。應用於人即把人之「自然之質」舉出，應用於牛馬即把
牛馬之「自然之質」舉出，雖同是「生之謂性」，而「生之自然之
質」有異，是仍有人類、牛類、馬類之別也。故「生之謂性」即是
「成之謂性」，即由個體之成而經驗地描述其徵象，總持之以為形
構之理也。此顯然是實然的態度，亦函是一類概念。[16]

對以告子、荀子、董仲舒為代表，就自然之質的角度了解人性的看法。牟
先生在《心體與性體》另一節文字中，就有更透闢詳盡的分疏：

> 生之謂性，雖直就生之實說性，性很迫近生之實，然字面上「性」
> 字是生之「理」，生之「所以然」。故荀子〈正名篇〉云：「生
> 之所以然者謂之性……生之和所生、精合感應、不事而自然，謂之
> 性」。……「生之和」即是「生之所以然」。「和」者自然生命之
> 絪縕也……自然生命之絪縕所生發（蒸發）之自然徵象，如生理器
> 官之自然感應、生理欲望之自然欲求、乃至生物之自然本能、心理
> 之自然情緒等皆是，總之即叫做性，此即等於以自然生命之自然
> 徵象說「生之所以然」。此種「所以然」是現象學的、描述的所以
> 然，物理的、形而下的所以然，內在於自然自身之同質同層的所以
> 然……故荀子就之說「性惡」，其為形而下的所以然亦明矣。故告
> 子說「生之謂性」即就「食色性也」說，即就「性猶杞柳」、「性
> 猶湍水」說，此取中性材質義……而後來董仲舒亦云：「性之名非
> 生與？如其生之自然之質謂之性，性者質也」……董子之語即是
> 「生之謂性」之最恰當的解析，亦賅攝告子荀子義而成也。此一傳
> 統中所說之「所以然」即「自然義」，並無超越的意義。此種「所
> 以然之理」，吾人名之曰「形構原則」（Principle of Formation），
> 即作為形構原則的理，簡之亦即曰「形構之理」也。言依此理可以
> 形成或構成一自然生命之特徵也……亦即當作自然生命看的個體之
> 性也。[17]

---

[16] 見牟宗三：《心體與性體》，頁94。
[17] 同前註，頁88-89。

從以上的引文可見牟先生對中國哲學傳統內，由「形構之理」所了解之人性論的分析，初時使用「形成之理」，後來則轉稱為「形構之理」。從「形成」到「形構」，其著重點有所轉移，「形成」強調從事物之出現及發生上看，「形構」則尅就事物本身之構造與性質看，但其論點前後一貫，且越益精審。而在中國哲學思想中，從「形構之理」角度了解人性者，如告子、荀子、董子等，均可納入「氣質之性」一路。

就牟先生以「形構之理」所概括之對人性的了解，在唐先生稍後對人性論的研究中，亦可以發現有相應的看法，以下為唐先生的論述：

> 在今日一般流行之常識科學及若干哲學之觀點中，恆以性之一名，直指吾人於所對客觀事物，所知之性質或性相，此性質性相之為一類事物所共有者，為種性、或類性、或普遍性；其為一事物所獨有或異於其他同類之事物者，為個性或特殊性……然吾人於此首將指出此性之一名之流行的意義，以及此種以性指吾人所對之客觀事物之性質性相，而視人性亦如為一客觀事物，而求加以測定規定之觀點，在中國傳統思想中雖亦有之，然其見重，乃始自秦漢以後。……本此觀點以看中國思想之性論與人性論之原始，乃一入路上之大歧途；亦永不能真知中國先哲論性之主要涵義所存，價值所在，與其思想發展之迹，何以如此之故者。[18]

唐先生所指「一般流行之常識科學及若干哲學」，當指順西方邏輯觀解思路，著重探究外在客觀事物之性質、性相的觀點。此觀點了解人性，乃視人為一客觀事物，從其個性有異於其他同類事物之處入手，以求加以測定、規定人之特性或類性。唐先生於論釋中，雖未見有使用「形構之理」一辭；但從其思路看，其對上述西方哲學之探求人性方式之詮釋，實質與牟先生所述西方從亞里士多德透過下定義方式了解人性之思路，可謂大同小異。至於文中對中國傳統所謂「秦漢以後」對性之了解，即相當於董仲舒「如其生之自然之質謂之性」所對人性所了解，也正相當於牟先生所說之「形構之理」。是以，依唐、牟兩位先生之疏解，由「形構之理」之角

---

[18] 見唐君毅：《中國哲學原論・人性篇》（香港：新亞研究所，1968年），頁2-4。

度了解人性，「乃一入路上之一大歧途」，其不能正確理解中國人性之特質，自不待言。

　　然則，無論唐、牟兩位先生，均指出從「形構之理」的角度，並不能正確或恰了解中國先哲所言之性。那麼，要恰當了解中國思想傳統之人性，究竟應採取那一種立場？唐先生接著指出：

> 中國先哲之人性論之原始，其基本觀點，首非將人或人性，視為一所對之客觀事物，來論述其普遍性、特殊性、或可能性等，而主要是就人之面對天地萬物，並面對其內部所體驗之人生理想，而自反省此人性之何所是，以及天地萬物之性之何所是。緣是而依中國思想之諸大流，以觀人之性，則人雖為萬物中之一類，而不只為萬物之一類；人之現實性不必能窮盡人之可能性，而欲知人之可能性，亦不能如人之求知其他事物之可能性，而本推論與假設以客觀知之；而當由人之內在的理想之如何實踐，與如何實現以知之。[19]

唐先生於此明確表示中國之先哲（儒家之孔孟），其了解人性，所採取的乃是「逆覺體證」的進路，即透過自我之反思，回歸主體，從內在的理想之如何實踐及實現之角度，在價值上突顯人之所以與萬物有異。而此種對人性了解之方式絕非如西方思想，把人外在化為一所對之客觀事物，然後探索其性質，或客觀之性相。反之，此方式乃透過自我內在之反省，從價值理想角度，由人實踐及實現吾人內在理想之如何可能處，或從吾人主體內在之根據處，以了解吾人內在之性。

　　是以，由外回轉至內，從主體內在理想之如何實踐及如何實現之思路所了解之人性，這即是歸於主體在實踐盡性中的「人性」，而在主體實踐所了解之人性背後的所以然之理，依牟先生的說法，就是「實現之理」（Principle of Actualization）。[20]事實上，在中國哲學傳統中，除卻從「形構理」，即實然、知識角度所了解之人性外，更有孟子所說：「人之所以異於禽獸者幾希」所表示之人性。這種看法乃是人從外在收進來，歸於其自己之主體，而落於實踐上，視自己為一實踐之主體所定義的人性，亦

---

[19] 同前註。
[20] 見牟宗三：《道德的理想主義》（臺北：臺灣學生書局，1980年），頁122-124。

即歸於主體而在實踐中盡性一路所見的人性。孟子幾希一點所指的人性，即由四端之心所指點之善性，乃從吾人之心靈一面轉出，而歸在實踐中體證。由此體證之人性，與形構之理所表示之人性並不相同。牟先生指在由實踐中主體所見之人性，其背後主導之原則為「實現之理」。

從人禽之辨看，由「形構之理」的實然角度、知識態度所了解之人性，當然在劃類上或類之不同上，能顯示人與禽獸有所分別。但這分別只是類之不同，又或者說，只是同一層次上的不同，當然人與獸在「類」上有所不同，這可說是無容置疑的。但孟子從「人之所以異於禽獸者幾希」所表示之人禽之辨，所強調的卻不是「類」之不同，而乃是從人性之價值以及其發展之可能上所說之不同，此不同乃是層次上的不同。正如牟先生所說：

> 實現之理之人性則歸於每一個人之自己而言其具體的實踐生活之本源或動力。此不表示劃類，而是言人之每一個體自己之「主體」。孟子所說之「性」就是人之每一個體自己之主體，道德實踐之主體。後來宋明儒所言之心性亦皆是此每一個人自己之道德實踐主體。此皆不可以邏輯定義中形成之理來講。……這作為每一個人自己之「主體」之性，因不表示括弧劃類，故自始至終即是具體的，真實的，存在的（Existential）。這是個創造的，動的主體。[21]

故有別於西方哲學側重從「形構之理」了解人性，中國哲學傳統中之孟子以及宋明儒，則強調從「實現之理」，即內在主體實踐一面了解人性。析言之，由「實現之理」了解之人性是動態的，內在的，實踐的，就個人自己之主體而說。在中國哲學中，從「實現之理」了解人性者，如孟子、宋明儒之濂溪、橫渠、明道，象山、陽明，俱屬「義理之性」一路。反之，從「形構之理」所了解之括弧劃類之人性，是靜態的、外在的、觀解的，就人類存在而普遍地說的。在中國哲學中，從「形構之理」了解人性者，如告子、荀子、董子等，則可納入「氣質之性」一路。

牟先生更指出以上所述之中國哲學思想之方式，若說是實現之理，此乃是「內在」於人的實現之理，而實現之理除卻有內在的，尚有外在的形

---

[21] 同前註，頁125-126。

態。內在之實現之理側重說明內在於人的主體的性質，偏重於體性學及本體論之層面。然而，要了解實現之理之全，仍有一重要問題尚需解決，這就是要說明：「具體存在的個人何以會出現」。這問題從內在的角度無法說明，必須從外在的角度，超越地闡明。換言之，要回答此問題，必需從內轉至外，從「宇宙論」的層面，透過「外在」的實現之理，進一步給予說明。

三、宇宙論之論說──實現之理與創造本體之闡釋

　　依西方形上學之解釋，具體存在的事物或具體的個人何以會出現，乃屬「宇宙論」的探究範圍。牟先生指出西方柏拉圖及亞里士多德之形上學，有兩個基本的命題：

　　一）有此物必有此物之本質，但有此物之本質不必有此物存在

　　二）存在與本質分離

　　這兩個命題，不論對人或事物，都同樣有效。若舉人類為例證，以人為「理性的動物」一定義作分疏。人為「理性的動物」所表示的乃是「人之所以為人的本質」或「人之所以然之理」，屬「形構之理」。這定義只表示如果有人類存在，他們必定合乎「理性的動物」一語所示之本質；然而，卻並不表示就一定有具體的人存在。因為，「形構之理」所表示的人性乃透過邏輯定義之抽象而得，只表示人這類存在的一個形式括弧。換言之，有一具體的人必函有所以為此具體的人之「形構之理」（即本質或體性），但有所以為此具體的人之「形構之理」卻不必函有此具體的人。[22]是以，人之「存在」是一件事，而形構之理所表示的「本質」，又是另一件事。簡言之，存在與本質乃分離。牟先生對西方此種形上學思維，有以下的概述：

> 這是從柏拉圖，亞里士多德，以及經過中世紀的聖多馬而傳下來的
> 一個公認的道理。……要想使本質與存在合一，即使本質實現，則
> 必須講一外在於人的宇宙論上的實現之理。[23]

---

[22] 有關存在與本質之論釋，參見牟宗三：《心體與性體》，頁91。

[23] 見牟宗三：《道德的理想主義》（臺北：臺灣學生書局，1980年），頁124-125。

是以，若要有具體的人存在或生成，必須存在與本質結合為一。能使兩者結合為一，而形成一具體存在物的原則，在西方哲學中稱「實現之理」（Principle of Actualization）或「存在之理」（Principle of Existence）。[24] 此實現之理並不包含在本質一概念中，它是一個超越的理念，與表示本質之內在的實現之理有別。換言之，這外在的實現之理，乃宇宙論的原理，它代表一個超越而絕對的實體，從外在的角度對存在給予宇宙論的證明。對這種外在的實現之理的作用，在《心體與性體》，牟先生有進一步的闡釋：

> 必須存在與本質結合為一，始可有具體的個體物之存在。使此兩者結合為一而產生一具體存在物者即西方哲學中所謂「實現之理」。但此實現之理卻不包含在「本質」一概念中，它是一個超越的理念。……「實現之理」之必然要引出即是西方柏拉圖傳統中宇宙論所以成立之關鍵。故實現之理是一個宇宙論的原理，它代表一個超越而絕對的真實體，使一物如是如是存在者。在西方，「實現之理」由神來充當。來布尼茲的「充足理由原則」也是實現之理，他也是意指上帝而言的。柏拉圖所說的「造物主」也是實現之理，它把理型安置在物質上。這種「製造者」之思路一轉即為中世紀基督教的上帝從無中創造世界……亞里士多德即屬此類型的思路，近人懷悌海亦屬之。不管如何講法，實現之理總是一個超越的觀念。……定義所表示的「形構之理」（本質）與使本質與存在結合為一的「實現之理」實屬兩層。形構之理只負責描述與說明，不負責創造與實現。[25]

關於這種使存在與本質結合的實現之理，牟先生指出在西方哲學有悠久的傳統，無論柏拉圖的「造物主」、中世紀教父的「上帝」，又或來布尼茲的「充足理由原則」，俱屬外在的實現之理。即使上述諸位哲者所用之名稱有異，但實現之理為超越的觀念則為共同的主張。此實現之理與形構之理實為兩層，乃存在背後之創造與實現的原則。對於西方形上學這種由外在的實現之理，所產生之使存在與本質結合，或使具體事物存在之第一

---

[24] 牟宗三：《心體與性體》，頁89。
[25] 同前註，頁92-93

因的說明，唐先生在闡釋朱子「太極」及「理」的論述中，亦有相應的
理解：

> 凡此使形式律則，不只虛懸於事物之上，而實現於事物中之原則，
> 在西方哲學即逕稱為形上學之實現原則或現實原則（Principle of
> Realization）或（Principle of Actualization）。……西方哲學之分別
> 一般形式之理與實現原則，乃西方哲學自亞理士多德，經中古思
> 想，至近世之來布尼茲，以及今之懷特海之哲學中，一極重要之形
> 上學觀念。而在中國方面，則中庸之誠，易傳之乾坤，皆具有實現
> 原則之意義。而暢發其重要性者，則為承周張二程之傳之朱子。朱
> 子之所以重理，即重其為一實現原則。朱子之所謂理，固有二義：
> 其一義為：一物所具之理或一事一物之極至之理。此可就一事一物
> 之特定之形式構造相狀而言之理，而相當於西哲之形式之理者……
> 然朱子所歸宗之理，則又為一統體之理。此統體之理，即一生生之
> 理，生生之道，而相當於西方哲學所謂實現原則者。[26]

關於實現之理，唐先生別稱之為「實現原則」，而與牟先生名之為「實現
之理」在名稱上不同；但有關實現原則之特質及作用之理解，則可謂與牟
先生無異。唐先生指出「實現原則」之最大作用乃使形式律則能實現於事
物之中，而形式律則乃透過對事物施以抽象之分解而得，乃相當於事物的
性質或本質。換言之，實現原則就其功能來看，乃超越的形上原則或實
體，可使存在與本質結合，或使性質實現於事物之上。

除「實現原則」外，唐先生亦指出朱子之「理」可有兩方面的意義，
其一乃就「一事一物之特定之形式構造相狀而言之理，而相當於西哲之形
式之理者」，此「形式之理」與牟先生「形構之理」在名稱上雖有別，但
從此理之著眼於「事物之形式構造相狀」而言，實質即與「形構之理」無
異。[27]而尤為重要的是，唐先生更指出朱子所宗之理或太極，在另一層面
上，與中國哲學之《中庸》之誠、《易傳》之乾坤，皆為超越實體，具創

---

[26] 見唐君毅：《中國哲學原論・導論篇》（臺北：臺灣學生書局，1980年），頁444-445。

[27] 唐先生對朱子之了解，在實現之理及形構之理的詮釋上，與牟先生之了解在大方向上大體相同，
但在實現之理之能否活動，以及朱子之理與形構之理的區別方面，則與牟先生的看法略有分別。
因本文非以朱子思想為研究對象，故上述相關之詮釋問題，在此不擬深入討論。

造生化之功能，乃相當於西方哲學之實現原則的概念。而朱子之理從其宇宙論上之功能來看，亦可詮釋為「統體之理」或「生生之理」。析言之，上述中國哲學之一系列能起創造生化之功的超越實體，包括誠體、乾坤、太極、理等，其作用均相當於西方哲學之外在的「實現之理」。

因應唐先生指出在中國哲學傳統中，有相當於西方外在的「實現之理」之概念，牟先生亦同樣指出，在中國哲學傳統中，此種外在的實現之理，可由內在於人的實現之理，即人之性在作用上以通貫之。[28]依牟先生於上文本體論部份所述，孟子所言「人之所以異於禽獸者幾希」所表示之人性，乃內在的實現之理，而此實現之理除卻有內在之作用外，更可有外在的或超越一面的作用。對此，牟先生有以下的分疏：

> 歸於個人自己之實踐主體以言實現之理之性，則此性惟是就人心之靈覺言……此即是孟子就惻隱、羞惡、辭讓、是非之心以言仁義禮智之性。此仁義禮智之性即是那實踐的道德的靈覺之內容，亦即心之「德」也。此道德的靈覺之心與其所固具之德合起來即是人之實現之理之「性」。此是人之定然而不可移之性。故云「天命之謂性」，而不云「生之謂性」或「成之謂性」。此天命之性實即從「心」上說的「於穆不已」之真生幾。故可總名之曰「仁」。仁，內在於人，是人之實現之理之性，通出去，便是普萬物而為言的生化之理，亦即外在於人而不限於人的「實現之理」。此即所謂天地之心也。天地以生物為心。故天地之心亦即是作為「生化之理」之仁。此作為天地之心之仁與內在於人而為人之性之仁是一。若從天地處說下來，則天以此仁理賦與人而為人之性，此即是人之本在天。不但是人之本在天，通萬物皆以此「仁理」為本。此當然就人與萬物之實現之理，而不是人與萬物之定義之「形成之理」。[29]

牟先生上述文字乃扣緊中國哲學，尤其儒家「天道性命相貫通」所蘊含之形上智慧，以疏解心、性、仁等實體之所以能起「實現之理」之作用而立說。首先，孟子「人之所以異於禽獸者幾希」所表示之人性，乃即四端之

[28] 見牟宗三：《道德的理想主義》（臺北：臺灣學生書局，1980年），頁130。
[29] 同前註，頁130-131。

心所言之仁、義、禮、智之善性；而具體分疏，此定然而不可移之善性可由人之道德本心指點。換言之，此善性，按其特點及功用而論，乃內在的實現之理。而由於其為實現之理，其本心內具之道德靈覺的作用乃動態和實踐的，可藉由本心所發之道德實踐，進一步遙契外在的實現之理。此乃由內在通透出去或通貫上去的講法。而另一方面，從外在來看，由「於穆不已」所表示之天道，其生物為心、創生不息之性格，實即與內在於人之本心性善，所體現之無止息的道德實踐境界為同一。析言之，由外在的天道說下來，其生化之實現之理，與內在於人本心性善之實現之理，乃相互證合的。故內在於人，是人之實現之理之性；而通出去，便是使萬物生化之理，亦即外在於人而不限於人的實現之理。

進一步說，這種既內在亦外在的實現之理，乃中國傳統儒家形上學的特色，與西方形上學的形態，可謂大異其趣。關於兩者之對比，牟先生更指出：

> 惟西方哲學尚未能就個人自己之實踐主體以言性，故其言人性之定然性只是外在的，觀解的形上學之定然性……此尚不足以真能見出人之可貴，人性之可尊……（中國儒者）其言外在於人之「實現之理」即由內在於人之「實現之理」之性以通之。……故儒者之學唯言盡性踐形，即歸於個人自己之實踐主體以盡其實之理之性，由此以證天道，而天道不為觀解之擬議，而為實踐之真實。故無外在的，觀解的形上學，而有內在的道德實踐之形上學。[30]

由於西方形上學所蘊含之實現之理，只從外在及觀解的角度，就人性之定然而立論；反之，儒家之道德形上學，卻可透過吾人之實踐主體，透過道德實踐之「盡性踐形」，從內在的實現之理，以上通並體證由天道所表示之外在的實現之理。是以，與西方哲學相比，儒家之實現之理可謂既外在亦內在，更能彰顯人性之可貴與尊嚴。至於西方哲學之實現之理由於只得外在一層，故只能成就外在的、觀解的形上學，與儒家內在的，道德實踐的形上學乃大相逕庭。中庸「能盡己之性，則能盡人之性；能盡人之性，

---

[30] 同前註，頁130-132。

則能盡物之性；能盡物之性，則可以贊天地之化育；可以贊天地之化育，則可以與天地參矣」一語，可謂盡表儒家形上學智慧之極致。

透過上文對牟先生及唐先生著述的闡釋，兼具內在及外在「實現之理」的儒家道德形上學，其特點與性格已豁然展露。而在西方形上學傳統之諸哲中，亞里士多德當為一具代表性的典型，若能以亞氏之形上學為本，對其理論與實現之理之相干性作更具體說明，當有助於更了解與掌握實現之理的作用與特質。而無獨有偶，唐、牟兩位先生在論述中，均特別注意亞氏的形上學，並嘗試以其「四因說」的理論，作更深入的闡釋。

依亞里士多德之主張，一個東西之完成主要靠四個原因。所謂「四因」（four causes），分別為：形式因（formal course）、質料因（material course）、動力因（efficient cause）、目的因（final cause）。其中形式與質料，側重本體論的論證。舉例說，無論什麼東西，不論人或一把椅子，都由兩部份構成，分別為它的質料（matter）與形式（form）。譬如人這個體，form就是人的形狀，matter則是人的血肉或細胞成份。故人作為一個組合物，分解地說，內裏有材料，有形式，不可能把形式去掉。同樣，質料也不能拉掉，人不可能是徒具形式的空架子。具體的東西必須要有質料，沒有質料，只得那些形式，不可以成一個具體的東西。然而質料如何能與形式結合，這需要一個過程，就牽涉到「動力因」，從宇宙論才可說明形式如何實現到質料上的道理。以下為唐先生對四因說與實現之理之關係的解說：

> 形式或律則，如何得現實化之問題，則依西方亞里士德之哲學，於此有動力因、目的因之說。依此說，一新形式之所以得實現於舊事物之質料，乃由另有一動力為因，以使舊事物變化，兼使其質料，捨其原本之形式，而表現一新形式，遂使新事物得成。此事物之成，又有其用及目的，此形式之所須現實於舊質料，亦即為求實現此目的。故新事物之所以生，亦即由有動力因，以使舊質料實現新形式，而實現一目的以生。…自然界之事物之所以創生，即歸於以新生之自然物之形式，皆先現實於上帝之心靈，而由上帝實現於其質料之中，以達其創造此新生自然物之目的之說。凡此使形式律

則，不只虛懸於事物之上，而實現於事物之中之原則，在西方哲學
即逕稱為形上學之實現原則或現實原則。[31]

唐先生之論釋側重於說明四因說之宇宙論的部份，重點指出亞氏動力因所
起之作用，乃使形式實現於質料之上，這正就是實現原則或實現之理。而
在西方形上學，能起此作用之原則，可以亞氏的動力因及上帝之心靈為典
型。至於四因之「形式因」與「質料因」之本體論方面，則正面解說不
多，只從兩者作為宇宙論之背景交待。至於另一方面，對於實現之理在西
方形上學之地位，牟先生亦同樣從亞氏之四因說切入解說，他指出：

> 亞里士多德，他以四因解析一個體物之生成。而四因中之因致因
> （Efficient cause）就是「實現之理」之所在。因致因亦曰運動因。
> 就整個宇宙言，最後的運動因就是那「不動之動者」（unmoved
> mover），此即是第一因或上帝。[32]

牟先生於此扼要指出亞氏四因說之「動力因」或「因致因」，就是實現之
理之所在，作用乃使具體事物之所以生成，此看法與唐先生正好相合。至
於實現之理與四因說之其餘，包括「形式因」、「質料因」、「目的因」
三者，其個別及整體之關係，牟先生在晚年課堂的講課中，延續其早年的
看法，有更整全的解說。首先；牟先生指出在四因中：

> 形式加在質料上就成為一個東西；再加上「動力因」、「目的因」
> 就成為一個發展。……把form加在matter上，這個matter就從其潛
> 能的狀態變成一個現實狀態，這是一個成為過程。為什麼是一個過
> 程呢？因為光是matter、form兩個相對，還是靜態的，再上「動力
> 因」、「目的因」，就成一個動態過程。Becoming是一個過程，光
> form、matter看不出來是一個過程，一定要加上「動力因」、「目
> 的因」，才是一個過程。講這種becoming process的就叫做宇宙論。
> 講「是什麼」（What it is）就成一個個體……那是講存有論。[33]

---

[31] 見唐君毅：《中國哲學原論・導論篇》（臺北：臺灣學生書局，1980年），頁443-444。

[32] 見牟宗三：《道德的理想主義》（臺北：臺灣學生書局，1980年），頁129。

[33] 見牟宗三著，盧雪崑整理：《四因說演講錄》（上海：上海古籍出版社，1998年），頁3-4。

依牟先生的理解，四因說可從兩個層面來看。首先，任何東西，包括人與物，一定要質料加上形式，才成為一個東西。能使形式加在質料上的，就是動力因，它能使質料從潛在的狀態轉變成現實的狀態，這是單就動力因所起之個別或獨特功能，對其餘三者均有作用，也可說是是實現之理之功。其次，從四因的全體相互性來看，所有東西，由形式發展到目的，可視作一個過程。單就形式與質料來看，尚未形成一個過程；具體說，形式、質料，再加上動力及目的，這才是一個由潛能到現實的發展過程。於此；靜態地、橫向地分解是form與matter，但另有一個縱貫的、動態的分解，動態表示一個東西的完成要通過一個發展的過程，這個過程名之曰生成過程。再者，動態就是從發展的觀點看，每一個個體是一個發展，在個體背後總有一個發展的動力，這動力就是動力因。它是一個發展的力量，使一物往前發展，而往前發展總有一個目的，這就是目的因。析言之，動力因在四因之中，居於一個樞紐的位置，從創造生成的角度看，它使形式與質料結合；就潛在到實現的過程來看，它使事物朝向目的發展。

　　於此，實現之理與四因說之關係經已大體闡明，從動力因的生成發展說到目的因，乃屬實現之理。那麼，究竟與實現之理對比的形構之理，與四因又是否有關係？唐先生的論述，對此並未有解說太多，似乎較側重於實現之理的說明。而牟先生在闡釋中，亦以實現之理的篇幅居多，對於形構之理，則只扼要指出趄就事物或人的構成，從形式因及質料因上立說的，就是形構之理的所在。[34]正如牟先生所指出的，講「生成演化過程（becoming process）」的，叫做「宇宙論」；講「是什麼（what is）」以形成一個個體之特質的，屬於存有論。而質料因與形式因，二者就是了解事物特質與性質的入手處，著重從「是什麼」的角度切入探究，其發現當屬「體性學或存在學」的陳述，乃屬形構之理。

四、結論

　　綜合比對牟先生及唐先生對「實現之理」及「形構之理」的理解、闡述及運用，可以發現：首先，就「形構之理」，牟先生是以之概括西方形

---

[34] 同前註，頁14。

上學傳統中的本體論原則，此原則著重探究外在客觀事物之性質、性相，對客觀事物施以外在的、邏輯的了解，而藉以得出一種具知識意義的所以然之理。而此原則，唐先生則別稱之為「形式之理」，名稱雖與牟先生有異，但其義蘊則並無分別。至於在會通中西哲學方面，牟先生指出雖則中國思想傳統之「生之謂性」及「生之所以然之質謂性」的看法，乃相當於西方形上學「形構之理」的看法。然而最重要的是，從形構之理的角度，並不能恰當了解儒家傳統，尤其對孟子言人性本善之性，就全不諦當。至於唐先生指出西方從外在客觀事物之性質、性相的角度，以求規定人性的看法，並不能恰當了解中國傳統之人性；反之，透過自我反思，從價值理想角度，或從吾人主體內在之根據處，以了解吾人之性，這才是了解中國人性之應有進度。由此足證，他是贊同牟先生的看法。

　　次者，關於「實現之理」方面，由於形構之理不能恰當了解孟子一路之人性，牟先生乃提出從「實現之理」的角度闡釋孟子之人性，此角度歸於每一個人之主體，從其具體實踐生活的本源或動力處探索其根據，此即為吾人道德實踐之所以可能之內在根據。牟先生名之為內在的實現之理，以區別於形構之理。而尤有進者，依中國形上智慧，此內在之實現之理更可通上去，呈現為另一層的外在之實現之理。此外在之實現之理，對應於西方形上學之宇宙論，則相當於使存在與本質結合之本體、第一因或上帝，此與中國哲學「天道性命相貫通」背後之心性、誠體、太極、理等本體正相合。不過，中國哲學此等本體，乃既超越亦內在；反之，西方哲學之本體則只超越而不內在。唐先生對「實現之理」，則別稱為「實現原則」，而且亦未有明確表示「實現原則」可有內、外兩層之分。至於對實現原則之義蘊及發揮之功能，在理解上則與牟先生並無異致。換言之，牟先生及唐先生，對「實現之理」及「形構之理」，在名稱或使用之側重點上，容或有微小差別；但在對中西形上學的理解及會通上，則觀點及看法可謂基本一致，形成一定的共識。

　　從方法學來看，「實現之理」與「形構之理」乃涉及義理詮釋的問題，而關乎義理詮釋，其背後必定與詮釋之時代背景及理論傳承有一定之關係。形上學在西方之哲學傳統中，一向視為哲學之母，居一切學問之首。惟自二十世紀初邏輯實證主義出於前，分析哲學盛於後，反對形上學成一時的風尚。哲學只重視對語言和當下經驗的分析，涉及形上實體之探究已近乎消解，或視為無意義之討論。哲學研究變成零碎的思維戲論，價

值與真理等課題備受忽略，更遑論對人類生命有所承擔。在另一方面，中國哲學之形上智慧與學問，經有清一代考據訓詁之學的歧出，心性與天道相貫通之學問隱而不顯；再經五四運動後西方思潮的衝擊，更可謂閉而不彰。牟先生與唐先生處身於此「無體、無力、無理」之時代，以賡續傳統中國哲學之慧命為畢生之志業，致力於一方面正本清源，對中國傳統哲學思想觀念作出恰當的理解、疏導和詮釋；一方面透過與西方哲學會通比對，以重建和宏揚中國哲學思想的價值。[35]

於此，唐牟二先生別出機杼，另造新辭，提出「實現之理」與「形構之理」，透過詮釋會通，既展現西方傳統形上學的特質，亦突顯中國形上學之智慧，以各顯其勝義。總合而言，其會通中西形上學，可有兩方面的意義。其一：指出西方傳統形上學之學問在邏輯實證主義及分析哲學的衝擊下，仍有其不可磨滅之價值及意義；其二：更最重是的，指出了解中國傳統形上智慧的恰當方式，以及此種形上智慧的價值及意義。具體而論，其發見可有兩端：

1. 透過實現之理與形構之理的對比，指出人性論之了解有兩路。而有異於西方人性論側重從形構之理切入，要恰當了解中國孔孟之人性，必須透過實現之理。在中國哲學思想傳統中，從形構之理切入者，屬「氣質之性」一路；從實現之理了解者，屬「義理之性」一路。

2. 由內在的實現之理貫通外在的實現之理，乃揭示儒家傳統「天道性命相貫通」智慧之所在，由此可肯定《中庸》、《易傳》所函蘊之天道論及天道創生的思想傳統。

最後要補充一點的是「實現之理」與「形構之理」這對概念，在牟先生思想系統中的地位。若以會通康德哲學，建構儒家道德形上學為界，並以《智的直覺與中國哲學》及《現象與物自身》兩書為分水嶺的話，則牟先生在透過智的直覺，以展現中國儒、釋、道之不同境界的形上學之前，則「實現之理」與「形構之理」在牟先生的理論框架，尤其論述宋明理學之一系列問題中，其重要性乃不言而喻的。及至後期，牟先生提出「內在形上學」與「超絕形上學」，以及「執的存有論」與「無執的存有論」的對

---

[35] 無體、無力、無理乃牟先生在〈論上帝隱退〉一文中對時代精神之評定，見牟宗三：《道德的理想主義》（臺北：臺灣學生書局，1980年），頁199。

比，再透過與海德格之「基本存有論」、胡塞爾現象學所表現之「內在存
有論」的對照，以顯示其思想體系臻於圓實之境，則這對概念在論述中則
相對較少出現。然而，在牟先生收官之作的《圓善論》，在附論部份〈存
有論一詞之附註〉中[36]，對中西形上學作綜合的消融與汰濾，從其字裏行
間或思想脈絡看，仍可見有「實現之理」與「形構之理」的觀點存在。

---

[36] 見牟宗三：《圓善論》（臺北：臺灣學生書局，1985年），頁337-340。

第十章　以「心具眾理」作為詮釋「心」之意涵的起點：不同於牟宗三的「詮釋進路轉向」探究

中央大學哲學研究所
賴柯助

一、前言

　　在儒家的道德哲學，「心」這一概念位居核心的地位，「心」之所以重要，在於它是行動者進行「道德判斷」，以及行動者「道德實踐」之所以可能的根源[1]，就心可以推動行動者成就道德行為的意義下來說，心可說是一個「道德實踐的發動者」。但是，若是以「道德實踐的發動者」一詞來說明「心」是比較含糊與鬆散的說法，因為只就字面上看，幾乎任何道德哲學家都可以使用「道德實踐的發動者」來說明「心」的角色，例如：荀子在〈解蔽篇〉與〈正名篇〉認為「大清明」[2]之心具有「自主性」，能夠給出行為的命令，要求吾人作道德實踐，[3]在這個意義下，荀子思想中的「心」亦可以作為道德實踐的發動者。但吾人卻不會認為荀子的義理系

---

[1] 僅管「心」於道德哲學中是居於核心的地位，不會有儒者反對，但是並非所有的儒者對它的了解都是一樣的，例如先秦儒家荀子對「心」的了解就與孔孟的了解不同。而承自孔孟一脈的儒者，對於「心」是「道德判斷與道德實踐能力的根源」了解，基本上都是認可的。就本論文所關注的來看，雖然朱子亦是認可，而不會反對，但是，由於學界至目前對於朱子說統中的「心」是否是此意義的心，仍有不一致的看法，我此論文的其中一個目的，即在試圖解決這個問題，故有關朱子說統中的「心」的義理定位，我會在正文中作詳細的討論。

[2] 李滌生：《荀子集釋》（臺北市：臺灣學生書局，2000年），頁484。

[3] 此意可見荀子於〈解蔽篇〉所云：「心者，形之君也，而神明之主也，出令而無所受令。自禁，自使，自奪也，自取也，自行也，自止也。……」同上註《荀子集釋》，頁488。又見〈正名篇〉所載：「……故欲過之而動不及，心止之也。心之所可中理，則欲雖多，奚傷於治？……故治亂在於心之所可，……。」同前註《荀子集釋》，頁527。

統與孔孟義理系統中的「心」之意涵是相同的，因為二者在本質上是不同的。所以，要能真正區分其中的不同，則是要看「心」是否具有作為「道德主體」──是吾人「道德價值的根源」、「能夠給出具有普遍價值的道德法則」，以及「在道德活動中作出抉擇與行為」──[4]的資格。若「心」具有「道德主體」的意義與功能，則從給出道德法則至產生道德實踐的動力，「心」這一主體就可以獨立完成，毋須依賴他者，依此可說「心」在道德實踐上是一自主、自足且完整的主體。再進一步論，作為「道德主體」的「心」能給出道德法則，而同時產生道德實踐的動力，此意味著心具有一種要求我們實踐道德活動的驅動力，而此驅動力即含有限制或規範行動者的約束力，因為倘若無約束力，則此驅動力便無法真正驅使行動者去實踐在道德上應當做（ought to do）的事。當然，要說明上述的意思，必須說明規範行動者的力量如何產生、從何而來，以及「為什麼應該要成為是道德的」（Why should I be moral）？而回答這些「規範性問題」（normative question），即是在回答道德如何可能的問題，而此藉道德規範理論哲學家Korsgaard的語言表示之，即是屬「規範性根源」（the source of normativity）[5]的問題，針對此，必須充分把朱子系統中「心」這一概念

---

[4]　關於「道德主體」的內容意義，李瑞全教授有一嚴格的區分，李教授說：「『道德主體』實包含兩種用法，一是指一道德行動者（moral agent），一是指道德主體性。前者是指一具體別的行動者〔案：此中應漏了「個」字，應該是「……具體個別的行動者」〕，他是道德行動中作出抉擇和行為的人，這可以泛指所有能作道德行為的人或理性的存有。後者則指道德價值的根源，而特別是指由人能發出普遍價值的心靈能力，如仁心，不忍人之心或自由意志。……道德主體性是指能提出具有普遍價值的法則的理性或實踐理性。在康德，意志自由是道德主體性所在，而意念則是行動的樞紐，這是一個典型。在孟子，道德主體性應屬於本善之人性，而行動者則主要是指不忍人之心。但由於這兩者合而為一，故道德主體性和行動者即同時由心性來代表。」參閱李瑞全：〈朱子之道德規範根源問題〉，《當代儒學研究》第四期（桃園縣：國立中央大學儒學研究中心，2008年7月），頁34。依李教授所舉例子來看，我認為可以作進一步的區分，可區分為「廣義的／一般意義的道德主體」與「狹義的／嚴格意義的道德主體」，前者只要求具有道德主體所含有的兩種用法的其中一者即可，而後者則是要兩種用法皆具才可。而孔孟所言的「心」即屬狹義的／嚴格意義的道德主體。

[5]　「規範性根源」問題是道德規範理論家克莉斯汀・歌絲嘉（Christine Korsgaard）所致力研究的問題。參閱Christine Korsgaard, *The sources of Normativity* (Cambridge: Cambridge University Press, 1996). 其中「為什麼要成為道德的」（why should I be moral以及屬「規範問題」（normative question）等概念出自於該書的第一講，頁10、11。關於「道德規範性根源」的問題，李瑞全教授亦有詳細的討論。可參閱其大作：〈論朱子之道德規範根源問題〉，《當代儒學研究》第4期（桃園縣：國立中央大學儒學研究中心，2008年7月），頁21-37、〈當代新儒學道德規範根源之建立：從孔孟到牟宗三〉，《鵝湖月刊》第32卷第7期（2007年7月），頁21-31。

的具體內容展開。[6]

　　就朱子所言「心是主宰於身者」[7]、「心者，一身之主宰」[8]等，可知在朱子的義理系統中，行動者的活動是由「心」所主宰，然而，此僅能說明「心」是行為活動的「主宰者」，吾人尚無法依據心具有主宰的能力直接判定朱子說統中的「心」就是一「道德主體」，這是因為朱子說統中的「心」——至少在目前學界——究竟有沒有道德的意涵仍有歧義，亦是學者爭論的老問題之一，其原因在於朱子在說明「心」時，他的幾個說法容易引生爭議，例如「心者，氣之精爽」[9]、「所覺者，心之理；能覺者，氣之靈也」[10]、「……所謂心者，乃夫虛靈知覺之性，猶耳目之有見聞耳。」[11]、「……心性自有分別。靈底是心，實底的是性。靈便是那知覺底」[12]等，若不仔細分疏其中「氣之靈」的「靈」、「知覺」的意涵，以及沒有說清楚這些概念該如何了解的話，僅從字面上看，往往容易誤導人朝著「『心』只以『氣』論」[13]（或只以「氣」論「心」）的方向思考。由於「氣」屬於自然界（natural world），是中性的（neutral），若僅是中性的，就價值意義這一面向而言，則其自身僅是「非道德價值」（non-moral value）的。假設「心」只是「氣」的說法成立，則心自身並不具有「道德價值」（moral value），更遑論「心」能作為成就「道德價值」的根源，或作為「規範性的根源」。在上述前提下，朱子所言的「心」在其義理系統固然是行為活動的主宰者，但「心」仍無法作為「道德主

---

[6] 由於這工作需涉及較多概念的討論，我於本文將先處理一部分，即「心」之內容意義該如何理解，而有關「心」的能力、功能作用等理解，將在下一章處理。

[7] 〔宋〕朱熹著，黎靖德編、王星賢點校《朱子語類》（北京：中華書局，1999年），卷5，頁90。

[8] 同前註，頁93。

[9] 同前註，頁85。

[10] 同前註。

[11] 朱熹著，陳俊民校訂：《朱子文集（柒）》（臺北：財團法人德富文教基金會，2000年），卷73，頁3701。

[12] 朱熹：《朱子語類》，卷16，頁323。

[13] 李明輝教授亦指出：以朱子學中的「心」屬於氣，幾乎已成為臺灣學界之共識。參閱李明輝〈朱子對「道心」、「人心」的詮釋〉，收錄於蔡振豐編《東亞朱子學的詮釋與發展》（臺北：臺大出版中心，2009年），頁89。李教授於其所撰的文中對於同此一共識的學者（如牟宗三先生、錢穆先生、勞思光先生等）有詳細的討論，其中也有提到了持不同此共識的學者，如臺灣學者楊儒賓教授與大陸學者陳來教授。而據我的了解，在臺灣的學者中，楊祖漢教授近年來重新反省朱子學，對朱子所言的「心」的詮釋亦不同於李教授的說法。參閱楊祖漢〈朱子心性工夫論新解〉，《嘉大中文學報》第1期（2009年3月），頁206-208。見「心是理氣合」一節的討論。

體」。[14]假設「心」不是「道德主體」這一命題成立，則朱子很難依其系統說明上一段與「道德規範的根源」相關的問題。

　　要解決以上假設所引生的問題，就消極一面而言，必須證明「心只以氣論」的命題是不成立的；而就積極面而言，即是證成朱子系統中的「心」就是具有給出道德實踐驅動力的「道德主體」。一般在衡定朱子系統中「心」的角色定位時，多是由「氣之靈」、「心之知覺」、「心具眾理」等概念上入手，並且是以前二者為依基礎進行討論，而認定朱子所言的「心」僅是一能「知覺」者。而此「知覺」指的是僅能夠透過對經驗中事物的認知，而對所認知到的知識作一歸納的能力，由此「知覺」意義所說的「心」只是一「認知心」（cognitive mind），儘管朱子以「氣之靈」形容之，但仍屬於氣，[15]所以「心」只能是以「氣」論的「氣心」[16]。若以「心之知覺」作為理解「心具眾理」的前提，則心之所以以具眾理，是因為「心」能夠在認知「理」之後，把「理」所涵的知識攝具於心的認知之中，牟宗三先生即是採此詮釋進路，而對於「心具眾理」，牟先生指出：「心之具此理而成為其德是『當具』而不是『本具』，是外在關聯地具，而不是本質地必然地具，……。」[17]這是以「心之知覺」作為「心具眾理」之所以可能的先決條件的一個詮釋進路。然而，在我閱讀牟先生對朱子文獻進行義理詮釋的經驗中，發現有時候依照牟先生的詮釋架構來詮釋朱子某些文段時，必須對朱子的語脈進行修改，才能夠以牟先生的詮釋架構來解釋朱子系統中的某些概念，此外，牟先生亦會依其詮釋架構對朱子的語脈進行修改。[18]但是，我試圖探究一個在維持原來語脈而不需更動的

---

[14] 李明輝教授指出：「在朱子底系統中並無相當於道德主體的概念。比較有資格充當道德主體的是『心』。」參閱李明輝：〈朱子的倫理學可歸入自律倫理學嗎？〉，收錄於李瑞全：《當代新儒學之開拓》（臺北：文津出版社，1993年），頁229。另，李教授亦在其另一篇大作中提到：「由於其〔案：指朱子〕系統中的『心』並不具有真正的道德主體之地位，……。」參閱李明輝：〈朱子論惡的根源〉，收錄於鍾彩鈞主編《國際朱子學會議論文集》（臺北：中央研究院中國文哲研究所籌備處，1993年），頁580。

[15] 李明輝：〈朱子論惡的根源〉，頁570。

[16] 此為牟宗三先生對朱子系統中「心」的規定。牟宗三：《心體與性體（一）》（臺北：正中書局，2006年），頁104-106。

[17] 牟宗三：《心體與性體（三）》（臺北：正中書局，2008年），頁243。

[18] 以下略舉三例表明之：（1）牟先生認為：「依朱子之義理間架，仁之名義可修改如下：仁是愛之所以然之理，而為心知之明之所靜攝（心靜理明）。常默識其超越之尊嚴，彼即足以引發心氣之凝聚向上，而使心氣能發為『溫然愛人利物之行』（理生氣）。久久如此，即可謂心氣漸漸攝具此理（當具），以為其自身之德（心之德，理轉成德）」牟宗三：《心體與性體（三）》，

情況下，就可以順通朱子義理系統意義的詮釋架構，以及相較於牟先生詮
釋朱子的義理架構而言的一不同詮釋的可能性。我正是在這樣的思考下，
產生了一個「詮釋進路轉向」可能性的問題意識。以下我會證成：先理解
「心具眾理」在朱子系統中的意涵，再以之規定「心之知覺」的是什麼能
力，是比較恰當的理解進路。再者，就「反省結構－反省能力」[19]的關係
來論，能力是由結構所決定，以及假設朱子言「心具眾理」是以「心性
論」（而非「工夫論」）的進路對「心」的意涵作一客觀事實的規定理解
無誤，則「心」便是以「理」為其先天的內容。據此，在概念的理解上，
「心具眾理」當然較「心之知覺」具有優先性（priority）。而這樣的詮釋
進路相較於以「心之知覺」作為「心具眾理」的先決條件的詮釋進路，更
能廣泛的詮釋朱子的文獻（詳見下文）。我相信這樣一個不同於過去的進
路，對於「心」之意涵及其相關的概念，是能給出不同於過去的新的詮
釋。當然，我亦會檢證此詮釋進路的合理性，以確定是否能納入朱子的系
統中。

頁244。（2）牟先生認為朱子在《大學》中關於明德的注語「明德者，人之所得乎天，而虛靈不
昧，以具眾理而應萬事」應當修改為「『明德』者，人之所得乎天『而可以由虛靈不昧之心知之
明以認知地管攝之』之光明正大之性理之謂也。」而其理由認為這樣才與朱子的思想一貫。牟宗
三：《心體與性體（三）》，頁374。（3）牟先生認為：「知其不明而欲明之，便是明德」此
語當改為：「知其不明而欲明之，便是心知之明之彰顯（實然存在）。在心知之明之彰顯中，
可以逐漸依理發情，此即明德之顯現，亦即為『明明德』之實功。」牟宗三：《心體與性體
（三）》，頁376。上述三個例子，牟先生是把朱子系統中的「心」當作是僅具「認知」功能的
「認知心」，並以此作為詮釋的基本預設。以此預設詮釋朱子的說法，有時候涉及「心」的語脈
就必須作修改，修改後才能依照牟先生的詮釋架構進行詮釋。

[19] 我於此是藉Christine Korsgaard 在其*The Source of Normativity*一書中第三講中的一個說法作為輔助
說明，Korsgaard認為：「人類意識的反省結構要求你以某種可以支配自己的選擇的法則或原則
來說明你自己，以及人類意識的反省結構要求你作為自己的法則。」參閱Christine Korsgaard, *The
Source of Normativity* (Cambridge: Cambridge University Press, 1996), P104. Korsgaard雖然在此是以
「人類意識的反省結構」說明此一結構會對行動者產生要求，並沒有提到「能力」一詞，但依我
的理解，Korsgaard實際上是在說明會對行動者產生要求的，是人類意識的反省結構的能力，換
言之，「人類意識的反省結構」所要表示的，其實是此結構所具有的能力。若就生物學上的構造
與能力來說，例如「看」的能力是由於眼球具有視網膜、水晶體……等的構造，所以能有看的能
力。當然，由於「心」是屬於心靈層面的，並無法用生物學上的構造概念來描述心具有什麼構
造，故我不是就生物學一面的結構／構造來說明「心」，而是藉korsggard的說法來作一說明。就
「心」這一概念而言，用「內容」來說明心似是比較適當。

二、「心具眾理」之「具」的歧義問題：「先天義」或「後天義」

　　在朱子，「心具眾理」是我們理解朱子義理系統中「心」的意義，以及據此理解來判斷「心」之價值意義的一個重要命題，而其中「具」字之意涵的確定尤為重要，也是關鍵處。但是，目前學界有關「心具眾理」之「具」字的詮釋並不一致，即其究竟是「先天義」（innate）的具，抑或是「後天義」（acquired）的具？[20]這兩個不同意義的「具」則直接影響我們如何判定朱子義理系統中的「心」的意涵與由此所決定的地位。

　　由於「理」在朱子並非僅指涉一個意義，所以在進行分疏此「具」的意思之前，我有必要先確定「心」所具之「眾理」的意義範圍。就朱子在道德實踐這一層面的論述而言，「心具眾理」之「理」不是泛說的理，即其所指涉的不是一般經驗知識中的物理，不是某物之所以如此或如彼的理，或作為某物之所以存在所根據的理，藉用牟宗三先生「形構之理」與「存在之理」的區分，[21]「心具眾理」之「理」並不是指「形構之理」，抑或是「存在之理」。相反的，「心具眾理」之「理」是有特殊的意指，指的是以「仁義禮智」作為其內容的「性理」。[22]因為本文主要是在道德

---

[20] 我於此所使用「先天義」與「後天義」，是藉王陽明所言「蓋性分之所固有，而非有假於外者」一段中之「固有」，即「非有假於外者」作為來區分的標準。陽明語出自《傳習錄》卷中，〈答顧東橋書〉。引自陳榮捷：《王陽明傳習錄詳註集評》（臺北：臺灣學生書局，2006年），頁195。「先天義」是取「非有假於外者」之「固有」義，而「後天義」則是「有假於外者」，即透過後天經驗活動而獲得者皆屬之。

[21] 依牟先生的區分：「由這『超越的所以然』可知其所實指之形式意義之理是『存在之理』（存在原則，存在之存在性），不是定義中所表示的『內在的描述的所以然』所表示之形構之理。（形構之理是類名，而存在之理不是類名）……。」牟宗三《心體與性體（一）》（臺北：正中書局，2006年），頁566。；對此，我亦有討論，參閱拙著《論孟子對人之存在價值的看法》（臺中：私立東海大學，2008年），第二章。

[22] 當朱子是在道德實踐的脈絡下涉及「理」的論述時，其所意味的「理」是道德範疇的「性理」，此可見朱子的說法，其云：「性是理之總名，仁義禮智皆性中一理之名。惻隱、羞惡、辭遜、是非是情之所發之名，此情之出於性而善者也。其端所發甚微，皆從此心出，故曰：『心，統性情者也。』性不是別有一物在心裏。心具此性情。」《朱子語類》，卷5。又見其云：「以人之生言之，固是先得這道理。然才生這許多道理，卻都具在心裏。且如仁義自是性，……蓋性即心之理，……。」《朱子語類》，卷。對此，陳來先生也有同樣的看法，其言：「這裡所說的心與理的關係〔我案：此是指「心具眾理」〕不是指心與存在於萬物之中的理兩者間的關係，而是指心與作為人性的理之間的關係。」陳來：《朱熹哲學研究》（臺北市：文津出版社，1990年），頁

實踐的脈絡下進行探究，故以此命題可轉換為「心具性理」，但為了行文簡潔，將簡稱「心具理」。在析論朱子「心具理」之「具」字該如何了解之前，以下先展示目前學界較具代表性而又分屬不同意義的詮釋，以作為之後討論時的背景。

2.1 牟宗三先生的詮釋

在討論牟先生對「心具眾理」的詮釋之前，先徵引牟先生對朱子系統中的「心」的基本理解，牟先生說：

> 1.心是氣之靈之心，而非超越的道德的自律自發之本心，其本性是知覺，是中性的、無色的，是形而下者，是實然的，也是一個實然之存在。但存在必有其所以存在之理，是以知覺亦有其所以知覺之理。此理只是知覺之性，是知覺存在之存在性，與仁義禮智之為理或性不同。[23]

依「中性的」、「無色的」、「形而下者」、「實然的」、「實然的存在」都是對朱子系統中的「心」形容來看，「心」除了「知覺」的能力之外，並不具其它的內容。雖然依據「存在」必有其「存在之理」的架構下，可以推論出具有知覺能力的「心」必然有其「所以能知覺之理」，但是「知覺之理」僅是說明心之「知覺」這一能力的先天根據，其內容意義與具有道德意涵的「仁義禮智」之性理是不同的。據此，牟先生認為朱子說統中的「心」僅先天具有「知覺能力」而為其內容，並不以仁義禮智為其先天的內容，換言之，除了知覺能力以外，心不具有其它的內容。上述是牟先生詮釋朱子「心」義的一個基本立場，而在此基本立場下，關於朱子「心具理」的意涵，牟先生認為：

> 2.依朱子中和新說書所表示之義理間架，心並不是道德的超越的本心，而只是知覺運用之實然的心，氣之靈之心，即心理學的心；

187。
[23] 牟宗三：《心體與性體（三）》，頁244。

　　　　仁義禮智本是性體中所含具之理，是實然之情之所以然理；心
　　　　之具此理而成為其德是『當具』而不是『本具』，是外在關聯地
　　　　具，而不是本質地必然地具，是認知地靜攝地具，而不是本心直
　　　　貫之自發自律地具，此顯非孟子言本心之骨架。[24]

依引文2，牟先生對「心具理」之「具」有兩個型態的區分：

　　　（2.1）以「本心直貫之自發自律地具」、「本質地必然地具」作為
　　　　　　　「本具」的規定；
　　　（2.2）以「外在關聯地具」、「認知地靜攝地具」作為「當具」的
　　　　　　　規定。

牟先生以「本具」與「當具」對舉，作為說明「心具理」之「具」的兩個
區分，而此區分分別代表了兩個不同的義理系統，（2.1）以孟子的系統
為代表，（2.2）則是指朱子的系統。先就（2.1）而論，「直貫」係牟先
生的用語，其有「道德地創生」[25]之「創生」意。而當中的「自律」則是
藉用康德「意志自我立法」之意，此意簡言之，是指「意志單靠自己而不
靠其他對象直接給出道德法則」，此句對應到孟子的系統，即是說「心單
靠自己而不靠其它對象直接給出道德法則」，此從「無」到「有」僅靠
「心」自己實現，在這個意義下，可說是「心」創造了「道德法則」，於
此，「直貫」與「自律」都是指向同一個意思，即道德的創造。若說給出
「道德法則」是單靠「心」自身而不靠其它，表示二者在本質上是相同
的，否則心不可能僅靠自己就能創造道德法則，我認為牟先生正是在此意
義上說「心與理」是本質上地必然地具，此必然是由二者相同的本質來說
的。[26]

---

[24] 牟宗三：《心體與性體（三）》，頁243。關於牟先生判定朱子言「心具眾理」的「具」是後天
　　認知的「當具」的說法，不僅止於我所徵引的兩段引文，牟先生在多處都有論及，由於說法大致
　　都相近，故我以此兩引文作討論。

[25] 牟宗三：《心體與性體（一）》，頁59。

[26] 而對於此，我藉沈享民教授的說法作一補充此「本質地必然地具」的另一個理解方式，沈教授指
　　出：「牟宗三是以『本具』、『固具』的『最強義』來解讀，也就是說，依『心即理』、本心
　　『等同』性理來說明『本具』、『固具』，以至於將朱熹所謂心『具』眾理定位為『外在關聯地
　　具』。」沈享民〈再探訪朱熹格物致知論：並從德性知識論的視域略論其可能性與限制〉，《哲

　　關於（2.2）此一型態，牟先生認為在朱子「中和新說」底義理間架中的「心」，僅是一「具有將知覺能力運用在認知對象底活動中」的實然之心，此實然之心僅是一「中性的」心，已不具有孟子系統中創造道德法則的「心」之意，而就此心是中性的再進一步論，可知此實然的心本身並無道德的意涵。牟先生認為朱子系統中的心之所以能具性理，僅是「心」透過其知覺能力，把性理當作外在認知底對象，在認知的活動中，將所認知到屬於性理的知識攝取至自己的認知之中。即是說，心把所認知到的性理與自己關聯起來，作一認知上的聯繫。而對此，牟先生在《從陸象山到劉蕺山》亦指出：

> 3.「心是知覺」，「心是氣之靈處」。其具德或具理是如理或合理之意。理（性）先是超越而外在於心，但通過一種工夫，它可以內在於心，此時即可以說心具。在此心具中，心與理（性）即關聯地貫通而為一。[27]

引文3牟先生所提到的「通過一種工夫」理應是指上述的「認知」。[28]依牟先生的說法，心在認知既超越又外在的理之後，吸收了有關該超越的理

學與文化》第39卷第2期（2012年2月），頁84。

[27] 牟宗三：《從陸象山到劉蕺山》（臺北：臺灣學生書局，2000年），頁119。

[28] 此引文中的「通過一種工夫」的「工夫」，與同書120頁的「在道德修業上，通過一種工夫使心與理關聯地貫通而為一，此工夫即是『敬』」一起看，註26的119頁中「通過一種工夫」應該是「敬」的工夫，而不是「認知」的工夫。但我認為此中有一涉及了更細部的分析，此分析我將在下一章作討論。於此僅先要提出我認為應該解作「認知」的兩個理由：（1）若理是既超越又外在於心，要能讓心與理如同牟先生所言是關聯也貫通而為一，應該是要藉由認知的活動才能達到，即由「認知」而攝具理於心，而不是「敬」的工夫，因為「敬」並不具有「認知」的作用。（2）據牟先生在《心體與性體（三）》的說法：「心氣具仁義禮智之理首先是『認知地具』，其具是先通過格物窮理之靜攝工夫而具，此時是心知之明之認知地關聯地具，……此即朱子所謂『心具眾理』之義」牟宗三：《心體與性體（三）》，頁245。牟先生認為心是透過格物窮理的「靜攝工夫」才能將理攝具於心中，必須由格物窮理的工夫將心與理關聯在一起，因此，如果引文3的工夫是指透過「不具有認知作用」的「敬」，而不是「具有認知作用」的「格物窮理之靜攝工夫」，則心如何將超越的理內在化？故我推論引文3的「通過一種工夫」必須是具有「認知」的功能，故以「認知」解之。此外，我認為還有一個問題值得注意，牟先生在《心體與性體（三）》以具有認知作用的「格物窮理」來規定「靜攝工夫」，而以「敬」作為「靜涵工夫」的規定，但是在《從陸象山到劉蕺山》，牟先生說：「關聯著心而論說，其實義即是心通過『敬』之工夫而收斂凝聚以逐步靜攝此性，……而在朱子（案：此是指『心之寂然不動感而遂通』），則成為心之收斂凝聚所表現之如理合道之靜攝義，……。」牟宗三：《從陸象山到劉蕺山》，頁

的知識，而納於心知之中，故經此一工夫，可將超越的理的知識內化而為心之理。由此可見，此內在於心的「心之理」，實際上是「心認知地攝具之」[29]而為的內，此是後天意義的「內化」而為內，並非是先天的而為內。而就牟先生此處是將「心具理」關聯著「心是知覺」、「心是氣之靈處」來說，以及在別處「『心之理』即是心知之靈（或明）所可能地認知地該攝之理」[30]的說法一起看，牟先生的詮釋基本架構是以「心是知覺」、「心是氣之靈處」為前提，從而詮釋朱子「心具理」的意涵。而如前言所述，這個詮釋進路的一個基本前提就是將朱子所言的「心」當作「只以氣論」的心，心只是一個具有知覺能力、認知能力的心。此因此，在此架構下，朱子所言的「心具理」必定得透過認知才能具理，是故，心必須藉由認知活動這一環節，才能將原本不屬於自己的知識與自己作聯繫。此外，心若是透過認知活動而具理，很明顯的，在這個意義下所具之理原本是不屬於心自己的，這亦說明了二者在本質上並不相同，一是指涉「被認知的對象」，另一則是「認知對象的能力」。所以，依牟先生的說法，「當具」的型態僅能是外在關聯地具，無法說到本質必然地具。而此亦如同牟先生在另一處下的斷語：「由孟子仁義內在之心即理而說『心具眾理』，此『具』是本心自發自律地具，是本體創生直貫地具，不是認知地具，涵攝地具，是內在本具、固具，不是外在關聯地具。此種分別，朱子不察，遂只以『認知地具』說『心具萬理』。」[31]要言之，牟先生認為朱子所謂「心具眾理」實非「心即理」之義。[32]

　　除了（2.2）的型態所表示的是一靜攝（認知）意義地具之外，牟先生亦提到了在朱子系統中關於「心具理」的另一種具法。據牟先生的說法：

　　　3.心通過莊敬涵養工夫，收斂凝聚而合理或能表現理，方始具有此理而成其為自身之德，否則即不能具此理而有此德。此即非「固具」之義也。「人心之靈莫不有知」，即通過此知（靈覺）的靜攝關係而具有之以為其自身之德也。是以從心寂然不動，而性體

121-122。牟先生也認為「敬」具「靜攝義」的作用，就此而論，牟先生所言的「靜攝工夫」似乎有了意義的轉變，即從原本以「格物窮理」，到後來增加了「敬」的意義。

[29] 牟宗三：《心體與性體（三）》，頁467。
[30] 同前註，頁446。
[31] 同前註，頁358。
[32] 對此，牟先生云：「彼所謂『心具眾理』亦實非『心即理』之義」。同前註，頁160。

之渾然體段具顯於或具存於此時，到心具眾理而為其自身之德，
須通過莊敬涵養之靜涵之工夫以及知的靜攝工夫（察識、致知格
物）始能具有之以為其自身之德。此即為後天地具，非先天地
具；關聯地當具，非分析地具。[33]

此段引文依我的理解，可以由以下的條件形式作一重述：

> 必要條件1：心通過莊敬涵養工夫，收斂凝聚而合理或能表現理，
> 　　　　　　方始具有此理而成其為自身之德，否則即不能具此理
> 　　　　　　而有此德。
> 必要條件2：「人心之靈莫不有知」，即通過此知（靈覺）的靜攝
> 　　　　　　關係而具有之以為其自身之德也。
> 此二條件的歸結：從心寂然不動，而性體之渾然體段具顯於或具存
> 　　　　　　於此時，到心具眾理而為其自身之德，須通過莊
> 　　　　　　敬涵養之靜涵之工夫以及知的靜攝工夫（察識、
> 　　　　　　致知格物）始能具有之以為其自身之德。

從條件1的「心通過莊敬涵養工夫，……方始具有此理……否則即不具此
理」來看，可知：「沒有做到莊敬涵養的工夫，心就無法具理」是一「雙
無形式」的邏輯關係，莊敬涵養的工夫（以下簡稱「靜涵」）對心具理
是必然需要的，所以，「靜涵」是心能夠具理的「必要條件」（necessary
condition）。雖然靜涵是心具理的必要條件，但就邏輯上「必然不即是充
足的」可知，僅通過此「靜涵」不必然保證能夠具理。因此，站在牟先生
的立場觀之，朱子系統中的靜涵僅是作為心能具理的一必要條件，心要能
具理，尚需其它條件，即條件2。從上段引文1，吾人可知牟先生認為心僅
是一中性實然的心，本身沒有道德價值，故心是透過認知的活動才能與理
作一認知上的聯繫，而這就是條件2「通過此知（靈覺）的靜攝關係而具
有之〔案：即「理」〕以為其自身之德」所示。雖然從牟先生的語脈來
看，只要通過靜攝工夫就能具理，但因為已經有條件1作為心具理的必要
條件，所以，僅通過靜攝工夫也不一定能夠具理。換言之，在條件1是必

---

[33] 牟宗三：《心體與性體（三）》，頁182。

要條件的前提下，條件2所表示的，實際上應該也是「沒有靜攝工夫就無法具理」的「雙無形式」的邏輯關係，即「靜攝」亦僅是心能具理的必要條件。雖然在「此二條件的歸結」中，牟先生的說法似是在說明通過「靜涵靜攝」之工夫，心始能具有理而為其自身之德，意謂只要做到了條件1與條件2，心就能具理，看起來似乎「靜涵靜攝」在朱子系統中是心能具理的「充分必要條件」（sufficient-necessary condition）。但是，就牟先生在另一處所言「心之具此德並不是本心之必然地具與分析地具。（此用邏輯詞語表示。若如實言之，當說並不是本心之創發地具）。而是綜和地具與關聯地具。」[34]他指出朱子言「心具」是「綜和地具」（或言關聯地具）。以邏輯語言來說，「分析」與「綜和」是一組相對立的概念，前者的主詞包含了謂詞的概念，主謂詞是先天的關係；後者的主詞並不包含謂詞的概念，主謂詞是後天的關係。這表示在牟先生的詮釋下，朱子系統中的「心」與「理」是綜合的關係，換言之，心具理並沒有必然性。若此，則「此二條件的歸結」中的「始能具有之以為其自身之德」亦只是「沒有……就無法……」的形式，所以，「靜涵靜攝」之工夫仍只是心具理的必要條件，而不是「心具理」的充分必要條件。

　　據上所論，牟先生認為朱子系統，沒有通過靜涵靜攝之工夫，是無法所達到「心具理」的狀態，既然此一狀態是需通過後天工夫而達致，表示「心具理」之「具」僅能如上所述是後天義，不可能是先天義的。「具」字之意若要有先天地具，在朱子的義理架構下，牟先生認為只有說「性具理」才能有先天的意思，牟先生的說法如下：

> 3.……朱子後來亦常言「心具眾理」。而太極亦含萬理，「一性渾然、道義全具」，此即性亦具眾理。心具與性具在朱子新說後之系統中，並不相同。「性具」是分析地具，必然地具，性即理。而心具則不是分析地具、必然地具，心不即是理。[35]

牟先生的立論基礎在於朱子主張「性即理」一語。依朱子的「性即理也。在心喚作性，在事喚作理」的說法，性與理雖然在意義（meaning）上不

---

[34] 牟宗三：《從陸象山到劉蕺山》（臺北：臺灣學生書局，2000年），頁119。
[35] 牟宗三：《心體與性體（三）》，頁146。

同，即「在心喚作性、在事喚作理」，但是在指涉（reference）上是相同的，[36]都是指向「所以然與所當然」[37]之義。雖然名稱不同，但二者實際上是同一個指涉，故「性即理」，「理即性」，若此，則二者是重言的分析的關係，亦是先天的關係。而就指涉相同亦可知，二者在本質上也是相同的，所以也可從本質上說二者有必然的關係。故按牟先生的詮釋，朱子義理架構下底「具理」之「具」惟有指「性具〔理〕」時，才是分析地、必然地具。

　　總結地說，牟先生以「必然地具／關聯地具」區分了朱子系統中「性具／心具」的不同，牟先生認為朱子所說的「心具理」是「後天認知」的「當具」義，不是「先天本質必然」的「本具」義。[38]若牟先生此一判斷成立，則在朱子系統中的「心之知覺」[39]與「心具理」，就邏輯關係而言，「心之知覺」是「心具理」的必要條件；就概念理解的優先性而言，「心之知覺」是理解「心具理」的先決條件。

2.2 陳來先生的詮釋

　　在近人學者中，陳來教授對於朱子所言的「心具理」之義，有不同於牟宗三先生見解，陳教授認為：

> I.心具眾理的意義，……，在倫理學上指人的內心先天地具有道德的品質和屬性。……心具眾理說本身蘊含著心與理的相互區別，也表明兩者具有相互聯繫。理具於心不在於被朱熹比喻為實體性之理充於心中之虛，更在於表現為與知覺不相離。[40]

---

[36] 朱子言：「性即理也。在心喚做性，在事喚做理。」朱熹：《朱子語類》，卷5，頁82。

[37] 據《大學或問》所載：「至於天下之物，則必有所以然之故，與其所當然之則，所謂理也，人莫不知，而或不能使其精粗隱顯，究極無餘，則理未嘗窮，知必有蔽，雖欲勉強以致之，亦不得而致矣。」

[38] 採取牟先生這個詮釋立場的學者，都是先認為朱子所言的「心」只是一能知覺的氣心，若心只是氣，便只能透過後天的認知而貶攝理，這樣的進路所了解的「心具理」的「具」則當然為後天的「當具」。

[39] 我以「心之知覺」統言「心之知覺能力」與透過此知覺能力所產生的「心之認知活動」。

[40] 陳來：《朱熹哲學研究》（臺北：文津出版社，1990年），頁189-190。

II.心具眾理是指理先天地內在人心，並不是說心具眾理是經過修養
之後才達到的一種境界。朱熹認為，心具眾理即孟子萬物皆備於
我之說。[41]

在引文I與II，陳教授認為在朱子系統中的「心」與「理」的關係是「理先
天地內在於心」，此「內在」不是指需要透過後天修養才能達到的一種境
界，故由此可推斷，「心具理」為先天地具是陳教授的立場。而從引文I
也可知，陳教授認為「理具於心」所表示的一個意思，是指「理」與「心
的知覺」不相離的關係。而對此，陳教授有以下的說法：

III.理之為性，作為支配思慮的內在道德依據，必然也須體現在對知
覺思慮的作用中。……從理學所注重的視心為道德意識活動的主
體來看，知覺不僅僅是一種『虛靈知覺』，心也不僅是一個純粹
理性。當知覺進行道德判斷的活動時，也就是人性支配知覺並通
過具體知覺表現自身的過程。[42]

依陳教授的說法，心的知覺具有道德判斷的能力，故能進行道德判斷的活
動，而「理」是支配此判斷活動的內在道德依據，這應該與引文I「理是
內心先天地具有道德的品質和屬性」的意思相同，[43]陳教授的意思應該是
指具有道德意涵的理就是心的內容。此外，陳教授認為是性「支配」知覺
而進行道德判斷的活動，但是，依我的了解，若是在朱子「心統性情」的
思理下看，應該是心判定行動者所置身的是一什麼樣的道德意涵的情境之
後，心會以符合其性理所具備的道德義務作為相應該情境的行動的理由。
由於該道德義務必然具有規範性（normativity），而心必然依此道德義務
而行，看起來行動者的道德實踐活動是受到了性理的支配；但是，實際
上，進行道德抉斷以及採取以哪個道德義務作為行動理由的主體還是在

---

[41] 同前註，頁191。

[42] 陳來：《朱熹哲學研究》，頁190。

[43] 我認為一般不會以「屬性」來說明「理」，因為「屬性」這個概念有偶然屬性與必然屬性之分，
若是指前者，則即便某物沒有某一偶然屬性，也不會妨礙其存在與意義，例如人所具有的五感是
人的屬性，但即便失去其中一種感官能力，也不會使人的本質有所改變，或使其不存在。但若依
朱子的思想，心若沒有理（或言失去理），則心便不再是心，故說理是心的一種內在道德屬性似
不恰當。

心，故應該是由心支配整個道德實踐。從性理是知覺的內在道德依據，而且不往二者是存有與存有者的關係理解，以及性理通過具體知覺而能表現自身來看，陳教授認為心之所以具理必然與知覺有相當密切的關係。假設引文II中的「修養」是「以心的知覺認知理的活動」的意思，而陳教授又認為「心具性理」不是修養後所達到的一種境界，據此推之，我認為陳教授並不會把「心之知覺」視為是詮釋「心具理」的先決條件。基本上，我同意陳來教授「理是先天內在於心」的理解，但因為我認為要證成這個觀點還有一些問題要釐清，所以雖然我是認同陳教授的說法，我仍認為以下問題的釐清是必要的。

三、詮釋歧義原因的產生與釐清

經過以上的討論，在不同詮釋背景下，朱子系統中的「心之知覺」與「心具理」的意涵，在理解的次序上，產生了何者具有優先性的問題。若以牟先生的詮釋為例，則：其一，「靜涵靜攝工夫」是心能具理而成為其德的必要條件，此在朱子是分屬「敬」與「格物致知」兩種工夫，而「敬」與「格物致知」的工夫的先行預設，是作為理解朱子系統中「心具理」的一個先決條件；其二，則是以「心的知覺能力」與「心之虛靈處」作為理解「心具理」的先決條件，而此即說明牟先生在詮釋「心具理」的方法上，「心具理」的意涵必須由「心之知覺」的活動來確定，在理解次序上，「心之知覺」優先於「心具理」。若以陳來先生的詮釋為例，則不認為詮釋「心具理」必須先預設「心之知覺」。

為了確定究竟以哪一個詮釋進路來詮釋「心具理」較能符合朱子的義理架構，必須釐清以下的問題：（1）有關朱子論及「心具理」的說法，是否預設「敬」的工夫為先決條件？（2）朱子在論述「心具理」時，是否已經先預設「認知」這一方面的運用，才談「心具理」？

首先，關於問題（1）的釐清，我依序由以下幾條文獻進行討論，朱子云：

①敬則萬理具在。[44]

---

[44] 朱熹：《朱子語類》，卷12，頁210。

②……聖人所謂「敬以直內」，則湛然虛明，萬理具足，方能「義
以方外」。[45]

③敬則心存，心存，則理具於此而得失可驗，故曰：「未有致知而
不在敬者。」[46]

④心之全體湛然虛明，萬理具足，無一毫私欲之間。[47]

⑤此心虛明，萬理具足，外面理會得者，即裏面本來有底，只要自
大本而推之達道耳。[48]

從語脈上來看，相較於引文①②，引文③清楚的指出理是具於心。從引文
④⑤可知「湛然虛明」所指的是「心」，則關於引文②「萬理具足」是指
理具足於心。雖然因為引文①過為簡短，不易直接判別「萬理具在」究竟
是具於心，或是具於性？但由引文②是在說明「心」萬理具足，以及引
文③是指理是具於「心」，應該可以由此作為引文①的「萬理具在」是
指「萬理」具在於「心」的旁證。此外，就引文①②③的語句都可簡化
為「〔如果〕敬，則〔理具〕」[49]的形式觀之，似乎在說：心之能具理必
須先做了「敬」的工夫，此似乎呼應牟先生以「靜涵工夫」作為「心具
理」得先決條件的詮釋。然而，若先就引文④⑤來看，當中朱子並沒有說
到「心具理」必須先做「敬」的工夫，反而比較像是在說明是「心」的意
涵是什麼。尤其從「此心虛明，萬理具足，外面理會得者，即裏面本來有
底」可知，朱子認為萬理是心本來就有的。如此，在朱子系統中，「心具
理」並無需涉及「敬」的工夫。但是，這樣一來，朱子在引文④⑤的說
法，似乎就與引文①②③的說法不一致，因為就引文①②③的語句形式所
呈現的意思來看，應該是要先做「敬」的工夫，心才能具理，這樣就與引
文④⑤表面上看起來是不一致的。假設誠如牟先生所言：「朱子之頭腦甚

---

[45] 同前註，卷126，頁3015。
[46] 同前註，卷18，頁402。
[47] 同前註，卷5，頁94。
[48] 同前註，卷114，頁2763。
[49] 此中的〔如果〕、〔理具〕，以及粗黑體是我所加。例如引文①可轉換為：「〔如果〕敬則萬
理具在」、引文②可轉換為：「……聖人所謂〔如果〕『敬以直內』，則湛然虛明，萬理具
足，……。」引文③可轉換為：「〔如果〕敬則心存，心存，則理具於此而得失可驗，……。」
此三個引文都可以轉換為「〔如果〕敬，則〔理具〕」的形式。

明智而有條理，其邏輯之一致性亦甚堅強。」[50]我認為朱子應不致於犯這樣的錯誤，所以，在我們先假設朱子自己的說法並沒有不一致的前提下，我認為有以下兩種可能性：

　　可能性1：並非講「心具理」時沒有出現「敬」或有關「敬」的說
　　　　　　法，就表示「心具理」和「敬」是不相干的，有可能
　　　　　　「敬」已是一個預設，[51]即凡言「心具理」必先預設已做
　　　　　　了敬的工夫，故無須再特別提到敬的功夫。
　　可能性2：雖然「敬」與「心具理」一起出現，但朱子並不是認
　　　　　　為「敬」是「心具理」的先決條件（此即引文④⑤之
　　　　　　意），朱子實際上是在說明「敬」的作用。

哪一個可能性較能貼近朱子的意思，並且不會使他的說法不一致，以下兩條引文可以幫助我們釐清這個問題，依朱子所言：

　　⑥所引「人生而靜」，不知如何看「靜」字？恐此亦指未感物而
　　　言耳。蓋當此之時，此心渾然，天理全具，所謂「中者狀性之
　　　體」，正於此見之。[52]
　　⑦「涵養則其本益明，進學則其智益固，表裏互相發也。」此語甚

---

[50] 牟宗三：《心體與性體三》，頁66。
[51] 對此，牟先生認為心之所以能具理，事實上是先有「敬」的功夫，其云：「在道德修業上，通過一種工夫使心與理關聯地貫通而為一，此工夫即是『敬』。……人通過敬的工夫，始能使心合仁道，此時仁即與心貫通而為一。……心既具理而依此仁道矣，則心之寂然不動感而遂通之妙亦於焉以著。否則，心不必能寂然不動感而遂通也。故在中和定說中開始平說的未發是寂然不動，已發是感而遂通，並不是就事論事本然如此。而是預設著一種工夫使然〔案：粗黑體為我所加〕。若不預設此工夫，只就事論事平說，則喜怒哀樂未發並不就是心體流行寂然不動之體，亦並不必就是『中』，已發亦並不就是各有攸主感而遂通之用，亦並不必就是『和』。」牟宗三：《從陸象山到劉蕺山》，頁120-121。牟先生認為「敬」的工夫是心與理能貫通為一的先一步工夫，此亦可說，言「心具理」已預先含有「敬」的工夫。另，牟先生認為朱子言「寂然不動感而遂通」亦是已預設了一「敬」的工夫，若無預設此一工夫，則未發時不一定就是寂然不動之體，即未必是「中」，而已發時也未必便能使情各有攸主，即未必是和。要能未發時是中而已發時是和，必須先預設一個敬的工夫。牟先生此處的說法是在詮釋朱子「中和新說」的相關文獻時，所給出的論斷，而此中相關的問題，我稍後會有討論，於此僅先提出：「預設朱子論及『心具理』時，已先預定了『敬』的工夫」是牟先生詮釋朱子系統中「心具理」的一個基本前提。
[52] 朱熹：《朱子文集（肆）》，卷43，〈答林擇之二十〉，頁1900。

佳。……蓋義理人心之固有，苟得其養，而無物欲之昏，則自
然發見明著，不待別求，格物致知，亦因其明而明之爾。……然
「靜」字，乃指未感、本然言。……。[53]

引文⑦指出「靜」是指未感、本然言。而「本然」應是在<u>形容人所呈現的
是其自然而然的狀態</u>，也就是未受其他事物或自身的感性愛好所干擾時
的狀態，亦即是「未感」時的狀態。而此對應到引文⑥，朱子指出吾人
在「靜」（即未感、本然）時，是「此心渾然，天理全具」。「渾然」
猶言「完整不可分割」，也就是說，在靜時，吾人「心之全體是天理全
具」，而這個意思亦同於上引文④「心之全體湛然虛明，萬理具足，無一
毫私欲之間」。換言之，<u>在不受其它事物或自身的感性愛好所干擾的狀態
下</u>，吾人可以體認到實際上心之全體是萬理具足，而此「具足」並不是以
「敬」的工夫作為先決條件。此外，引文⑦的「蓋義理人心之固有」也
是釐清此一問題重要的關鍵，一般我們詮解傳統儒家經典中的「我固有
之」[54]的「固有」一詞的意思時，多是指「『內在本有』而非『假於外才
有』」，即先天意義的有。但是牟先生認為朱子此處言「固有」有歧義
（ambiguity），所以，在討論引文⑦之前，我們先來看牟先生的說法：

1.……『義理，人心之固有』，此亦是依附孟子而說。……其心中
所理解者決非孟子之本意也。其所意謂之『固有』決非孟子心即
理、本心即性體系統中之『固有』。朱子對於『仁義內在』並不
真能透徹。其所意謂之『固有』仍是認知心的靜攝之關聯的固
有。其意蓋謂人心之靈覺本有知是非（義理）之明。[55]

引文1中牟先生的意思可由以下的論證表示：

前提1：朱子言「固有」是意謂心之靈覺本身具有認知「是非」

---

[53] 朱熹：《朱子文集（肆）》，卷43，〈答林擇之二十一〉，頁1901-1902。
[54] 例如孟子言：「仁義禮智，非由外鑠我也，我固有之也，弗思耳矣。」的「固有」即是指「先天
意義」的「有」。朱熹：《四書章句集註》（臺北市：鵝湖月刊社，2008），頁328。
[55] 牟宗三：《心體與性體三》，頁188。雖然朱子是說「義理是人心所固有」，但牟先生認為朱子
所言的「固有」是「認知心的靜攝之關聯的固有」，而非先天義的「固有」。

（義理）之明；

前提2：認知「是非」（義理）之明是在說明「心」的認知能力，
　　　　是以，「義理，人心之固有」的意思是「心固有認知義理
　　　　的能力」，而不是「義理為人心所固有」；

前提3：要之，心與義理之間的關係是「認知心的靜攝之關聯的固
　　　　有」，非孟子「心即理」、「本心即性體系統中之固有」
　　　　之本意；

結　論：朱子言「義理，人心之固有」是依附孟子而說，實際上是
　　　　認知靜攝之關聯的固有，亦即是由後天意義所說的固有。

依結論所示，牟先生認為朱子義的「固有」不是先天義，而是認知靜攝關
聯之後天義的固有。為了確定朱子是否如牟先生的詮釋，再引朱子於別處
言「固有」[56]之意，作為討論時之參考。朱子云：

⑧然須是以孝弟為本，無那孝弟，也做不得人，有時方得恰好。須
　　是充那<u>固有</u>之良心，到有恥、不辱君命處，方是。[57]

⑨人於仁義禮智，惻隱、羞惡、辭遜、是非此四者，須當日夕體
　　究，令分曉精確。<u>此四者皆我所固有</u>，其初發時毫毛如也。[58]

⑩明德不是外面將來，安在身上，自是<u>本來固有</u>底物事。[59]

⑪人心皆自有許多道理，不待逐旋安排入來。聖人立許多節目，只
　　要人剔刮得自家心裏許多道理出來而已。[60]

---

[56] 朱子使用「固有」這一詞時，還有其它的意思，如其所云：「今學者多端：固有〔粗黑為我所
　　加〕說得道理是，卻自不著身，只把做言語用了。固有要去切己做工夫，卻硬理會不甚進者。」
　　《朱子語類》卷31。此「固有」之「固」是「固然」的意思，當副詞用時，有「雖然」的意思，
　　主要在表示「承認某個事實的意思」，所以此處朱子雖然是用了「固有」一詞，但並非是指「非
　　有假於外者」而本來就有之「固有」的意思，而是在表明也承認某個事實的「固然有…」的意
　　思。為了不使正文的討論歧岔出去，故僅於註中說明朱子在使用「固有」時，有時候是指「固然
　　有…」的意思。
[57] 朱熹：《朱子語類》，卷44，頁1115。
[58] 同前註，卷53，頁1293。
[59] 同前註，卷106，頁2655。
[60] 同前註，卷23，頁558。

第一，依引文⑧⑨⑩，朱子明白指出「良心」、「仁義禮智」、「四端」、「明德」皆是人所「固有」，而從引文⑩「明德不是外面將來，安在身上，自是本來固有底事物」可知，朱子使用「固有」一詞的意義，並不是意指此「有」是透過後天經驗的活動而有，即「後天意義的有」，否則朱子不會以「不是外面將來，安在身上」來形容「明德」。而就「後天的」與「先天的」是「窮盡又排斥」的一組概念而論，只要不是「後天的」，就一定是「先天的」，換言之，朱子使用「固有」一詞時，既然不是意指「後天意義的有」，就是意指「先天意義的有」。第二，又從另一角度言之，「外面將來，安在身上」與「本來固有」明顯是相對反的意思，如果朱子系統中「心與義理」的關係是誠如牟先生所主張的是「認知心的靜攝之關聯的固有」，而朱子確實也是這個意思，即朱子使用「固有」一詞是「後天意義的有」。則引文⑩在義理上是無法解得通的。因為「不是外面將來，安在身上」是「先天的」意思，如果朱子使用「固有」是意指「後天的有」（不是取「先天的」意思），則朱子在引文⑩不應該使用「本來固有」一詞。因為以「不是外面將來，安在身上」來說明「人本來固有明德」（依牟先生認為朱子義的「固有」應作「後天意義的有」的詮釋），是犯了語意自相矛盾的錯誤。第三，在傳統儒家的立場下，主張性善者，不可能會認同上述的概念不是人所先天本有，而是假於外而有。若說「良心」、「仁義禮智」、「四端」、「明德」等非人所先天本有，而是後天認知後才有，想必同樣以「性善」為立場的朱子也不會同意。並且，在引文⑧⑨⑩，也看不出朱子使用「固有」一詞是意指「後天意義的有」。[61]第四，如果再就引文⑪「人心皆自有許多道理，不待逐旋

---

[61] 雖然透過我的探討，可確定朱子使用「固有」一詞時，並非意指透過後天經驗的活動而有，但我認為若以牟先生的思考來看，牟先生仍不會同意我這樣的一個分析，其理由如牟先生判朱子系統所言：「在順取之路中，所謂『我固有之』，所謂不待外求，皆只成口頭滑過，依附著隨便說說而已，實則皆待外求，而固有之者亦被推置於外。此不得以所窮理之理即吾人之性為解，亦不得以『心之德』、『心具眾理』為解，蓋心與理為二即是外也，以認知的橫攝而一之，而貫通之，亦仍是外也。此蓋順取之路所決定而必然如此者。」牟宗三：《心體與性體三》，頁480。牟先生認為即便通過認知的方式可以使心與理關聯貫通而為一，但是只要是（1）在心與理為二的立場下；以及（2）以此「順取」認知的方式所作成，皆是有求於外，故不能稱之為「固有」，朱子言「固有」只是依附經典而說。牟先生的立場十分堅定，上述的判語除了來自於他對朱子的心性論的詮釋之外，亦有來自於他對朱子的工夫論的詮釋。所以，要確定牟先生的判語是否合理，除了本文所處理的心性論之外，還需涉及朱子工夫論的詮釋，工夫論的部分我將會專為一文處理朱子的工夫論時進行討論。

安排入來」觀之,「不待逐旋安排入來」亦可作為「固有」是「人本來就有,非假於外而有」的旁證。據上述四點理由觀之,朱子使用「固有」一詞時,不是如同牟先生所說的,是以「認知」作為理解「有」的先決條件。[62]朱子言「固有」的意思是指「先天意義的有」,而不是「後天意義的有」

　　確定了朱子言「固有」仍是採取「本來就有且非假於外而有」的意思,則藉由「義理,人心之固有」一句,更可見出朱子並不認為說明「心具理」之意涵需要先預設「敬」的工夫,也就是說,朱子在論及或說明「心具理」時,並沒有預設是已經先做了「敬」的工夫。相反的,從「涵養則其本益明」一語,可知「敬的工夫」主要是在使心所固有的義理之發見可為明著。由此可見,當朱子在同一個語脈論及「敬」與「心具理」時,實際上他的重點是放在說明「敬」這一工夫的作用,而不在說明:「心具理」的意涵必須以「敬」作為先決條件。據此,回到上述的兩個可能性,可以排除可能性1「以敬作為心具理的預設」,而保留可能性2的說法。也因為可能性2可以保留,所以朱子的說法並沒有上述不一致的問題。而且,據可能性2的說法再回頭看一開始的引文①②③,事實上朱子主要在說明透過實踐「敬」的工夫,其作用可以使心所固有之義理的發見更為明著,換言之,他的重點是放在「敬」的作用的說明,而不在說明「敬」是「心具理」的先決條件。

　　上面的分析應可初步回應第3節一開始所需解決的問題(1)。據我的觀察,通常會導致人往第3節一開始所提到的問題(2)[63]方向思考的原因,在於朱子部分論及「心具理」的文獻,確實有立場看似模棱兩可之處,即:(2.1)究竟朱子是在說明「心的本然狀態」;抑或是(2.2)朱子是在說明以「心之知覺」作為「心具理」的先決條件?以下便就此一類型的文獻討論之。據《朱子語類》所載:

---

[62] 在詮釋朱子文獻時,若以牟先生詮釋基本架構進行詮釋,有時候必須改動朱子的文獻,或增加一些原本文獻中沒有的概念,才可將該文獻的語脈解得通順,否則往往格格不入。或許在詮釋上,亦可以依義不依語,但我認為,是否在遇到詮釋困難的同時,亦微調或修正詮釋的基本架構,才是比較合理的詮釋態度。

[63] 即:朱子在定義「心具理」時,是否已經先預設心的「知覺能力」在「認知」這一方面的運用?

⑫……但要識得這明德是甚物事，便切身做工夫，去其氣稟物欲之
蔽。能存得自家個虛靈不昧之心，<u>足以具眾理，可以應萬事</u>，便
是明得自家明德了。[64]

⑬明德者，人之所得乎天，而虛靈不昧，以具眾理而應萬事者也。[65]

又，據《朱子文集》所載：

⑭性只是理，情是流出運用處；心之知覺，即所以具此理而行此情
者也。以智言之，所以知是非之理，則智也，性也。所以知是非
而是非之者，情也。具此理而覺其為是非者，心也。此處分別，
只在毫釐之間，精以察之，乃可見耳。[66]

若以（2.1）的解釋進路——表示是以「非假於外」之義的「固有」的立場
來說明「心具理」一觀之，則引文⑫「能存得自家個虛靈不昧之心，足以
具眾理，可以應萬事」可疏解為：能存得自家個虛靈不昧之心，就能夠將
心所固有之眾理，表現在其所相應的事事物物之中；而引文⑬「以具眾
理而應萬事者也」可疏解為：能夠以其所具固有之眾理，表現在其所相
應的事事物物之。若以（2.2）了解進路觀之，引文⑫「能存得自家個虛
靈不昧之心，足以具眾理，可以應萬事」可疏解為：能存得自家個虛靈
不昧之心，就能夠發揮心之知覺的能力，在認知理後而具理於心，之後便
能夠表現在所相應的事事物物之中；而引文⑬「以具眾理而應萬事者也」
可疏解為：能夠以心之知覺認知理而具理於心，之後便能夠表現在所相應
的事事物物之中；引文⑭「心之知覺，即所以具此理而行此情者也」可疏
解為：心之知覺是心之所以能夠透過認知的活動而「具理」，以及將所具
之「理」表現為「情」的一個先決條件。引文⑭較於引文⑫⑬似乎更為清
楚的說明「心具理」是以「心之知覺」為先決條件。雖然此文段同時論及
「心之知覺」與「心具理」的文獻看起來似乎是以「心之知覺」作為前提

---

[64] 朱熹：《朱子語類》，卷14，頁265。

[65] 同前註。

[66] 朱熹：《朱子文集（陸）》，卷55，〈答潘謙之一〉，頁2607。朱子於《四書章句集註》中所言
的「心者，人之神明，所以具眾理而應萬事者也。」亦是與此文句相類似的文獻。朱熹：《四書
章句集註》，頁349。

來說明「心具理」，但是，如果也以（2.1）來看引文⑭，則其疏解為「心之知覺，是心之所以能彰顯其所具（固有）之理，以及將此「理」表現為「情」的先決條件」又是不同的詮釋。雖然看起來都是以「心之知覺」為先決條件，但其與從（2.2）來看不同之處，在於以（2.1）來看引文14是就「心」能夠將其所固有的「理」表現出來的功能作用而為言，換言之，心所固有的理必須透過「心之知覺」才得以表現為具體的「情」，故此是就心的「功能作用」說「心之知覺」是表現「心具理」的先決條件。

　　不論從（2.1）或（2.2）的進路來解釋這三段引文，在「應萬事」（或行此情）這一部分的疏解是相同的，都是在說明「心」的功能作用在於能夠以所具之理「應萬事」，唯有在「具眾理」這一部分的疏解不同。（2.1）說明「具眾理」是心的本然狀態，即心是先天的具理以作為其內容。就作用而言，心以其先天所具有的道德內容為標準，判斷行動者當下的道德的情境，判斷後以相應的道德法則作為行為活動的依據；（2.2）則是說明心之知覺有將理具於心的能力，心藉由了後天的認知活動，便能夠將理具於心作為其內容。就其作用而言，心以其後天認知後所具有的內容來判別吾人所身處的是哪一個道德意涵的情境，判別後以相應的道德法則作行為活動的依據。

　　從以上的討論，可知分別從（2.1）或（2.2）的進路來了解「心具眾理」，似乎都允許一個自成一套的說法，也都蘊涵了其詮釋的可能性。然而，這也就是造成詮釋「心具理」歧義的原因。故，要解決這個問題，需要進到義理層次進行分判，以確定：對朱子的系統而言，「心之知覺」與「心具理」這兩個概念在理解的次序上，何者具有「優先性」。吾人究竟應該以（2.1）或（2.2）作為理解「心具理」的進路？

四、朱子言「心具理」之「具」是「先天意義的具」

　　經過上一節的討論，朱子使用「固有」並非是非後天意義的「假於外而有」，而是先天意義的內在本有，這表示了朱子說「蓋義理人心固有」時，排除了以「認知」作為說明「心」與「義理」是內在關係的先決條件。假設「『蓋義理人心固有』是『心具理』的另一個說法」的命題成立，則「心具理」之「具」可取先天意義的「固有」義，若此，則「心具理」就是「心先天的固有理」的意思。順著這個思路，詮釋「心具理」就

不需以「心之知覺」作為先決條件；相反的，「心之知覺」必須由「心具
理」的意涵來規定。若此，就概念理解的優先性而言，「心具理」是理解
「心之知覺」的先決條件；就詮釋進路而言，則是由「心之知覺」確定
「心具理」的意涵，轉向由「心具理」確定「心之知覺」的意涵。

　　上段末所表示的，即我所意謂的「詮釋進路轉向」。要證成此一「詮
釋進路轉向」的合理性，必須先證成「『蓋義理人心之固有』是『心具
理』的另一個說法」的假設成立，以及判定上一節留下的問題：吾人究竟
應該以（2.1）或（2.2）作為理解「心具理」的進路？我將就以下朱子論
及「心具理」的文獻進行分析，以展示朱子的理論架構。

　　在討論朱子直接論及「心具理」的文獻之前，我先就以下所引述的文
獻說明朱子對於「心」、「理」關係的一個基本立場，

> ⑮人心皆自有許多道理，<u>不待逐旋安排入來</u>。聖人立許多節目，只
> 要人剔刮得自家心裏許多道理出來而已。[67]
>
> ⑯曰：「……。聖人之教學者，不過博文約禮兩事爾。博文，是
> 『道問學』之事，於天下事物之理，皆欲知之；<u>約禮，是『尊德
> 性』之事，於吾心固有之理，無一息而不存。</u>[68]

依引文⑮，「不待逐旋安排入來」說明了心與理的關係並不從後天經驗活
動來規定，此句排除了心與理是後天的關係。而就之後接著表明的，是涉
及道德實踐的功夫來看，人心所有的許多道理是指具有道德意涵的「性
理」。在此，朱子表明一個立場：心不需涉及後天經驗的活動便具有性
理，正面地說，心之具有性理是先天的有。而朱子正是以「心是先天的具
有性理」的立場為前提，接著指出聖人所立的工夫次第，只是要人藉由
「剔刮」的工夫，使心中所有之性理可以體現出來。正因為性理是「非假
於外而有」，故工夫專用在「剔刮」，其旨在去除遮蔽心的塵垢，而不在
獲得新的道理，若剔刮便能使心中的道理呈現，亦能證成心中之性理確非
假於外的安排入來。又，在引文⑯，朱子言「尊德性」之事，是要能存吾
心固有之理，此「固有之理」是指「尊德性」之「德性」，故吾心所固有

---

[67] 朱熹：《朱子語類》，卷23，頁558。
[68] 同前註，卷24，頁569。

之理即屬「性理」實無可疑。此外，朱子使用「固有」之意，已於上一節的討論中確定，即：當朱子以「固有」來說明心與性理之間的關係時，是指先天意義的有，所以「德性」是心所先天固有之理，在朱子系統中乃一客觀的事實。雖然引文⑮⑯從文字中看起來不是直接論及「心具理」的文獻，但已可初步見出朱子認為心與性理之間是「先天義」的關係的立場。

關於朱子直接論及的「心具理」的文獻，據《朱子語類》所載：

⑰……某嘗說，今學者別無他，只是要理會這道理。此心元初自具萬物萬事之理，須是理會得分明。」（賀孫）[69]

⑱心之全體湛然虛明，萬理具足，無一毫私欲之間；其流行該載，貫乎動靜，而妙用又無不在焉。故以其未發而全體者言之，則性也；以其已發而妙用者言之，則情也。然「心統性情」，只就渾淪一物之中，指其已發、未發而為言爾；非是性是一箇地頭，心是一箇地頭，情又是一箇地頭，如此懸隔也。（端蒙）[70]

⑲先生又云：「此心虛明，萬理具足，外面理會得者，即裏面本來有底，只要自大本而推之達道耳。」……又云：「本領上欠了工夫，外面者是閑。須知道大本若立，外面應事接物上道理，都是大本上發出。如人折這一枝花，只是這花根本上物事。」[71]

⑳只是人有是心，便自具是理以生。又不可道有心了，卻討一物來安頓放裏面。[72]

㉑蓋是吾心本具此理，皆是合做底事，不容外面旋安排也。[73]

---

[69] 同前註，卷31，頁790。

[70] 同前註，卷5，頁94。朱子以「湛然」與「虛明」形容「萬理具足」的「心之全體」是清澈純潔的，而心之所以清澈純潔，正因為其全幅內容是「無情意」、「無計度」、「無造作」的「理」，綜言之，「理」是「淨潔空闊」的。此意可見朱子所言：「……理卻無情意，無計度，無造作。……若理，則只是箇淨潔空闊底世界，無形迹，他卻不會造作。……」同前註，卷1，頁3。也由於心之全體是「潔淨空闊」的「理」，所以能夠「無一毫私欲之間」，而由此亦可知，朱子不認為私欲是「心」的內容的一部分。雖然行動者有時候會受到私欲的影響，而做出違背「理」的行為，但這並不表示給出行動者行為標準的「心」本身內在含有私欲的成份，若以朱子自己的說法，此情況乃是因為心受到私欲——例如利害——的遮蔽。此意可見朱子所言「……初來本心都自好，少間多被利害遮蔽。……」同前註，卷97，頁2487。就「初來本心都自好」一句可見出「利害」（私欲）並不源自於「心」。

[71] 同前註，卷114，頁2763-2764。

[72] 同前註，卷95，頁2440。

[73] 同前註，卷62，頁1509。

此五條引文皆表示出朱子所言的「心具理」是「心先天的具有性理」，尤其在引文㉑「吾心本具此理」意思更為直接顯明。在引文⑰，朱子以「元初」、「自具」表明「心具萬物萬事之理」不是後天意義的具有，此「具」並不涉及後天經驗的活動。而就之後「須是理會得分明」可以看出朱子旨在強調須對「性理先天地內在於心，不是後天地內化於心」有明白的了解。而參考朱子於他處所言「窮理，如性中有箇仁義禮智，其發則為惻隱、羞惡、辭遜、是非。只是這四者，任是世間萬事萬物，皆不出此四者之內。」[74]可知心元初自具之萬事萬物之理就是以「仁義禮智」為內容的「性理」，依此可推知引文⑱⑲中的「萬理」也是指具有道德意涵的「性理」，並非泛說意義之理。[75]而順著引文⑰的思路，再來看引文⑲朱子告訴學生「此心虛明，萬理具足，外面理會得者，即裏面本來有底」一段話，「元初自具萬事萬物之理」與「裏面本來有底」是相呼應的，正因為「性理」是先天地內在於心，即引文㉑「吾心本具此理」所示，朱子才會有「外面理會得者，即裏面本來有底」的宣稱，如果心非元初本具此理，朱子無法作出這樣的宣稱。而此一宣稱亦與引文⑳「又不可道有心了，卻討一物來安頓放裏面」的意思相同，朱子皆在否定「性理是透過後天的活動而內化於心」的說法。而從引文⑲末所云「外面應事接物上道理，都是大本上發出」也是進一步說明此理為吾人先天所具有。

　　上述朱子論及「心具理」是先天意義的具的文獻，並未受到牟先生的關注，但以下文段是牟先生有討論的。據《朱子語類》所載：

　　㉒理不是在面前別為一物，即在吾心。人須是體察得此物誠實在我，方可。譬如修養家所謂鉛汞、龍虎，皆是我身內之物，非在外也。（廣）[76]

---

[74] 同前註，卷9，頁155

[75] 對此，唐君毅先生指出：「在心之性與情、才、意、志、欲之中，自以內在之性理為主。朱子於此性理，又恆稱為眾理、百理、萬理。就其理之大者而說之，則朱子恆說其為具四德，即仁義禮智之性理。」唐君毅：《中國哲學原論·原性篇》（臺北市：臺灣學生書局，1989年），頁406。又可見陳來先生所言：「朱熹雖然也講人心含具萬理，但這個萬理不是指個個太極，只是指人心具有仁義禮智等等道德條目。」陳來：《朱熹哲學研究》，頁57。在此，我與二位先生的看法是一致的。關於心以性理為其內容的說法，我會在下一節有進一步的說明。

[76] 朱熹：《朱子語類》，卷9，頁155。

㉓自到師席之下，一日見先生泛說義理不是面前物，皆吾心固有者，如道家說存想法，所謂「鉛汞龍虎」之屬，皆人身內所有之物。又數日因廣誦義理又向外去，先生云：「前日說與公，道皆吾心固有，非在外之物。」

引文㉒是牟先生在論及「心具理」之「具」的意思時有提到的文獻，引文㉓雖然牟先生沒有提到，但因為二者內容相近，且引文㉓的說明比引文㉒的意思清楚，故我一起引述討論之。引文㉓是牟先生說明「心具理」之「具」是後天意義的當具的其中一條文獻，牟先生沒有專就其內容討論，而是與其它文獻一齊徵引，「包裹式」的綜論之。但若就引文㉓朱子明白指出「義理」是「吾心固有者」來看，朱子並不認為義理與心之間的關係是後天的關係，相反的，是心先天固有義理，而這也是引文㉒「理不是在面前別為一物，即在吾心」、「皆是我身內之物，非在外也」所要表示的意思。此外，朱子把引文㉓「義理為吾心所固有」的意思，以道家認為的「鉛汞龍虎」是為人身內在所有之先天元氣作為一個類比，若取其「身內所有之物，非在外也」的比喻來看，朱子確實認為「義理」是心所固有，而依此來看「心具理」時，則「具」之意理當作「先天固有」來理解。

　　據上述所分析，可見朱子在說明「心具理」的意涵時，其思理是很一致的，並無不一致的問題。有一點值得注意的是，在上述說明「心具理」的引文中，朱子並沒有涉及「心之知覺」的討論，也沒有特別強調「心具理」是意指「心之知覺」認知性理後所達到的結果；相較而言，上述引文主要在以「心先天具理」說明心的本然狀態，並以此表示「心」與「理」是先天關係。由此可以排除：在朱子系統中，「心之知覺」是理解「心具理」的先決條件，進而證成：「心具理」之「具」是「先天意義的具」。再者，就此所證成的觀點再回頭看本節一開始所欲處理的問題，可知：（一）「蓋義理人心之固有」可以是「心具理」的另一個說法；（二）朱子論及「心具理」時，是就「心性論」一面說明「心的本然狀態」，而不在說明「心之知覺」是心之所以能夠攝具理的先決條件。就「反省結構──反省能力」的關係，所表示是「能力是由結構所決定」的意思來看，在概念的理解的次序上，「心具理」確實較「心之知覺」具有優先性，故吾人應當先確定「心具理」之意涵，之後再據之理解「心之知覺」是何種能力。

綜上而論，在詮釋朱子「心性論」中「心具理」與「心之知覺」的概念時，「詮釋進路」應該從：

> 牟先生的詮釋架構：
> I. 以「心之知覺」作為詮釋「心」之意涵的起點，進而規定「心具理」之意涵轉向為：
> II. 以「心具理」作為詮釋「心」之意涵的起點，進而規定「心之知覺」的意涵。

然而，關於此一「詮釋進路轉向」，我必須申明：此「詮釋進路轉向」是因著牟先生的詮釋架構而產生的，實際上就朱子系統而言，並無所謂詮釋進路轉向的問題，其理由是，在朱子系統中，「心具理」確實較「心之知覺」在理解上具有優先性，是故，吾人當以「心具理」作為理解朱子系統中「心」之意涵的起點。

有一點必須注意，為了要避免「詮釋歧義」問題的產生，在「方法論」上必須先確定所詮釋的對象，其系統中概念與概念之間的「優先性」判定，即哪一個概念應該作為理解一個理論架構的起點，確定了作為理論架構起點的概念，以此進行概念與概念之間的詮釋時，便可避免詮釋歧義問題的產生。

針對上述所得出的一個結論：在朱子系統，「心具理」所表示的「心」與「理」的關係，是指心先天的具有理，並非假於外而有。對於此，吾人仍可以有一提問：為什麼在「心先天具理」的前提之下，朱子的「工夫論」仍要主張「格致功夫」？而此主要在問：（一）既然理是先天具足於心，何需再作格致功夫？[77]（二）一般認為「格致功夫」會導致讓人產生「析心與理為二」、「理在心外」誤解？[78]如果格致功夫真的會導致「心與理為二」、「理在心外」，此功夫豈不與「心具理」的意涵不一致？問題（一）是以「格致功夫」作為心能具理的「必要條件」為立場

---

[77] 沈享民教授即有這樣的提問，沈教授的說法可參閱沈享民：〈再探訪朱熹格物致知論：並從德性知識論的視域略論其可能性與限制〉，頁83。

[78] 明儒王陽明認為朱子「格致功夫」會導致「析心與理為二」的問題。陽明曰：「朱子所謂格物云者，在『即物而窮其理』也。即物窮理，是就事事物物上求其所謂定理者也。是以吾心而求理於事事物物之中，析心與理而為二矣。」王陽明：《傳習錄》（臺北市：臺灣學生書局，2006年）〈答顧東橋書〉，頁171。

而有的問題，但是如果需要透過「格致功夫」，心才能具理，則此與「心先天具理」的意涵不一致。問題（二）則是明儒王陽明所提出的質疑。如果我們先假設朱子並沒有不一致的問題，這表示朱子所意謂的「格致功夫」，就其實質意義而言，並不會產生上述的問題；相反的，「心具理」是朱子建構其「格致功夫」的一個起點。由於這涉及「工夫論」的討論，已超出本文的範圍，我將在另一文〈朱子「格致功夫」理論之重建──以「常知」到「真知」作為重建之核心架構〉有詳細的討論。我於此先以朱子答項平父的一封書信作初步的說明，朱子言：

> ㉔大抵人之一心，萬理俱備，若能存得，便是聖賢，更有何事。然聖賢教人，所以有許多門路節次，而未嘗教人只守此心者，蓋為此心此理，雖本完具，卻為氣質之稟，不能無偏。若不講明體察，極精極密，往往隨其所偏，墮於物欲之私而不自知。……是以聖人教人，雖以恭敬持守為先，而於其中又必使之即事即物，考古驗今，體會推尋，內外參合。蓋必如此，然後見得心之真，此理之正，而於世間萬事、一切言語，無不洞然了其黑白。……若如來論，乃是合下只守此心，全不窮理，然又不曾將聖賢細密言語，向自己分上精思熟察，而便務為涉臘書史，通曉世故之學，故於理之精微既不能及，又并與向來所守而失之。[79]

此引文是說明雖然朱子認為理是心先天固有、本具，但卻又主張格致功夫的一個好的例子。首先，「俱備」、「本完具」都是指向同一個意思，即「非假於外而有」，所以當朱子說「人之一心，萬理俱備」、「此心此理，雖本完具」時，皆是從先天意義的具來表明其意。其次，若從其中的「卻為氣質之稟，不能無偏」來看，朱子認為雖然心固有理，但是心仍有受到所稟之氣質或感性愛好影響的可能，此即如同註70所指出的「心受到了遮蔽」。一旦心受到了遮蔽，其自身的功能無法起作用，則雖然是固有性理，但仍然有無法體現理的可能，一旦心的表現不是依其所本具之性理而有，而是受到其它感性愛好的影響，[80]則難以保證行動者不會做不出道

---

[79] 朱熹：《朱子文集（陸）》，卷54，〈答項平父五〉，頁2552。

[80] 行動者在實踐的過程中，將「心」所具有的「性理」之意涵呈現為具體的行動，此一呈現除了含有實踐的意思之外，亦表示了呈現的是「心」所本有的性理，故以「體現」表示之。由於受到感

德的行為，故朱子說「不能無偏」。而再就「往往隨其所偏，墮於物欲之私而不自知」觀之，朱子擔憂行動者若不能時時體察所固有之性理，並以之作為規範行為的標準，則行動者容易汩沒於物欲之私而不自知事實上心是本具性理的。要避免此問題，則需要平常的工夫，即朱子所言「必使之即事即物，考古驗今，體會推尋，內外參合」，工夫目的在於要能使「心所具之理」與「相應之事」能夠「內外參合」，此工夫所著重的在於能相互驗證，以使「心所具之理」與「事」能夠相合。而這也能夠與上引文⑲「此心虛明，萬理具足，外面理會得者，即裏面本來有底，只要自大本而推之達道耳」的意思相呼應。而就「蓋必如此，然後見得心之真，此理之正，而於世間萬事、一切言語，無不洞然了其黑白。」可知工夫的效果，主要在使行動者能夠確實把握心所本來具有之正理，以之作為道德判斷的標準，恰如其分的體現在當下所處的道德情境。

五、結論

經過上面的析論，我擬由以下五點表示本文的立場：

5.1「心」屬於「氣」，「心之知覺」僅是具有「認知」功能，故「心」是一「認知心」，是牟先生詮釋朱子義理系統的基本立場，而其詮釋構架構則是以「心之知覺」為基本預設，從而規定「心」之意涵，再進而規定「心具理」之意涵。雖然在牟先生的詮釋架構下也能夠疏解朱子的義理系統，但有時候在遇到無法以此架構順通朱子的義理時，則必須對朱子的語脈進行修改。

5.2在牟先生的詮釋架構下，是以「靜涵」與「靜攝」工夫為心能具理的兩個必要條件，如果沒有透過靜涵靜攝的工夫，則心無法具有理而為其內容。但因為心只是屬氣的認知心，是形而下者，而「理」是形而上者，故心與理分屬兩個不同層次，本質亦不相同，故為異質異層之二者。依此，心具理並無必然性，「靜涵靜攝工夫」僅能充作心具理的必要條件，無法成為充分又必要的條件。而就靜攝是心具理的必要條件，以及靜攝即是「心之知覺」的

性愛好的影響而有行動不是來自於心所本具之內容，亦不是一實踐意義的行動，只是呈現出當下受到影響的情況，故以「表現」而不以「體現」來說明之。

活動來看，心之知覺是心具理的先決條件。若此，則「心具理」就是工夫後所達到的一個境界。

5.3雖然牟先生認為朱子言「固有」時，是依附孟子而說，實際上是指「心固有認知義理的能力」。而其言「蓋義理人心之固有」，是認知靜攝之關聯義的固有，不是先天義的固有。但是就我依其文本所進行的分析來看，朱子義的「固有」仍是取「非有假於外者」之義，換言之，也就是「先天義」之「固有」。此外，就其論及「心具理」的意涵時，朱子並沒有涉及「心之知覺」的討論，也沒有特別強調「心具理」是指「心之知覺」認知性理後所達到的結果；相較而言，朱子是以「心具理」說明心的本然狀態，以表示「心」與「理」的先天關係。而由此可證成：在朱子系統中，「心之知覺」不是「心具理」的先決條件，「心具理」之「具」是「先天意義的具」。由此而言，朱子言「蓋義理人心之固有」，即是在說「心先天具理」，旨在說明心以理為其內容。

5.4承5.3，朱子以「心具理」說明心是先天的以理為其內容，而實際上並無涉及心必須先行「認知」這一環節。若就「反省結構／內容——反省能力」的關係來看，能力是由結構／內容所決定，所以「心」的能力是由心的結構所決定，或說由心的內容所決定。由此而言，如果心所「知覺」的對象是心所先天具有之理，而此理是先天又內在的，則心之「知覺」就不能僅是「認知」意義的「知覺」，因為「認知」主要是以外在經驗世界為認識的對象，若此，則心之「知覺」是否誠如牟先生所判定的，僅具「認知」義，就有重新規定的必要。假設心之知覺的對象是心所先天具有之理，則此「知覺」可以往「反省」的能力來了解，即心是反省（知覺）自己所具之理，並以此理為道德判斷的標準。而此是否能納入朱子的義理系統，我將於下一篇文章處理。

5.5關於「既然心先天具理，但為什麼還要做格致功夫」的問題，我在第4節依朱子的說法作初步的回應。在朱子的系統中，雖然心先天的具有理，但朱子擔憂行動者雖知心先天具有理，但若不能時時省察其所固有之理，則理之為規範行為的標準的效力則無法彰顯，在此情形下，行動者容易因汨沒於物欲之私而不自知。故為了避免此問題，則需平時的工夫，如果工夫指的是「格致功夫」，則表示朱

　　子所意謂的「格致功夫」可能就不是如陽明所說的，是求外在之理，而是要藉由反省心中之理而以理作主。一旦這個理解有成立的可能，則「格致功夫」之實義勢必要重新規定。

第十一章　牟宗三的生命與學問

港專社會科學研究中心
周栢喬

一、引言

　　《維基百科》之〈牟宗三條目〉列舉了牟先生五項學術成就：（一）表述「儒、釋、道」三教的義理系統。（二）開顯儒家外王學的新途徑。（三）全譯康德《三大批判》。（四）積極消化康德。（五）通過省察會通中西哲學。我認為這五項工作都指向一個鮮明的目標：強化思辨與識見，塑造當代中國哲學的規模，喚醒中國學術那沉睡已久的自尊，為中國文化重拾一度失落的自信。大家都知道，牟先生本人沒有說過類似的話，我這樣說似乎誇大了一點，須要疏解一下，這個說法才變得踏實。

　　按照牟先生的想法，不懂得反省人類所共同面對的普遍問題，不懂得會通中外哲學，就不懂得當代中國哲學界的首要任務，是在於發揚傳統的智慧，以補西方哲學之不足，以此讓中國學術界知道，除了在科學領域裡要迎頭趕上之外，在人文科學的領域裡也有可能作出獨一無二的貢獻，因而有值得別人尊重的地方，這是文化自信的基礎。縱觀牟先生畢生的著作，集中於疏理哲學的篇章無不為中西會通鋪墊堅實的基礎，這是他的學問；但他有更多的關懷，那就是民族在「政道、事功、科學」等各方面的出路，最使他懊心的是我們這個國家的政道仍未尋得健康的發展，他用上哲學語言，一再追問：內聖之學何以開出外王之大義？讓政道來體現王道的理想！這不僅僅是個學術問題，它也是民族生命的問題；在牟先生來說，鑽研這個問題就是他所說的生命的學問。他南遷港臺，所繼續經營的正是這門生命的學問，近半個世紀，反復論述了內聖之學開出外王之大義有其可能的根據，但我輩仍找不到外王之大義何以落實的答案，這是他留下來的未竟的事業。

二、研究與會通

　　近人研究中國哲學，多從整理中國哲學史入手，馮友蘭是這方面的代表，他的方法主要在於借用歐美哲學的一些概念用當代的語言重述傳統的思想，讓重述的結果體現傳統思想的理論結構，頗有新意，而且比胡適做得更好；然而，這樣去理解中國哲學，只會讓中國哲學淪為歐美哲學的旁支！沒有勾畫出中國哲學原有的風貌。牟先生寫《才性與玄理》、《心體與性體》和《佛性與般若》，雖有哲學史的規模，卻從沒有自限於整理哲學史這個目標；也就是說，疏理傳統思想不一定借重歐美概念；對比各種傳統的思想時，除了進行中外對比之外，也進行傳統之內各家思想之對比；中外對比不忽視彼此相同之處，內部對比也不忽視相異之處；總而言之，疏理中外各家思想，知其相同之處，才知道彼此共同關心的普遍問題是甚麼；知其相異之處讓我們知道那一家的思想更有可能找到解決問題的進路，牟先生相信這正是中西哲學的會通之路，在這條路上走得愈遠，愈能明白外王之大義何以落實。

　　讀過《中國哲學十九講》和《中西哲學之會通十四講》，便知道牟先生非常重視兩個問題，一個是道德問題，另一個是存有問題，一套思想如何處理這兩個問題及其關係，在很大程度上決定了這套思想的高下得失。牟先生在這兩本書裡圍繞著這個觀點，評述了儒、道、佛，以至康德等四家的差別，為會通工作做準備。其要點如下：

　　　（一）儒家的原始學說是孔子所說的「仁」，它除了被理解為道德之源之外，也可以拿來代表'理'，萬物即以此理為生生不息之源。後來的孟子、陸九淵和王陽明反復申述了這個觀點，鞏固了「心即理」說，讓大家明白，從本心出發所成就的道德，其所依據的原則也就是萬物創生的存有論原則。

　　　（二）道家講的是玄理，它是「眾妙之門」，是從（純粹的）無到有的依據，具存有論的意義；我們對待玄理，在乎虛靜，惟虛靜方能妙用，不為紛雜之世事所驅使，而不失自在的我，有道德含義。

　　　（三）佛教傳到中國，有判教之舉。讀過佛學的人大抵上都知道，佛說大小乘諸經，可用一法門、二法門、乃至無量法門來施教，

　　例如說四諦即用四法門，這是分別說的法，又名可諍法，方
便眾生認識諸法無常，排除執著，這是說法的初階。而般若經
卻無所說，實行一法不立，讓以前的方便法，連同小乘所說諸
法，全部歸於實相。如此引導眾生化除執著，所用的是不諍
法；其說法的方式比分別說來得更徹底。此教之所以被稱為通
教，與眾生根器有關；一方面是眾生或因根器所限，以一法不
立的不諍法為諸法之一；那麼，所得之教化效果便與小乘無
別，有下通小乘之勢，另一方面則有眾生或因根器較好而上通
別教。所謂別教，就是有別於通教和圓教的一種化法。般若空
宗屬於通教，所說之法，囿於第六識而限於三界，屬於較為低
階的教化；從通教進至別教，也就從第六識進至第七和第八
識，所說的法便越過三界之外，除說明了生死流轉法之外，也
說明清淨法；由於別教進行化法之時，「曲經紆迴，所因處
拙」，沒有被判為圓教，這是天臺宗判教的觀點，牟先生雖然
支持這個觀點，卻另有理由。在他而言，小乘法（即藏教）、
通教和別教都是方便權說，這種方便說原來的目的是在於幫助
眾生認識諸法實相；但不難想像，眾生對於小乘法若能通了其
中的究竟義，當知小乘法也為佛法，不比大乘法遜色。這樣的
義理沒有在別教中反映出來。而法華經作為圓教的典籍，則不
單止就著「開權顯實」的道理說明小乘法是佛法，也說明了一
切法皆是佛法；也就是說，見聞熏習是佛法，低頭舉手也是佛
法，眾生因著見聞熏習而成佛，並不能因此而棄絕低頭舉手所
成的佛道；總之，成佛必即於九法界而成佛，不可離開任何一
法而成佛。這樣去理解圓教，便明白圓教為何離不開權教，也
明白成佛為何要「留物潤生」。原來，保存諸法，是成佛的先
決條件。牟先生就曾經說過：「佛的本身是德，而法的存在就
是福。」[1]按此推想下去，便可以說：「有德必有福。」（即
原善）原因很簡單，後者為前者的先決條件。

（四）有兩句話可概括康德哲學的精髓，那就是「知性為自然立法，
　　　自由意志為自我立法。」為自然立法，現象界裡可感觸的實物

---

[1]　牟宗三：《中國哲學十九講》（臺北：學生書店，1983年），頁363。

都在自然秩序中得到安排；為自我立法，個人的行為也就在道德秩序中得到是善或惡的評價。兩種秩序互不相干。在牟先生看來，關乎知性為自然立法，康德為其客觀性提出了精闢的論述，關乎自由意志的立法問題，卻難有等效的說詞。到了處理最高善的時候，康德為甚麼拙於說詞的原因便清楚地展現出來。原來康德所說的自由意志是設想出來的，借助他來說明我們何以有一個道德觀點，並據此以評述或規範自己的行為，就不必依靠上帝的指引而成就道德，這樣便可以減少神學的色彩。可是，康德沒有把相關的情況想個通透。首先，我們要知道，個人行為既受制於自然秩序，也受制於道德的規範；也就是說，自然與道德兩種秩序需要有個協調。按照康德的想法，兩種秩序是否協調得好，要看一個人在道德上所作的努力，是否能夠適當地化為他所得到的福祉，最高的善就在道德和福祉有了最完美的協調時體現出來；康德認為要知道完美的協調在那裡出現就要靠一種有別於認識自然秩序的知性，這種知性所涉及的是追求完美協調的無盡歷程，康德不相信人作為有限的存在物能夠有這種知性，所以他把這種知性歸於上帝。在他的體系裏，設想上帝才可說明道德與福祉有可能得到完美的協調；換句話說，人在道德上下了工夫之後，還得要上帝的眷顧，才得以實現道德與福祉的完美協調；到了這個境地，康德只好承認，道德與神的力量並舉，最高的善才得以實現；得出這個看法抵觸了康德原初的構思。牟先生指出，康德若承認人有智的直覺，便可以摔掉神學，和佛學一樣，為協調兩種秩序提出一個圓教式的說法，論證「福德並至，乃是人為之事」。

（五）中國的儒家關心修己安仁、道家關心自在的人生、佛家關心成佛；三者各有理想，這些理想都有道德含義，而且都被視為人為的事功。康德設想自由意志，有異曲同工之妙。由此可知，各家所關心的問題，有共同之處。儒者修己，講厚德載物；道家所講之自在與逍遙，讓人嚮往「天地與我並生，萬物與我為一」的境界；佛家的圓教，要求成佛不離九法界。縱觀中國各家所展現的智慧，就是以道德關懷先行，讓自然秩序在道德的關照底下為眾生萬物得出最好的安排。中國人的理想，總是希

望找到一些辦法，讓道德關懷得到極至的發揮，而眾生萬物也因此而得到最好的待遇與安排。若以哲學語言來重述這種智慧所得出的結論，我們可以說：關乎存有問題的理解，離不開對道德問題的理解；康德認為只有上帝才能應付這樣的課題。牟先生認為這是康德哲學之不足，要憑藉中國的智慧予以補足。

上說五點概括了牟先生的哲學研究成果；這樣的研究寄託著他對時代的關懷。在下一節裡讓我們談談這個關懷。

三、哲學的規模與未竟之業

牟先生的會通工作，主要在於以儒佛補康德的不足，這是一個怎樣的哲學工作呢？其規模如何？也許我們可以分成兩部分來解答這些問題。第一部分是牟先生已經做好的工作，第二部分是未竟之業。

先談第一部分。牟先生研究宋明儒，以陸王繼承孟子的心學，講道德首重「求則得之，捨則失之，是求有益於得也，求在我者也」的道理，[2] 在他看來，儒家心學的這個觀點疏通了人人皆可成聖的義理。另外，牟宗三研究佛學，提出圓教的說法，發揮成佛不離九法界的義理，指出成佛之所以可能在乎保住九法界，成佛是德，九法界得到安頓是福。在他看來，圓教疏通了有德必有福的義理，若以成聖為成德之業，以外王為成福之業。那麼，援引佛學，儒學所講的內聖通外王的道理便豁然朗現。現在的問題就在於追尋落實的途徑，這是第二部分的工作。

關乎第二部分的工作，牟先生發表過《政道與治道》和《歷史哲學》等著作。在這個範疇內，他認識到儒家起源於周文疲弊之時，為維護周禮而四出奔走，可是擋不住歷史巨輪的轉動，周禮在郡縣制取代封建制的過程中被清洗，能順著潮流推動歷史的是法家。法家嚴於吏治，為歷代的治道建立基礎，牟先生認可了這方面的貢獻，至於法家所建立的政道卻遭到批判，因為法家主張君主把弄法、術、勢，從而操縱生殺大權，有損王道，所以說法家成就不了健康的政道！牟先生認為政道不張，內聖難通外王。如何申張政道，他有想法，卻未深究，這是未竟之業。

2　《孟子盡心章句上》。

討論至此，讓我回應一下文章開頭的說話，作為結語：牟先生為當代中國哲學提出了內聖通外王的課題，所涉問題橫跨道德和存有等理論領域，規模不少，我輩當有學人以十足的自信，會聚中、外的研究方法，為未竟之業盡其本份。

第十二章　朱子讀書法的工夫進路
——以唐君毅的朱子學詮釋為考察

中央大學中國文學研究所
呂銘崴

一、前言

　　關於朱子討論讀書法的文獻，除了散見於《朱子文集》中的詩歌、書信與公文書等文字之外，大抵皆收錄於南宋黎靖德所編的《朱子語類》第十卷及第十一卷中。在這兩卷裡由門人所記錄下來的文獻，共計二百二十條。此兩百餘條討論「讀書」方法的文獻，涉及的內容繁多，若羅列文中重複出現次數較為頻繁的要項，則有：博學、精熟、專一、熟記、虛心、疑、溫故、反覆、讀書次第、讀史、知行相需、切己等條目。在上述列舉的這些條目中，顯然也有不少名目是與前人論及讀書方法時，用語重複或者相類似的名目，例如關於「博學」一詞，孔穎達早在《禮記正義》中便有「學則博識多文，知古知今」的說法；而「精熟」一詞，北宋的文學大家蘇軾也有「舊書不厭百回讀，熟讀深思子自知」（〈送安惇秀才失解西歸〉）的詩句。若單就這點來看，朱子平時用來教誨門人的這些讀書方法，似乎可以說是蹈襲前人軌轍，僅僅因循著前人的勸學格言，未能別出機杼。而這樣的論點，似乎也能從上述《語類》討論「讀書法」的上、下兩卷中找出一些相關的文句，諸如：

　　　　讀書，只看一簡冊子，每日只讀一段，方始是自家底。若看此又看彼，雖從眼邊過得一遍，終是不熟。[1]

---

[1] 黎靖德編：《朱子語類》（一）（北京：中華書局，2004年），卷10，頁166。

　　　　讀書，且就那一段本文意上看，不必又生枝節。看一段，須
　　　反覆看來看去，要十分爛熟，方見意味，方快活，令人都不愛去看
　　　別段，始得。人多是向前趲去，不曾向後反覆，只要去看明日未讀
　　　底，不曾去紬繹前日已讀底。須玩味反覆，始得。用力深，便見意
　　　味長；意味長，便受用牢固。又曰：「不可信口依希略綽說過，須
　　　是心曉。」[2]

上引兩段文字，大抵皆是勸勉門人讀書時要能熟讀精思，反覆玩味，句句
不可輕易放過，如此才能有所收穫。如此看來，朱子講究的「讀書法」似
乎仍是就經驗學習上來談，不出前人藩籬。但是，曾經參與編輯《朱子語
類》工作的朱子門人黃士毅，在討論《語類》全書書目時，曾經針對「讀
書之法」，與其所從屬的「學」這個門目的關係做過說明，他認為：「先
之以小學為一卷。總論為學之方為一卷。次論知行為一卷。次專論讀書之
法為二卷，乃致知之一端也。」[3]若依黃士毅的說法來看，朱子講求的讀
書，似乎不能僅以經驗知識上的通曉文義、考據名物的觀念來理解，而應
視為一種涵養德性的修養工夫。

　　南宋學者葉采在註解由朱熹與呂祖謙共同編選的《近思錄》一書時，
曾對〈致知〉（〈格物窮理〉）[4]一卷的內容談到：「此卷論致知。知之
至，而後有以行之，自首段至二十二段，總論致知之方。然致知莫大於讀
書，二十三段至三十三段，總論讀書之法。三十四段以後，乃分論讀書之
法，而以書之先後為序。」[5]而目前學界多以為《近思錄》雖是由朱子與呂
祖謙二人共同編選，但在全書的編排上，大抵仍是以朱子的意見為主。換
言之，根據葉采的統計，有關「讀書之法」的條目，總共佔了〈致知〉該
卷七成以上的篇幅，由此我們可以很容易地看出讀書法在朱子格物窮理工
夫中的地位。而在〈致知〉該卷中，朱子雖然輯錄了北宋大儒張橫渠、程
明道、程伊川等三位先生的文字，但全篇中分量最多的，仍是以伊川的學

---

[2]　同前註，頁167。

[3]　同前註，頁28-29。

[4]　《近思錄》此卷的卷目名稱，若依朱子本人的意見，則應作「格物窮理」，參見黎靖德編：《朱
　　子語類》（七）（北京：中華書局，2004年），卷105，頁2629。

[5]　葉采集解：《近思錄》，《景印文淵閣四庫全書》第699冊子部儒家類（臺北：臺灣商務印書
　　館，1983-1986年），卷3，頁699-36下。

說為主。而書中輯錄伊川有關讀書為學的文字，其討論的內容仍然是以成德為重點：

> 焞初到，問為學之方。先生曰：公要知為學，須是讀書。書不必多看，要知其約。多看而不知其約，書肆耳。頤緣少時讀書貪多，如今多忘了。須是將聖人言語玩味，入心記著，然後力去行之，自有所得。[6]

伊川認為讀書不能貪多，要懂得自其精要處，細細體會聖人言語，仔細在心中反覆琢磨，而後努力實踐，自然能有收穫。伊川的這段話顯然是把讀書視作為學成聖的一種工夫，認為學者想要進德修業，便不能廢棄讀書。朱子討論讀書法，在伊川的觀點上多有繼承，因此他講就讀書的重心，仍然應當是以成德為首要的目的，而不當逕指朱子的讀書法只是一種勸學的格言而已。故宋儒張洪在其與齊熙共同編著的《朱子讀書法》一書的〈原序〉中，便曾就朱子的讀書法談論道：「惟我文公稟命世之才，負離倫之識，而尤篤志於聖人之學，其為學也窮理以致其知，反躬以踐其實，而貫之以敬，其窮理則以讀書為本，其讀書則以六者為法……」[7]張洪此處所言除了認同朱子以讀書當做格物致知的工夫外，同時也認為讀書是致知窮理的根本工夫。換言之，朱子言讀書，雖然在工夫要項的名目上，有與前人相近之處，但內容卻與前人有了根本的差異，而其差別正在於朱子將這些原本作為勉人勤學的勸學格言，作了一種朝向道德實踐的工夫意義的轉化。因此，在朱子的讀書法中，雖然仍有繼承前人鼓勵學子勤學的一些教訓，但其祖述有自的部分，則在於如何將這些讀書方法轉化成格物窮理的修養工夫。

　　近人錢穆先生對於朱子以讀書作為道德修養工夫也是抱持著肯定的態度，他說：「朱子教人為學，必教人讀書。朱子教人格物窮理，讀書亦是格物窮理中一重要項目。」[8]這是認為我們對於朱子的讀書法的理解，

---

[6] 陳榮捷編：〈格物窮理〉，《近思錄詳注集評》（上海：華東師範大學出版社，2007年），卷3，頁117。

[7] 張洪、齊熙：〈編訂朱子讀書法原序〉，《朱子讀書法》，《景印文淵閣四庫全書》第709冊子部儒家類（臺北：臺灣商務印書館，1983-1986年），卷1，頁709-354下。

[8] 錢穆：《朱子新學案》（臺北：三民書局股份有限公司，1971年），冊3，頁613。

應該要從格物窮理的角度來切入。同時，我們也不應將讀書法與格物窮理
的德性工夫看成是兩件事，讀書本身即是涵養，兩者並不衝突。因此若問
朱子讀書工夫的目的是什麼，錢先生認為便是在於養心：「朱子教人讀書
工夫，即是養心工夫，又即是處事工夫。養得此心，自能讀書，自能處
事。」[9]錢先生認為朱子言性與心是「一體兩分」[10]的，二者猶如理與氣
的關係。故心雖然具性，但不得為性，心是屬於氣，同時為氣所拘，故吾
人要通過格物窮理的工夫來涵養此心，以使心能明理，繼而依理而行。所
以我們若肯定讀書本身就是一種格物窮理的工夫，那麼要修養德性、變化
氣質，自然不能廢書不讀。同時，如果能由讀書養得此心，養得此心之後
又能持續讀書，二者交替運作，持續修養精進，可以說是一種「內外交相
養」[11]的德性工夫。

　　當然，也並非所有學者對於朱子讀書窮理的工夫皆抱持著肯定的立
場，例如牟宗三先生，便認為朱子所言的讀書窮理，實際上是不相應於道
德本質的「空頭的涵養」[12]，他說：

> 讀書，著書有何不可哉？但是「求放心」這一步本領的工夫卻非泛
> 觀博覽、守書冊、泥言語所能濟事。雖不無助緣之效，然終非「做
> 工夫底本領」。即緣，亦不能保其必為助，而很可成為違。故就本
> 領工夫言，此即是「支離」。「支離」者歧出之謂。……後來象山
> 斥朱子為支離，亦是就本領工夫說，非泛言其為支離也。[13]

牟先生認為象山指謫朱子「支離」，是由於朱子所強調的讀書工夫並不相
應於道德的本質。牟先生認為道德實踐的工夫仍應以孟子的「求放心」為
本領，強調吾人要能擴充、涵養本有的一顆不安、不忍的惻隱之心，將此
道德主體自覺地顯發、實踐出來，以令性理的意義具體地呈現在吾人的生
命之中，而不是採取朱子那種泛觀博覽的讀書工夫，牟先生批評說：

---

[9] 錢穆：《學籥》，《錢賓四先生全集》（臺北：聯經出版公司，1998年），冊24，頁29。
[10] 錢穆：《朱子新學案》（臺北：三民書局股份有限公司，1971年），冊2，頁1。
[11] 錢穆：《學籥》，《錢賓四先生全集》，冊24，頁29。
[12] 牟宗三：《心體與性體》第三冊（臺北：正中圖書，2005年），頁36。
[13] 同前註，頁122。

其真實著力而又能得力者惟在察識方面之致知，即格物窮理。其所謂「講學」亦只限於此。而所謂致知格物落實處亦只在讀書博文，講究典籍，以明其曲折之理。此大體是屬於第二義之經驗知識之事。此固須講習，亦須博考，亦須友朋之助，而且越多越好，此即老子所謂「為學日益」。朱子所謂講學，以及其著力重點，實只在此。[14]

牟先生的這段話是用來回應朱子所說的：「……夫涵養之功，則非他人所得與，在賢者加之意而已。若致知之事，則正需友朋講學之助，庶有發明。」[15]朱子此處舉出以朋友間的講論學問，來致知明理的做法，這在宋儒討論為學的工夫中，是很常見的做法。[16]但牟先生認為朱子這裡一再強調的致知、講學、格物，都只算是經驗層次上「為學日益」的知識積累，對於成德一事來說，恐怕沒有太大的幫助。因此牟先生認為朱子如此說格物致知的工夫，是混淆了知識與道德的在本質上的差義，而為一「順取的工夫」[17]。朱子這是以講經驗知識的做法來講道德，他的格物致知只是一種「泛認知主義」的格物論。[18]

　　牟宗三先生對於朱子這樣的批評是很有道理的，而西方哲學家康德也曾經針對經驗知識與道德法則二者的差異進行過討論，也有助於說明牟先生的論點：

人人亦必須承認：義務底基礎必不可在人之自然（人性）中或在人所處的世界內的環境中去尋求，但只當先驗地在純粹理性抵概念中去尋求；而且最後人人亦必須承認：縱然任何其他基於純然經驗底原則上的箴言，在某些方面，或可是普遍的，但只要它基於一經驗

---

[14] 牟宗三：《心體與性體》，頁195。

[15] 朱杰人，嚴佐之，劉永翔主編：〈答劉子澄〉，《晦庵先生朱文公文集》，《朱子全書》（二十一）（上海：上海古籍出版社、安徽教育出版社，2002年），卷35，頁1534。

[16] 如北宋的張橫渠曾說：「義理有疑，則濯去舊見以來新意。心中苟有所開，即便箚記，不思則還塞之矣。更須得朋友之助，一日間朋友論著，則一日間意思別別，須日日如此講論，久則自覺進也。」《經學理窟・學大原下》，《張載集》（北京：中華書局，1978年），頁286。朱子很喜歡橫渠「濯去舊見以來新意」的這句話，在《朱子語類》中，我們可以看到朱子時常用這句話來勸勉門人。

[17] 牟宗三：《中國哲學十九講》（臺北：臺灣學生書局，1983年），頁395。

[18] 同前註，頁385。

　　的基礎上，（其基於一經驗的基礎即使程度極微，或許只關於其中
　　所含的動機），則這樣的箴言雖可為一實踐的規律，但卻絕不能叫
　　做是一道德法則。[19]

康德指出由後天經驗中歸納而來的箴言，顯然無法企及道德法則所被要求
具備的普遍性，由此可知，作為義務底基礎的道德法則，是不能從經驗中
去尋找的，而只能在先驗的領域中發覺。與牟宗三先生相同的，康德在此
處也指出了經驗知識與道德法則在本質上的差異，二者分處於形上、形下
的領域，中間橫梗著異質層的巨大鴻溝。因此，朱子想要通過讀書法來教
人成聖，這一目標究竟是否能夠達成，自然是很值得懷疑的。

　　然而，我們也注意到與牟宗三先生同為當代新儒學重要學者的唐君毅
先生，在關於朱子學的此一課題上，卻與牟先生有著截然不同的理解。唐
先生對於朱子讀書法的所抱持的態度無寧是遠於牟宗三先生，而與錢穆先
生較為接近的。唐先生與錢先生二人皆肯定朱子的讀書法是有做為涵養工
夫的成效的，然而唐先生在此論題上，則同時更有進於錢先生。唐先生對
於朱子以讀書法作為修養工夫的理解，在討論上更照顧到朱子哲學本身的
心性論架構，而引入了關於如何理解朱子論心意義的問題。因此，如果我
們要為朱子的讀書法找到它在德性工夫上的得以成立的理由，以及讀書法
作為格物致知工夫的意義為何，則有必要回顧唐君毅先生對於朱子論心的
詮釋，並以唐先生的詮釋作為重新審視、考察朱子論「心」的可能意涵，
並以此進一步檢視朱子論心的可能說法，由此試圖為朱子的讀書法找出能
夠成立的理論基礎，並且通過關於朱子讀書法的文獻討論，進一步地說明
朱子讀書法作為格物工夫的合理性。

二、唐君毅對朱子論心的詮釋

　　綜觀上述牟宗三先生對於朱子格物窮理工夫的批評，其主要的問題癥
結，應當是在於牟先生認為朱子對於心的體認，並不契合儒家哲學強調德
性自覺，肯定實踐的主體即是德性根源的基本立場。蓋在牟宗三先生的詮

---

[19] 康德著，牟宗三譯：《道德底形而上學之基本原則‧序》，《康德的道德哲學》（臺北：臺灣學
　　生書局，1982年），頁10。

釋中，朱子之學乃是順承程伊川之心性情三分的架構下而展開，在此架構下，朱子將心視為只是形而下的「氣之靈」，遂與性、理分立為二，而如此一來，原本作為實踐主體的心便與作為道德主體的性、理一分為二，故言性、理之活動義也隨之減殺、脫落，而成為一「只存有而不活動」者。據此，牟先生便得以判斷朱子之學是歧出於孟子學的「橫攝系統」，其工夫亦是不相應於道德本領的非本質工夫。

　　順著上面的討論來看，朱子對於心的體會，確實影響著朱子讀書窮理的工夫能否成立的基礎。因此，以下我們先看到唐君毅先生對於朱子論心的討論。我們也注意到唐君毅先生對於朱子論心的解釋，在《中國哲學原論》中則有前後些許不同的兩種詮釋。在《中國哲學原論‧導論篇》中，唐先生認為「朱子之謂理對心亦為超越，謂性理為太極，心為陰陽，為氣之靈，實不免下隸心於氣，而視同一般事物之一。」[20]而於《原教篇》中，唐先生在分辨朱子與象山、陽明之異同時，則謂：「性理之原超越地內在於心，以為本心之本體之義，朱子與陸王未有異。其與陸王之分別，唯在朱子於心之虛靈知覺，與其中之性理內容，必分別說。故心之虛靈知覺本身，不即是性理。」[21]我們認為唐君毅先生的這兩種不同解釋，實是其關注重點轉移的緣故。

　　在《導論篇》中，唐君毅先生認為朱子所以說心是「氣之靈」，乃是因為朱子說心時，格外注重心與氣之間的關係的緣故，其在文中指出：

　　　沿吾人之問題而追尋至此，則見朱子之以心為氣之靈，無形中即顯出一重心與氣之關係，而輕心與理之關係之色彩。其所以重心與氣之關係，而忽心與理之關係，則關鍵在其言天之生物雖以理為主，而言人物之受生，則以氣為主。[22]

唐先生認為朱子以「氣之靈」言心，是由在人物受生的實現過程中，不免是以氣為主，因此若要說心，不僅不能離於氣，更要著眼於氣之存有而論，如外此存有，則存有之理亦不可說。故下文又云：「人必存在然後有心，以自覺其具此理，故心必依於人之存在而說，即後於人之有氣而說。

[20] 唐君毅：《中國哲學原論‧導論篇》（臺北：臺灣學生書局，1986年），頁513。
[21] 唐君毅：《中國哲學原論‧原教篇》（臺北：臺灣學生書局，1984年），頁272。
[22] 唐君毅：《中國哲學原論‧導論篇》，頁502。

故只有說心為氣之靈。」[23]唐先生此處的論點，大抵是就氣聚成形的宇宙論意義上，來說明朱子何以要將心與氣扣在一處。而唐先生此說，正好展現了朱子學中對於形下世界問題觀注的特色，如朱子之言「氣強理弱」一義，便以為理本身雖然無不善可言，但賦之於氣形之後，卻受限於氣質影響。此說大抵反映了朱子對於人世間不圓滿、不公義的一種解釋，另外，也可以進一步視為是朱子對「人若本性皆是善的，何以在現實生活中會為不善？」以及「本心何以不萌發，而任人隨情慾流轉？」等等惡之何以可能的問題的反省。

在《原性篇》處，唐君毅先生對於朱子的論心的意義，似乎又有了不同的思考。在《原性篇》中，唐先生進一步反省了朱子氣之靈的說詞，而認為若就純心性論觀點來看，因虛靈不昧本體自存，本來無需關聯氣，故不當如此說；只是，由客觀的宇宙論觀點來談，則人之心自然要有其表現於氣，而說心必即於氣的說明。[24]此外，唐君毅先生也指出朱子亦有承著張橫渠心統性情之言，而有心兼寂感的發揮。[25]至於一心如何能兼有寂感兩面，便在於此心之虛靈不昧。唐君毅先生說：「虛言其無形，心即以其無形之虛，而寂然不動，以上通於內具之無形之理；更以其靈，以感而遂通，更不滯於所感之物，而得顯其內具之生生不息之理之全，而不陷於一偏……」[26]如此由心性論的立場說朱子之心，則便不同於前述《原性篇》中直接判定朱子的心是相對於超越之理的形下氣心之說了。而唐先生這麼說心，大抵已是將朱子之心視作「一理氣之中介之概念，亦一統攝之概念」[27]。而到了《原教篇》中，唐先生於論及伊川、朱子之特色時，又復有反對以理氣、性情二元之說，來理解伊川、朱子的學問的說法，唐先生認為：

> 而後之學者，於伊川朱子之學，為重其「由性見理由情見氣，性情
> 理氣，相對而成二」方面；而不重其以心為所主之義，遂忽視其分
> 性情、寂感，乃於一心分二面而開出，其所承者，正是明道之言整

---

[23] 同前註，頁502。

[24] 唐君毅：《中國哲學原論・原性篇》（臺北：臺灣學生書局，1984年），頁382。

[25] 同前註，頁379-380。

[26] 同前註，頁380。

[27] 同前註，頁397。

個一心，亦原有其內外二面之說。[28]

依唐先生的理解，伊川、朱子之所以側重分論性情二者，乃是由於一心原有寂感、體用之兩面可說。因此，我們若先以性與情、理與氣二者分居形上、形下兩界的觀點，來討論心之與理與氣的關係便很容易以二元論的方法解是朱子的心，預設地去論斷朱子的心是屬於形而上的理之層、或形而下的氣之層，而此種說法，很可能都是依於理、氣二分而來的二元論觀點。若是如此，我們以二元論架構來衡量朱子之論心，以為朱子言心，若非是理便是氣，若非是氣便是理，其中不應有一曖昧不明的居間型態，這類的觀點顯然仍是以二元論的架構，來框限地要求分解朱子論心的意義。唐君毅先生在《原教篇》討論朱子處，對於朱子言心之為「氣之靈」的說法，則有了更進一步的解釋，他表示：

> 然此氣之靈之一語，可重在「氣」上，亦可重在「靈」上。重在靈
> 上，則心即氣之靈化，亦即氣之超化，而心亦有超於氣之義。心之
> 所以有超於氣之義者，因非以其是氣，而實因其具理以為性。則吾
> 人故可謂朱子之言，乃意在由氣之靈以上指，以及於心之具性，以
> 見心之所以能超越於氣之故；而非意在說心之不過「氣」之靈也。
> 則朱子之言心為氣之靈，其語雖猶存前此之說之遺，未能別心於
> 氣，以見心之超越於氣上；而其所指向之意義，則正當在別心於
> 氣，見心之超越於氣上也。[29]

唐先生認為朱子以「氣之靈」言心，是說明心之統攝理與氣，即一心能同具理、氣，而此心除了能有氣化的活動外，同時亦能超越於氣之上，彰顯出理的超越意義。上述唐君毅先生對於朱子論心的這種詮釋，對於我們解釋朱子言心的文字是很有啟發性的。蓋以往我們皆順著二元論的立場來理解朱子言心的文獻，而忽略了其言「氣之靈」中一心同具理氣的意義，因此，以下我們便順著這種思路，回頭檢視朱子論心的幾段文字，以其能為朱子論心的說法找出另一種解釋。

---

[28] 唐君毅：《中國哲學原論・原教篇》，頁165。
[29] 同前註，頁497-498。

我們先看到《朱子語類》中，朱子與門人討論心與理、氣關係的一段重要文字：

> 問：「知覺是心之靈故如此，抑氣之為邪？」曰：「不專是氣，是先有知覺之理。理未知覺，氣聚成形，理與氣合，便能知覺。譬如這燭火，是因得這脂膏，便有許多光焰。」問：「心之發處是氣否？」曰：「也只是知覺。」[30]

朱子在論及心與知覺的關係時，曾說：「知與意皆出於心。知是知覺處，意是發念處。」[31]如果知覺是「出於心」，那麼如同前述唐君毅先生所提示的，我們自然可於朱子以「氣之靈」言心的規定下，追問此知覺是自「氣」上言，或自「靈」處說。因此朱子的門人陳北溪就向老師提問此中所言的「知覺」，究竟是否是氣之所為？還是心之靈本身故是如此？對於這個問題，朱子明確回應「知覺」的由來不能只說是氣、或說是理，蓋氣本身如果沒有知覺之理在其中，則氣便沒有知覺的做為，相同的，理如果不憑藉著氣，知覺之理也無從表現。因此朱子說心之知覺必然要在「理與氣合」中才能表現，只說到氣，或只說到理都是不完備的。因此，朱子以燭火之喻說，燭火能夠燃燒而生出許多光焰，固然是因為有脂膏做為其燃料，但如果只有燃料，而缺少了可以讓燭火燃燒的自然律則，則空有燃料亦不足以生出許多光焰，反過來說空有自然律則，而沒有脂膏等燃料，光焰也同樣無從生出。因此，心能知覺必有因於氣以及從於理的作用在其中，依據「先有知覺之理」的意思來說，理顯然是所以有知覺活動的先在條件，但只有理序上的先在條件，而缺乏了以氣做為成形實現的載體，那麼知覺運動一樣無法具體地表現出來。因此，朱子表示心的知覺活動必然要就「理與氣合」來說，如指知覺單純是氣、或者只是理，恐怕都是不恰當的。

朱子以「理與氣合」來言心的說法，亦為其門下高足陳北溪所承繼，以下見《北溪字義》論心的一段文字：

---

[30] 黎靖德編：《朱子語類》（一），卷5，頁85。
[31] 同前註，卷15，頁300。

　　心者，一身之主宰也。人之四肢運動，手持足履，與夫飢思食，渴思飲，夏思葛，冬思裘，皆是此心為之主宰。如今心恙底人，只是此心為邪氣所乘，內無主宰，所以日用間飲食動作皆失其常度，與平人異，理義都喪了，只空有箇氣，僅往來於脈息之間未絕耳。大抵人得天地之理為性，得天地之氣為體，理與氣合方成箇心。有箇虛靈知覺，便是身之所以為主宰處。然這虛靈知覺有從理而發者、有從心而發者，又各不同也。[32]

　　北溪是朱子晚年十分親近的弟子，陳榮捷先生認為他在《北溪字義》中所談論的義理，多半繼承著朱子的教誨而來。[33]因此上面所錄的這段文字對於我們重新檢視朱子對心的規定，應是很有參考價值的。對照先前引述文的朱子的「燭火之喻」，北溪此處所言的「人得天地之理為性，得天地之氣為體，理與氣合方成箇心。」顯然相類於朱子言「理未知覺，氣聚成形，理與氣合，便能知覺」的意思，二者皆同樣肯定做為一身之主宰的心，不能被簡單地、二分地化約成是理或者是氣，心的活動固然離不開氣，但離於理的心同樣也不能有所表現，故言心必然是就「理與氣合」來說才完備。當然我們或許會想到，朱子言人物之生，也常有「理氣合」的講法，如所謂：「人之所以生，理與氣合而已。天理固浩浩不窮，然非是氣，則雖有是理而無所湊泊。故必二氣交感，凝結生聚，然後是理有所附著。」[34]但朱子此處是以與宇宙論的方式談理、氣聚合而生化為萬物，意思並不同於朱子與北溪在上述引文中就心性論的意義來討論心。所以如果這樣質問朱子與北溪言心是理氣合的意思，恐怕在推論的過程中概念並不連貫，或許會誤解了朱子與北溪的原意。

　　另外，陳北溪在上述的這段話中，也透顯了另一個意思，他說心病之人由於心中失卻了理做為主宰，因此飲食動作會失卻常度，而與一般人相異。這裡說明了在一般人的心中，原本是有理做為主宰的，而此主宰在「四肢運動，手持足履」皆可有所表現。換言之，人心對於理是本有所知的，因此在心的活動中，常有理之所發，即心有理作為一身的主宰，一旦

---

[32] 陳淳：《北溪字義》（北京：中華書局，2009年），卷上，頁11。

[33] 陳榮捷著，萬先法譯：〈陳淳：《北溪字義》英譯本：導言〉，《朱學論集》（臺北：臺灣學生書局，1988年），頁491-503。

[34] 黎靖德編：《朱子語類》（一），卷4，頁65。

失卻了這個主宰，方如同心病之人，舉措皆失其常度。此如同前面引述朱子「燭火之喻」時，朱子指出心的知覺必然有「知覺之理」在其中作用著，這些意思都表示了心對於理是有先驗的了解的。順著這個意思來說，朱子以理與氣合言心，正說明了心中的性理能夠對吾人之心起著作用，而不必以心屬氣，理為形而上之理，來解釋朱子的心與理的關係，進而說心與理之間存在著異質層的斷隔。對於心與理得關係，朱子又有二者「本來貫通」的說法：

> 問：「心是知覺，性是理。心與理如何得貫通為一？」曰：「不須
> 去著實通，本來貫通。」「如何本來貫通？」曰：「理無心，則無
> 著處。」[35]

朱子認為心與性理的關係是本來貫通的，性理本來就可以在心中起著作用，不需後天去有意為之。當然，性理如果與心分屬形而上與形而下的兩層，此種「本來貫通」的意思顯然是不好說的，但如果能由心是理氣合的觀點來看待朱子言心與性理的關係，那麼心對於性理的「貫通」，顯然是不需要去刻意強調的。心必是合虛與氣而得名，若心無理，則不僅理無著落處，人亦成了北溪所謂無主宰的「心恙底人」，此時心亦不得成其為心得意義。而如果心與理是本來貫通的，縱然此等貫通義不等同於陸象山、王陽明強調「心即理」的心、性一貫之說，但朱子以理氣合來言心，進而為心、性給出本來貫通的解釋，也等於為心與理找到一種先驗的、必然的聯繫，也可以說是為心的知理的格物致知工夫給出先驗的保證。蓋若心與理並無此貫通，則二者各自懸絕兩端，不僅朱子格物窮理的工夫沒有保證，甚至如何達到豁然貫通的境地，恐怕也要淪為空談。而在心是理氣合的架構下，既然心對於性理是本有所知、本來貫通的，那麼工夫實踐得要求顯然便要落在如何知理的問上，楊祖漢先生曾對朱子的這種義理型態，稱之為「主理」的義理型態，他說：

> 朱子的格物致知論是要對理作充分的瞭解，認為真知理的意義可以
> 給出真正的道德行為，朱子此一義理型態可以用「主理」來規定，

---

[35] 同前註，卷5，頁85。

但雖然說主理，並不表示此一理論是以心外之理作根據，理與心截然為二。雖然朱子並不以心作為道德實踐的客觀根據，但仍然認為心對於理有本具的知識；雖然要通過於事事物物上來格物才能真知所以然之理，但對於所以然之理的瞭解，是以人容易體會到的當然而不容已之理作為根據。由於在這兩方面，都有人對於理的本來認識作為根據，則朱子的格物致知論，也可以說是有本源的，甚至是有超越根據的工夫理論。[36]

楊祖漢先生認為朱子的哲學系統應該可以用「主理」一詞來指稱之，主理的義理型態強調的是心對於性理是本有所知的，因此心雖然不即理，但並不能說此心與理全然毫無關涉，心與理的關係正在於心對於理有先驗的認知，這也是人所以能於具體生活中體會到「當然而不容已之理」，並能以知作為道德實踐的準則。依據此意來說，朱子學作為「主理」的義理型態，他的修養工夫便不同於陸象山、王陽明所強調的，主張本心自覺的「逆覺」的工夫，而應重視由事事物物上做格物窮理的工夫，來加強此心對於理的瞭解。蓋心與理「本來貫通」的意思並不是說心對於理已然了解透徹，完全無須做工夫即可成聖成賢。心既然是理氣合，則心便不即是理，而仍可以氣稟物欲所雜，故朱子有以性墮於氣而為氣質之性的說法，而他所強調的格物窮理的工夫，就是要使心對於理，能夠由先天本然的「常知」，達到程伊川所謂談虎色變的「真知」的地步，[37]進而使日常生活中的一切行動都能依照心中本知的道德法則而發為具體的實踐。因此，朱子以理氣合論心，以及指出心與理是本來貫通的關係，正可以為讀書法之所以能夠作為吾人的修養工夫，給出一個心與性理關聯的可能基礎。

---

[36] 楊祖漢：〈從主理的觀點看朱子的哲學〉，《當代儒學研究》第14期（2013年12月），頁138。

[37] 楊祖漢教授以程伊川「談虎色變」的譬喻說明一般人心中對於理是本有瞭解的，但此僅是人人皆有的「常知」，而「常知」並不足以讓人依此便發為道德實踐，因為此時人們容易受到感性欲望的反彈（「自然的辯證」），遂將原本無條件的道德行為轉成有條件的，因此仍然須要通過格物窮理的工夫，以求達到對理有「真知」的程度，才能有真正的道德行為產生。參見楊祖漢：〈程伊川、朱子「真知」說新詮——從康德道德哲學的觀點看〉，《東亞文明研究學刊》第8卷第2期（2011年12月），頁177-203。

三、作為修養工夫的讀書法

　　朱子的工夫既然是以明理為目的，那麼做為格物窮理工夫一環的讀書法，也應當是以明理做為工夫關懷的所在。因此朱子說：

> 讀書，不可只專就紙上來理義，須反來就自家身上推究。秦漢以後無人說到此，亦只是一向去書冊上求，不就自家身上理會。自家見未到，聖人先說在那裏。自家只借他言語來就身上推究，始得。[38]

又說：

> 學問，就自家身己上切要處理會方是，那讀書底已是第二義。自家身上道理都具，不曾外面添得來。然聖人教人，須要讀這書時，蓋為自家雖有這道理，須是經歷過，方得。聖人說底，是他曾經歷過來。[39]

朱子曾說「說窮理，只就自家身上求之」[40]蓋由於讀書所要掌握的道理原是人人心中本具的，並非由外鑠我，只要就自家身上切己省察便可以有所了解，因此讀書已經是第二義的工夫。由此看來，朱子的工夫仍然是以知理為首出，所以讀書顯然不是要我們拘泥於書本上的語言文字，而是要人能就書本中聖人教人的義理於自家身上體貼、理會，以此強化、彰顯吾人心中本有的性理。因此同樣重視讀書工夫的程伊川便嘗教導學者說：

> 學者不泥文義者，又全背卻遠去。理會文義者，又滯泥不通。如子濯孺子為將之事，孟子只取其不背師之意，人須就上面理會事君之

---

[38] 黎靖德編：《朱子語類》（一），卷11，頁181。

[39] 同前註，卷10，頁161。

[40] 原句上下文為：「如《大學》，只說簡做工夫之節目，自不消得大段思量，纔看過，便自曉得。只是做工夫全在自家身心上，卻不在文字上。文字已不著得思量。說窮理，只就自家身上求之，都無別物事。只有箇仁義禮智，看如何千變萬化，也離這四箇不得。」見黎靖德編：《朱子語類》（北京：中華書局，2004年），一，卷14，頁255。

道如何也。又如萬章問舜完廩浚井事，孟子只答他大意，人須要理會浚井如何出得來，完廩又怎生下得來。若此之學，徒費心力。[41]

伊川認為學者讀書應該要掌握書中所欲傳達的義理，而非拘泥於文義，一些不拘泥於文義的人，卻違背了文章的中心義理；而用心理會文義的人，卻又往往膠著於文字章句，對於文中所欲表達的義理顯得滯礙不通。而朱子也說：「經旨要子細看上下文義。名數制度之類，略知之便得，不必大段深泥，以妨學問。」[42]由此可知，伊川、朱子在讀書的目標上，皆是以致知明理為先，考求文字章句並非是讀書法的首要目的。

順著上述的意思，回到本文首節引言中，我們曾說朱子的讀書亦有許多強調要反覆玩味、熟讀精思的文字，我們認為朱子的用心仍然在於如何教人能夠更深切地去體察聖賢言語中所欲傳達的義理，因此可以看到朱子說：

> 大凡讀書，須是熟讀。熟讀了，自精熟，精熟後，理自見得。如喫果子一般，劈頭方咬開，未見滋味，便喫了。須是細嚼教爛，則滋味自出，方始識得這箇是甜是苦是甘是辛，始為知味。[43]

朱子在論及讀書法時，熟讀精思一直是他時而反覆強調的重點。朱子此處說讀書時如果囫圇吞棗，便無法讀出其中的滋味，掌握書中的義理。因此讀書必須由熟讀而至精熟，由精熟才能達道見理。此種論點正能顯示出，朱子何以每每在讀書法中要求我們要能「耳順心得，如誦己言。工夫到後，誦聖賢言語，都一似自己言語。」[44]又說：「大抵觀書先須熟讀，使其言皆若出於吾之口；繼以精思，使其意皆若出於吾之心，然後可以有得爾。」[45]凡此皆要求我們要能通過精熟的讀書工夫，以求能窮理致知。朱子說：

> 學者觀書，先須讀得正文，記得注解，成誦精熟。注中訓釋文意、事物、名義，發明經指，相穿紐處，一一認得，如自己做出來底一

---

[41] 陳榮捷編：〈格物窮理〉，《近思錄詳注集評》（上海：華東師範大學出版社，2007年），卷3，頁113。
[42] 黎靖德編：《朱子語類》（一），卷11，頁190。
[43] 同前註，卷10，頁167。
[44] 同前註，頁174。
[45] 同前註，頁168。

　　般，方能玩味反覆，向上有透處。若不如此，只是虛設議論，如舉
　　業一般，非為己之學也。[46]

此等通過熟記、成誦、反覆玩味，以求能有「向上有透處」的讀書方法，
既然是「為己之學」，則其目的仍在於希聖希賢。因此精熟的讀書工夫顯
然不是要我們一味地去考究文字的意義、或是以熟讀成誦做為滿足，它最
終仍然要求我們能夠通過讀書而致知明理，故說要經由「玩味反覆」以期
待我們能有「向上有透處」。這種說法與朱子〈格物補傳〉所說的意思是
可以互相關聯的：

　　是以大學始教，必使學者即凡天下之物，莫不因其己知之理而益窮
　　之，以求至乎其極。至於用力之久，而一旦豁然貫通焉，則眾物之
　　表裏精粗無不到，而吾心之全體大用無不明矣！[47]

朱子認為讀書並非是往外認取，擴充知識領域的經驗學習，讀書所欲窮究
的道理都是就自家身上原本就有的，只是平時未曾理會，故要順著聖人書
上教人的義理去做切己體察的工夫。[48]而精思熟讀的作法，即是要求吾人
能於讀書窮理的工夫中持續用功，積習日久，以求能「向上有透處」而達
至豁然貫通的地步。因此朱子在讀書法上強調反覆熟讀精思的工夫，與其
要求在事事物物上皆當格物窮理、不可輕易放過的工夫要求洽是相輔相成
的。[49]我們看到朱子說：

　　讀這一章，更不看後章；讀這一句，更不得看後句；這一字理會未
　　得，更不得看下字。如此，則專一而功可成。若所看不一，汎濫無

---

[46] 同前註，卷11，頁191。
[47] 朱熹集註：《四書集註·大學》（台南：大孚書局，2000年2月），頁6。
[48] 朱子曰：「讀書已是第二義。蓋人生道理合下完具，所以要讀書者，蓋是未曾經歷見許多。聖人是經歷見得許多，所以寫在冊上與人看。而今讀書，只是要見得許多道理。及理會得了，又皆是自家合下元有底，不是外面旋添得來。」見黎靖德編：《朱子語類》（一），卷10，頁161。
[49] 器遠問：「窮事物之理，還當窮究箇總會處，如何？」曰：「不消說總會。凡是眼前底，都是事物。只管恁地逐項窮教到極至處，漸漸多，自貫通。然為之總會者，心也。」見黎靖德編：《朱子語類》（一），卷9，頁155。

統，雖卒歲窮年，無有透徹之期。[50]

朱子認為讀書時，若是一章義理未明，不可輕率跳過，去看下一章，便是一字未明，也不可更看下一字。此種逐字理會、不務多的讀書方法，即是在章句、義理精熟的過程中，去追求閱讀者本身的專一工夫。前面我們指出朱子強調精熟是為了以期有向上透處，即使心能夠知理、明理。同樣的，範圍於精熟中的專一工夫，其目的也是要指向心對於道理的「透徹了解」，以求能恢復心與理不為私欲障蔽的本來貫通的狀態，而令性理能充分地在心中起作用。因此，我們可以說朱子一再強調的精熟與專一，凡此皆是在心上用力，皆是一種涵養工夫，而說：「人做功課若不專一，東看西看，則此心先已散漫了，如何看得道理出。」[51]要看的出道理，不是要求理解文義，而是要此心能在讀書的過程中真能向上透達，為求透達，此心自然不能散漫，於是精熟、專一便成為「豁然貫通」的一種重要步驟。而此亦可以說是讀書法做為修養工夫的意義了。

四、結語

　　總的來說，朱子讀書的目的，仍然是以希聖希賢為依歸，以此修養吾人原具性理的心，來作為一種德性修養的工夫，而不當視其為單純地擴充知識的領域；在對象上，讀書法的窮理致知是以道德之理為體認的對象，而非對於章句訓詁的追求，同時，它並不能被解釋為往外求理，讀書工夫所體察的理，是原具於吾身、人人皆有的本性天理。本文通過對讀書法具備的工夫論意義的陳述，試圖指出讀書法在朱子學中的地位，並解釋它何以不當被曲解為一種單純的知識性閱讀，而希望以此說明這樣的一種具體操作，已然具備了德性修養的價值。

　　本文同時也順著唐君毅先生對於朱子論心的詮釋，回顧朱子論心的幾處文獻。依唐先生的理解，朱子言心之所以與理為二，只是由於心為氣稟所拘，並非心與理二者不能合一，故唐先生在《原教篇》中指出朱子工夫的用心，在於自覺其心，以使超越而內在的性理能夠自然地呈顯於心中。

---

[50] 黎靖德編：《朱子語類》（一），卷11，頁189。
[51] 同前註。

筆者認為唐先生此說，對於解釋朱子言心是理與氣合，以及心與理是本來
貫通，或是心本知理等文獻，是很有啟發性的。而唐君毅先生對於朱子學
的詮釋，確實值得研究朱子學的學者進一步深入研究，並以此為朱子學的
研究，開拓出新的局面。

第十三章　錢穆、唐君毅、牟宗三先生對惠施歷物學說析論之比較

新亞研究所
楊俊強

一、引言

　　先秦時期，諸子並出，形成百家爭鳴之局面。漢人將這一時期的學說加以分類、整理，不論是太史公的〈論六家要旨〉，還是〈漢書·藝文志〉「九流十家」的分類，「名家」都位列其中，顯示出名家學說有重要的歷史地位。但另一方面，名家學說未能被時人理解，往往被指為「苛察繳繞」（司馬談〈論六家要旨〉）、「怪說琦辭」（〈荀子·非十二子〉），能保留下來資料的寥寥可數。除了《公孫龍子》相對較為完整，《鄧析》、《尹文子》仍有個別篇章傳世之外，其餘在〈藝文志〉所列的《惠子》一篇、《黃公》四篇、《毛公》九篇盡皆散佚。

　　〈莊子·天下篇〉對惠施的學說有以下的記載：

　　惠施多方·其書五車·其道舛駁·其言也不中·厤物之意曰·至大無外·謂之大一·至小無內·謂之小一·無厚不可積也·其大千里·天與地卑·山與澤平·日方中方睨·物方生方死·大同而與小同異·此之謂小同異·萬物畢同畢異·此之謂大同異·南方無窮而有窮·今日適越而昔來·連環可解也·我知天下之中央·燕之北·越之南是也·氾愛萬物·天地一體也·惠施以此為大·觀於天下而曉辯者·天下之辯者相與樂之·

惠施的學說，能夠完整保留下來的，就只有〈天下篇〉這一段落。這些命題，都只是一些結論，而沒有推論的過程，很難明確知道惠施的原意。故此，惠施歷物之意的解說，也是眾說紛紜。本文嘗試提出三個問題，檢視錢穆、唐君毅、牟宗三三位先生對惠施學說的析論，並比較他們的異同。這三個問題分別是：

一、「歷物之意」共有幾多個命題？

二、「歷物之意」各題間有沒有一個系統？

三、「歷物之意」的要旨是甚麼？

所謂「歷」，〈爾雅·釋詁〉謂：「歷，數也」；又〈廣雅·釋詁〉謂：「閱，數」，可知「歷」、「閱」同義。按高亨的解釋，「此篇蓋廣述閱察萬物之指趣，故曰歷物之意」[1]。對於「歷物之意」的命題，胡適、馮友蘭及很多學者傾向於把惠施歷物之意說成是「歷物十事」，即：

（1）至大無外，謂之大一；至小無內，謂之小一

（2）無厚，不可積也，其大千里

（3）天與地卑，山與澤平

（4）日方中方睨，物方生方死

（5）大同而與小同異，此之謂小同異；萬物畢同畢異，此之謂大同異

（6）南方無窮而有窮

（7）今日適越而昔來

（8）連環可解也

（9）我知天下之中央，燕之北越之南是也

（10）泛愛萬物，天地一體也

雖然「十事說」並非唯一的解釋（詳見下文），但為著行文的方便，本文在提及惠施歷物各個命題時，將以上列數字表示。

二、錢穆的析論

錢穆對惠施的生平考證下了很大的工夫，在《先秦諸子繫年》中，收錄了〈惠施仕魏考〉、〈惠施去魏考〉、〈惠施自楚至宋考〉、〈惠施

---

[1] 高亨：〈莊子天下篇箋正〉，載張豐乾編：《莊子天下篇注疏四種》（北京：華夏出版社，2009年），頁217。

返魏考〉、〈惠施卒年考〉五篇文章。大抵而言，惠施在魏惠王時期為魏相，後被張儀逐至楚，再而入宋。惠王死後，張儀歸秦，惠施重返魏國，不久而卒。錢穆亦於1931年8月出版了《惠施與公孫龍》一書，分析了惠施的生平及其學說要旨。在〈惠學鉤沉〉一文，錢穆把惠施之學分為十點，即尚用、重功、勤力、明權、本愛、去尊、偃兵、辨物、正名、善譬，當中多與墨家的學說大同小異，但大抵上未有涉及惠施「歷物之意」（只是在「辨物」一項提及墨、惠之「泛愛」出發點不同，前者基於「天志」，後者基於「天地一體」）。而〈惠施歷物〉一篇，則是對「歷物之意」作專門分析。他開宗明義，表明「歷物之意」的要旨，在「明天地一體，以樹氾愛之義」（頁14）。接下來，他便將其餘的九個命題分為兩個大類：前五題是「歷說物之本體」，後四題是「歷說物之變相」。

「歷說物之本體」又分為「宇」、「宙」、「物」三類，即分別討論空間、時間、事物。屬於討論空間的命題有（1）（2）（3），屬於討論時間的命題有（4），屬於討論事物的命題有（5）。

在論空間方面，錢穆舉了一個例，謂人身外有房屋，房屋外有園林，園林以外有山川等等，空間以外有另一個更大的空間。換一個角度，一個空間以內另一個更小的空間。當一個空間大到無外，就是至大；小到無內，便是至小。錢穆認為凡立形占位之物皆有外，統稱為「宇」，當「宇」去到極致（至大或至小）時，便是「一」。錢穆又引〈莊子·庚桑楚〉「有實而無乎處者，宇也」一句來解釋「宇」本身並無形位，由於沒有形位，所以厚度是不可積累的，而天地、山澤就是無厚不可積的具體表現。

在論時間而言，錢穆把時間的變化統稱為「宙」。由於時間是不斷流轉的，所以「今」一到，會瞬即變「古」。但在整體時間流轉的角度而言，這是恆久不變的。日中與日昳、生與死在時間中在變化，但變化卻又在同一時間出現。

至於論到事物，錢穆解釋事和物均同樣地處於時空之中，此是「小同」；但由於事有古今，物有內外的差異，這種差異便是「小同異」。至於宇宙則是一個整體，不可分割，所有事物的出現，都不過是在宇宙中的連續變化而已，沒有古今內外的差異，此是「畢同」。不過在古今內外本身也是連續不斷的，它們之間亦各有差異，此是「畢異」，這種差別便是「大同異」。

「歷說物之變相」是承接本體之說的延伸討論，錢穆又將之分為兩
類：屬於討論空間的命題有（6）（9），屬於討論時間的命題有（7）
（8）。在空間而言，南北方位是相對的，各人所處的位置各自有其南
方，所以南方是無窮的。但另一方面，各人的南方又不是南方，所以是有
窮的。燕北之人認為燕在南，越南之人認為越在北，故此所謂「中央」亦
無定位。時間亦有類似的情況，「連環可解」猶言時無起迄，我們說某年
某月某日為「今日」，但對下一天而言仍可說是「今日」。至於「適越
而昔來」，可以解釋為我今日剛剛到達越，但到步以後，便可以說「昔
來」。此乃承「方生方死」之說而來。

三、唐君毅的析論

唐君毅對「歷物之意」的數目曾經作過修改。在1966年出版的《中
國哲學原論（導論篇）》明確地稱惠施之說有「十事」（頁168），然而
在1973年出版的《中國哲學原論（原道篇卷二）》則言「十一事」，但
自注「或說為十事，但以分為十一事為宜」（頁558）。他是把（4）「日
方中方睨，物方生方死」分為兩個命題來處理。（本文分別標為（4a）
（4b））

唐君毅在分析〈荀子・正名〉所謂的「三惑」，即「用名以亂名」、
「用實以亂名」和「用名以亂實」時，分別以墨者、惠施及道家和公孫
龍派作為代表（統稱為「名學三宗」），解釋他們何以成為「三惑」[2]。
「名」本是用來指「實」的，大小、內外、上下、今昔等「實」，各有
「名」來指稱。但惠施一派所持「合同異」之觀點，泯除了「實」的差
別，因而連帶「名」也可以兼用相代。唐君毅將之稱為「由觀實之一而欲
泯除名之多」的理論[3]。

按此理論，歷物之意的（5）（1）兩條，雖然是在解釋「小同異」、
「大同異」與「大一」、「小一」之概念，但唐君毅認為惠施所說之重
點，在於「自萬物之變化，及其同在於大一中，同屬天地一體，見其畢同
處；以謂一般諸別同異之名皆無異，而趨於混一諸同異之名」[4]，因而歷

---

[2] 唐君毅：《中國哲學原論（導論篇）》（台北：學生書局，2004年），頁155-156。
[3] 同前註，頁168。
[4] 同前註，168-169。

物之意是以（10）作總結。由於天地、山澤都同在「大一」之中，故其差異可以泯除。他在解釋其他各條的時候，大抵上套用「X與Y無異」之公式，例如（2）言無厚與大千里無異；（3）言天與地無異；（4）言睨與中、生與死無異；（6）言有窮與無窮無異；（7）言今與昔無異；（8）言連與不連無異；（9）言南北與中央無異。惠施以事物之存在變化來泯除一切名之差別，這便是荀子所謂「以實亂名」的意思。

在《中國哲學原論（原道篇卷二）》裏，唐君毅把歷物之意分條詳析。他首先承認〈莊子‧天下篇〉所記只有結論，而未有說明理由，古今注者難免會有猜測，自己亦不例外。但惠施的學說要旨，當是（10）無疑，是故他便扣緊這條而對各條作出疏解。例如解釋（2），通過「積」的動作，可以把「無厚」與「大千里」結成一體。解釋（3），他指出天地、山澤固然有高低之分，但高低之間有一相連續處，而這一交接點是同等高度的，並無分別。至於（4a）和（4b），則是指太陽的運動與及生命的歷程，都是有連續之處：中與睨之連續處並無中偏之分；生與死的連續處亦無生死之分。在「天地一體」的前提下，高低和運動皆可以統一於一個時空大連續體中，並無差別。

至於（6）（7）（8）（9）四條，唐君毅羅列了好幾種解法，他沒有直接評論哪一種解法合乎惠施原意，但最後都運用「天地一體」的旨趣作出解釋。例如在（6）一條，他認為惠施是以南方為例，以通有窮與無窮之分別，至於如何通法，他提出連續的觀念：向南的每一步都是有窮，但接續不斷的步伐，就是無窮。（7）旨在說明今與昔、往適與到來皆可以轉變而相依。（8）就說明連環與不連也是相依而立，可相通為一。（9）則指出天下只有一個中央，兼連南北，故南北通為一。

概言之，唐君毅認為，惠施的學說中心，在於「破除世間之名言，與其所指之事物之種種差別相，而求於萬事萬物之言繁多中，見其只屬於天地之一體，而泛愛萬物於此一體之天地之中，更不見此萬物之繁多，亦忘其名言之繁多」[5]。惠施泯除了天地萬物之一切大小、長短、高低之種種差別，以通為一體，再以泛愛之情，攝之以成一大貫。此與莊子「天地與我並生，萬物與我為一」的境界契合，成為「忘名言超知識」之一境[6]。

---

[5] 唐君毅：《中國哲學原論（原道篇）》（香港：新亞研究所，1973年），頁558。
[6] 同前註，頁564。

四、牟宗三的析論

　　牟宗三對惠施學說的見解，在《名家與荀子》（1979）一書裏有詳盡的分析，而於《中國哲學十九講》（1983）中亦有提及。在諸家的解釋中，牟宗三的看法別樹一幟。他認為歷物之意的（6）（7）（8）三條應視為一個整體，故此歷物之意只有八條。

　　牟宗三不同意名家「苛察繳繞」、「琦辭怪說」的評價，認為惠施的話有思理，並且可以理解[7]。不過他也承認，名家的文字「不很通也不很容易瞭解，歷來也沒有人能完全弄得明白，因此必須下點文字的工夫，一句句的疏解出來」[8]。牟宗三與別不同之處，在於他認為歷來的文獻都把「歷物之意」分為十條，而他則認為應只有八條，（6）（7）（8）三條應合併為一。其理據是：

　　　一、這些條目中，都是以二、三句合起來表示一個意思，並沒有以一
　　　　　句為一條的。[9]
　　　二、歷來把此條分為三事，無法作出合理的解釋。[10]

　　牟宗三把三條合併，給出的解釋是「南方無窮而有窮，今日適越而昔來，此兩個表面上皆是自相矛盾之辭，然惠施暗示之曰：雖似矛盾，而實連還可解也」[11]。

　　「連環可解也」這一條，內容過於簡單，歷來對此條的解釋眾說紛紜。牟宗三引述成玄英、司馬彪的疏解，大抵二人的意思是連環相貫於空處，互不緊扣，故而能解，牟宗三批評他們的解釋「不成義理」。而馮友蘭就引〈莊子・齊物論〉「其分也，成也；其成也，毀也」一句，解釋連環是方成方毀，這一刻是連環，下一刻就不是了，所以連環是可解的。牟宗三批評他的解說是「莫知所云」[12]。

　　牟宗三把「連環可解」視為一個「提示語」，是對（6）（7）兩句的提示，而非獨立一事。他指出〈莊子・天下篇〉在記述「歷物之意」之前

---

[7]　牟宗三：《中國哲學十九講》（台北：學生書局，1983年），頁207。
[8]　同前註，頁206。
[9]　同前註，頁207。
[10]　牟宗三：《名家與荀子》（台北：學生書局，1990年），頁20。
[11]　同前註，頁19。
[12]　同前註，頁23。

一段有：「其書雖瑰瑋，而連犿無傷也」的話，語中的「連犿無傷」解作「宛轉無妨礙」。換言之，「連環可解也」意思即為「圓轉可理解」。牟宗三推測惠施心中有一「圓圈之洞見」，把宇宙看成是圓的。牟宗三解釋說：若是以直線思考模式，「南方無窮而有窮」是矛盾的；但若把宇宙視為圓球，則走向南方終會歸到原點，如此一來，「南方無窮而有窮」是不矛盾的，因此是「連環可解」。

至於（9）亦可作順著「宇宙是圓的」這一思路作出解釋。牟宗三認為若以直線的觀念，燕在北、越在南，燕越之間是中央。但若是圓形的話，從相反的角度觀察，則燕之北、越之南之湊合處亦會是中央。這亦是另外一種「連環可解」。

對於惠施的部分命題，牟宗三亦結合了科學知識來作出解釋。例如（1）的「至小無內」，他認為「幾何上之『點』似乎合乎此無內之至小」[13]。（2）的「無厚」則可照歐氏幾何所言，面積只有寬度而無深度之分，故言「無厚不可積」。

（3）（4）（5）兩條，牟宗三認為是在討論「合同異」的問題。（3）論天地無所謂在上在下，山澤亦無所謂高低，是在泯除上下高低的差別。（4）討論的是在變化中無所謂差別對立，因為一切是在變的過程，並無「是（to be）」可言，一切都「是而不是」[14]。（5）的「大同」與「小同」是指相性程度大小，而「同」之大小是從比較而言，故是相對的，這是「小同異」。「畢同」、「畢異」是絕對的同異，並不涉及程度的比較，這就是「大同異」。在牟宗三看來，此種畢同畢異就是最高的普遍性[15]。

至於（10），牟宗三認為此語由名理之談開拓出人生的理境，是一句綜結之言而非名理之談，不屬「歷物之意」，但亦算為一事，合起來成為「八事」。

五、「歷物之意」的數目

回應本文最初提出的第一道問題：「歷物之意共有幾多個命題？」

---

[13] 同前註，頁7。
[14] 同前註，頁12-13。
[15] 同前註，頁16。

從以上的討論看，「十事說」無疑是主流，胡適、馮友蘭、郭湛波在撰寫這時段時期的歷史時，皆是採用「十事」的說法[16]。錢穆沿襲歷來的講法，把「歷物之意」看成為十事。而唐君毅亦大抵上同意十事說，不過較為傾向把「日方中方睨、物方生方死」分拆為獨立的兩句。他不是唯一一個這樣分拆的學者，侯外廬主編的《中國思想通史（第一卷）》也把這一句分為兩個命題[17]，並把這兩個命題分別列入「論時空的差別皆非實有」（4a）、「論異質的事物本為合同」（4b）兩類。不過侯氏是與「辯者二十一事」一併歸類，與（4b）同類的命題包括「卵有毛」、「馬有卵」、「丁子有尾」、「山出口」「犬可以為羊」、「鉤有鬚」等六項。如果單看惠施歷物之意，（4b）只是孤例，而與（4a）同類的歷物命題還有（6）（7）（9）三條。

細看唐君毅對（4a）與（4b）兩條的解釋：

日方中方睨：「則蓋是自日之運動歷程中，其由中而睨之連續處，看其中偏之無分。」

物方生方死：「則應是自物之在生死歷程中，其生與死之連續處，或此生彼死，此死彼生之連續處，看生死之無分。蓋凡自時空中之事物之連續處觀，其分別處，固皆可統一於一連續體，而不見其分別。宇宙中之一切物，在時間中之生死之狀態之別，在空間之中高卑之地位之別，其運動之由中而偏，或由此至彼之別，固皆同可統一於一時空大連續體中而觀，以視之為一體也。」[18]

其實（4a）與（4b）兩個命題，都是表達了事物變化連續不斷的歷程：日的移動由中而睨，物的出現由生至死，實無必要刻意區分為兩條。

三位先生之中，以牟宗三的看法最為獨特。他的把（6）（7）（8）三個命題合為一條，創立了「八事說」。他的見解，後學多有承襲。蔡仁厚基本同意牟宗三的看法，不過蔡認為（10）既然可以從「歷物之意」中劃出來，就不算為一事，因而主張「七事說」[19]。而陳癸淼則就牟說的基礎上，更進一步認為（9）亦應併在上述三條之下成為一組。理由有二：

---

[16] 胡適的《中國古代哲學史》、馮友蘭的《中國哲學史》、郭湛波的《先秦辯學史》,皆明言惠施「歷物十事」。

[17] 候外廬等：《中國思想通史》（北京：人民出版社，1957年），第一卷，頁433。

[18] 唐君毅：《中國哲學原論（原道篇）》，頁560。

[19] 蔡仁厚：《中國哲學史》（台北：學生書局，2009年），頁218-219。

一是就其思想內容看，它們實有相通之處；二是就行文氣勢上看，四句一貫而下。如此一來，解釋就會變成為：「南方無窮而有窮」和「今日昔越而昔來」可按「連環」的啟示，來解釋「天下之中央，燕之北，越之南」一句。[20]

要判斷「歷物之意」的數目，得要先視乎各題的解釋。牟說是否合乎惠施的原意，那就要討論：（一）歷物之意可否單獨成句、（二）牟說之「圓圈之洞見」是否站得住腳。

如果我們對比唐君毅把（4）分拆為二的說法，就可以發現，唐氏認為單獨成句是可以的，牟氏則認為「連環可解也」只是一句提示語。然而此句雖然簡短，但它仍是可以具有獨立意義的。解連環的故事，曾見於〈戰國策・齊策〉。有別國使節給齊威王后一個玉連環，請她解開。王后拿了一把錘子把連環打碎，以此為解。另外，〈呂氏春秋・君守〉又記載有魯鄙人贈送宋元王一個連環，元王號令全國解開，兒說的弟子前往解之，能解其一而不能解其二，便說第二個環「不可解」。《呂氏春秋》的作者評論說：「兒說之弟子者，以不解解之也」。不論是齊威王后的「以解體為解」，又或是兒說弟子的「以不解為解」，雖然未必是惠施「連環可解」的原意，但可以得知，「解連環」是當時的一個流行的典故，「連環可解也」單獨成句，其實並無不妥。

至於「圓圈之洞見」的說法，牟宗三認為惠施已經有「宇宙是圓的」的想法。他解析說：

「此洞見，也可以說是想像，有一最佳之例證，即今日之相對論視宇宙為『無邊而有限』（boundless but finite）。從無邊界言，是無窮；從有限言，是有窮。故『無窮而有窮』，如真的連環可解，非是圓形不可。」[21]

牟宗三以現代的科學的知識疏解惠施歷物之意，這種解法也有很多學者提出，它的好處是能夠與我們現今的知識融貫，把惠施的學說合理化。近人胡適認為惠施時代的人已知道地圓、地動。他引《周髀算經》「日運行處極北，北方日中，南方夜半。日在極東，東方日中，西方夜半。日在

[20] 陳癸淼：《名家與名學－先秦詭辯學派研究》（台北：臺灣商務印書館，2010年），頁83。
[21] 牟宗三：《名家與荀子》（台北：學生書局，1990年），頁19。

極南，南方日中，北方夜半。日在極西，西方日中，東方夜半」一段，說明「似含有地圓的道理」。[22]

今人歐崇敬就有以下的看法：

「我們看到惠施為名學在戰國初期完成之成就是一個科學（數學、物理學）而轉化為知識學、存有學的高度。也就是惠施是由數學、物理學的立場為『名實』作定位，完成一個真正存有學之不可動搖的基礎。……惠施由科學哲學的高度所陳述的名家哲學，表面上是解決名實問題，實質上卻以數學及物理學為認識基礎。」[23]

又例如溫公頤：

「惠施這些命題，從表面看，似是非常可怪之論，但從戰國以來的天文、地理、生物等科學知識看，是有科學基礎的。……所謂『無窮』、『有窮』、『中央』等空間概念，如結合到時間的轉動，都可作出科學的理解。」[24]

亦有人引用〈莊子·天下篇〉記載南方有一個名叫黃繚的人，曾問惠施「天地所以不墜不陷，風雨雷霆之故」，而惠施「不辭而應，不慮而對，遍為萬物說，說而不休，多而無已，猶以為寡」的故事，來證明「惠施平時積累了豐富的自然科學知識，胸有成竹，所以不加思索地回答了黃繚的問題，滔滔不絕地對各種自然現象都作了詳盡的解說。」[25]

然而，惠施對世界的認知如何、他是否達到了現代人所具備的科學知識水平？至少在文獻中沒有提及。錢穆把（6）至（8）三條分別作出解釋，焦點集中於「時空之變化」；而唐君毅把三條的焦點放在「萬物之異同」，同樣可以對惠施之理路作出分析。故此牟宗三之「八事說」，只是一家之言，傳統的說法並非毫無理據。

六、「歷物之意」的系統

錢穆嘗試把「歷物之意」分類作出分析，這種做法，好處是容易建構惠施學說的系統。胡適亦採用這種方法去分析惠施的學說，他在《中國古

---

[22] 胡適：《中國古代哲學史》（台北：臺灣商務印書館，1970年），頁86。

[23] 歐崇敬：《中國哲學史（先秦卷）》（台北：洪葉文化事業有限公司，2001年），頁303。

[24] 溫公頤：《先秦邏輯史》（上海：上海人民出版社，1981年），頁35。

[25] 任繼愈編：《中國哲學發展史（先秦）》（北京：北京人民出版社，1983年），頁481。

代哲學史》中有這樣的分法：[26]

第一組：論一切「空間」的分割區別，都非實有————（1）（2）（3）（6）（7）（8）（9）

第二組：論一切「時間」的分割區別，都非實有————（1）（4）（7）

第三組：論一切同異都非絕對的————（5）

胡適認為空間和時間本為一個整體，我們只不過是因著便利的緣故而將之作出區分，時空皆是人定，並非實有。值得注意的是，胡適把（1）和（7）同時歸類於時間和空間之中，「大一」（和「小一」）同時可以指無窮大（和無窮小）的時間或空間單位。

當然，胡適的分類方法並不是絕對的，不同的學者對於「歷物之意」的分類提出過不同的見解。茲舉兩例：

周山的分類法：[27]

第一組：關於空間問題的命題——（1）（2）（3）（6）（9）

第二組：關於時間問題的命題——（4）（7）

第三組：關於事物之間聯繫的命題——（5）（8）（10）

汪奠基的分類法：[28]

第一組：提出客觀世界的邏輯構成，肯定了萬物的形色同異——（1）（2）（3）（8）

第二組：反映事物異質的表現，本為合同的存在——（4b）

第三組：時間空間的差異，都不是絕對的實在——（4a）（7）（9）

第四組：指出了合同異的根本原則和形而上學的邏輯結論——（5）（10）

唐、牟兩位先生沒有採用分類的方法，而是直接疏解歷物之意各條。當然，錢穆的分類方法也有商榷之處，例如他把歷物之意前後分為兩部分，前半部為「歷說物之本體」，後半部為「歷說物之變相」。實質若按錢穆的理解，歷物之意不外乎是說明時間、空間之變化，故此（3）（6）（9）可歸入「空間」一類，而（4）（7）可歸入「時間」一類，實無必要把「本體」和「變相」強行作出區分。

---

[26] 胡適：《中國古代哲學史》，頁84。

[27] 周山：《中國邏輯史論》（瀋陽：遼寧教育出版社，1988年），頁61-75。

[28] 汪奠基：《中國邏輯思想史》（上海：上海人民出版社，1979年），頁81-82。

　　唐君毅亦嘗試把歷物之意作一系統的說明，他雖沒有將惠施的學說歸類，但藉著「泛愛萬物」主題的思路，對歷物之意各題作出解析。馮友蘭留意到名家兩大代表人物————惠施和公孫龍————的主要分別，在於惠施注意於個體的物，公孫龍注重於共相，而分別稱為「合同異」與「離堅白」兩派（馮著《中國哲學史》）。唐君毅按惠施「合同異」的主張，認為「諸同異之名，原相分別者，皆可歸於無別之說，亦非無理」[29]。所以在解析歷物之意各題時，把一切大小、高低、今昔等差異都泯除了。唐先生的解法，葉錦明就評之為「過於籠統」：

　　「唐先生以『X與Y無異』這個公式去詮釋惠施的命題，似嫌過於籠統。唐先生對『歷物之意』的詮釋，所持的理由是『自此天地一體、或大一上看，則一切差異亦成無差異矣』。但如果這是惠施提出『歷物之意』的充分理由，那麼他就可以隨口說出百事千事了，比如說『牛吃草而吃石頭』，『石頭，人也，非人也』……。何以惠施並沒有隨口亂說呢？可見若僅以『X與Y無異』來籠統詮釋惠施的思想，便將錯失『歷物之意』的獨特之處。」[30]

　　然而，若果參考牟先生的解釋，「大一」和「小一」兩個極端，是邏輯的定義，而非經驗世界的範圍，這純粹是名理之談。至於現實世界上有沒有這種狀況，這種狀況如何可能，則是形上學的問題[31]。惠施關心的，並不是牛吃甚麼、石頭是甚麼之類的問題，而是如何使天地萬物成為一體的問題，而這也是惠施學說的中心。唐先生的觀點，是比較接近惠施的原意的。

七、「歷物之意」的要旨

　　有關「歷物之意」的要旨，錢、唐、牟三位先生的看法比較一致，他們都同意「泛愛萬物，天地一體」是惠施學說的中心。

　　錢穆說：「大抵歷物要旨，在明天地一體，以樹氾愛之義。……此立論正旨。事物異同，皆由名言。既知天地一體，故當氾愛萬物也。」[32]

---

[29] 唐君毅：《中國哲學原論（導論篇）》，頁170。
[30] 葉錦明：《邏輯分析與名辯哲學》（台北：學生書局，2003年），頁148。
[31] 牟宗三：《名家與荀子》，頁6-7。
[32] 錢穆：《惠施公孫龍》（上海：上海書店，1992年），頁14-19。

　　唐君毅說：「今觀天下篇所言惠施之十一事，除最後『氾愛萬物，天地一體』為其結論宗趣所在之外，其前言十事，皆不外言由此諸相對之不同方面，而成之種種差別之相，皆可推至其極，更可通而觀之。」[33]

　　牟宗三說：「惠施之思理傾向於合同異，由名理之談開拓吾人之理境，豁達吾人之心胸，嚮往於大、同、平、圓，故主『氾愛萬物，天地一體也』。此語是名理落於人生上之綜結。」[34]

　　不過同中亦有異，按錢穆的說法，「天地一體」與「泛愛萬物」是兩個階段：其所以泛愛萬物，是由於天地本是一體。錢穆譽之為「惠施學說特創之點，最為其精神之所在也」[35]，錢穆之所以說其獨特，是從墨子的「兼愛」比較而得出的。墨家本於兼愛，因此重功利，言非攻，結果與惠施「偃兵」的主張相同。然則動機則各異：墨家是本於「天志」，而惠施則是本於「天地一體」。換言之，「天地一體」是因，「泛愛萬物」是果。

　　唐君毅則認為惠施的學說，「其宗趣則在泛愛萬物，見天地一體」[36]。他認為惠施的泛愛不同墨家的兼愛：墨子只著眼於愛人，這樣才可以互相得到利益。而惠施的「泛愛」是「以情泛攝萬物之境」，不講求利益，反而更接近莊子的心境。如此一來，唐君毅就認為「泛愛萬物」是因，「天地一體」是果了。

　　牟宗三並沒有把兩句作出因果的解析，而是將之視為「歷物之意」的實踐。之前「歷物之意」各題，所談的都是名理，故而是抽象的。與惠施友好的莊子，就曾經撇開名理上之形式定義，落實到道之境界上，超越了大小之分。牟宗三認為惠施之名理，「就其所談者之思理與傾向言，易消融於莊子之玄理」[37]，所以惠施的名理之談，也需要落到現實的境況裏去。

　　荀子在〈非十二子〉中，雖然批評惠施和鄧析之說「甚察而不惠，辯而無用，多事而寡功，不可以為治綱紀」，然而他亦承認，他們的道理「持之有故，其言之成理，足以欺惑愚眾」。如果惠施之說根本明顯是強

---

[33] 唐君毅：《中國哲學原論（原道篇）》，頁559。
[34] 牟宗三：《名家與荀子》，頁24。
[35] 錢穆：《惠施公孫龍》，頁25。
[36] 唐君毅：《中國哲學原論（原道篇）》，頁565。
[37] 牟宗三：《名家與荀子》，頁10。

辭奪理，就不能「惑眾」了。故此「歷物之意」各條，亦應有合理之成分。按前面九題的分析，我們可以看出惠施之說，多是說萬物之差異可以合同，所以「天地一體」是其邏輯的結果。「泛愛萬物」是道德的實踐，「天地一體」是對世界的認識，兩者本來各有所指，但既然身處於合同異這個不可割裂的世界裏，人就應該同類相惜，自然就引伸出「泛愛」之主題。所以「泛愛萬物，天地一體」，是一環緊扣一環的。

　　莊子亦講「自其異者視之，肝膽楚越也；自其同者視之，萬物皆一也」（〈德充符〉）。惠、莊在魚樂、生死、有用無用等問題上意見分歧，即使在「天地萬物一體」這一點上，表面上相通，實質「莊子論萬物一體，是對外面事相之實地觀察，是對人類心情知見之深一層的分析」；「惠施所謂萬物一體，是從名言分析，從人類語言涵義之引伸的必然結果而言」[38]。用牟先生的講法，莊子是「玄理地談」，惠施是「名理地談」[39]。儘管如此，莊子還是借用了名家的方法去講齊物，牟宗三認為：「指（物）、（白）馬一經莊子借用而玄理地談，就不再只是『能服人之口，不足以服人之心』了，而成了大家覺得很順適的道家玄理」[40]。莊子不過是由玄理來談「合同異」，這也是他認為惠施之名理易消融於莊子玄理之原因。

八、結語

　　對於惠施「歷物之意」，〈莊子・天下篇〉說：「惠施以此為大，觀於天下而曉辯者，天下之辯者相與樂之」。在中國哲學的發展史上，惠施之學應佔有一席之地，可惜因為其說怪異，不為時人所理解，故而遭到排斥。從上文之分析，我們可以看到三位先生對惠施「歷物之意」的分析各有見解。他們不拘於前人之說，乃按自己對惠施學說之體會，加以闡述、疏理。提升惠學之境界，掃除怪說之污名，在中國哲學的研究上，開出了新的方向。

---

[38] 錢穆：《中國思想史》（台北：學生書局，1985年），頁51。
[39] 牟宗三：《中國哲學十九講》，頁210-211。
[40] 同前註：頁211。

第十四章　從錢穆、唐君毅釋「誠明」看新亞的教育理想

浙江傳媒學院生命學與生命教育研究所
何仁富

一、錢穆、唐君毅與新亞書院之教育理想的確立

　　在港臺學術界有一種說法（據說這種說法是牟宗三先生的觀點），新亞書院作為一培養中國文化承續發揚之人才的學校，是靠錢穆的名望、唐君毅的理想、張丕介的實踐以及徐復觀的勇敢共同支撐起來的。其中，錢穆和唐君毅，分別被譽為新亞書院的「聖人」和「亞聖」，在構建新亞書院的教育理想方面，作用不可替代。

　　「聖」之位「聖」者，一方面體現在他們為了新亞事業嘔心瀝血，艱苦奮鬥，捍衛理想，做出了標竿性的榜樣力量；一方面也體現在他們對新亞事業理想的設定、詮釋和落實。

　　在新亞書院，錢先生超然物外，與世無爭，確可當「聖人」之譽；而唐先生的執著與勇鬥精神，又頗似「亞聖」孟軻。最明顯的例子，錢師在接受香港大學頒贈博士桂冠之後未久，便發生了這樣一件事——在中文大學校務會議中，巨頭們向例全部英語對白，包括牛津英語與美式英語，始終不說英語者唯錢師一人。據說，有一日錢師終於忍不住，發表了即席觀感：「這是中文大學，在座各位又都是中國人，何必一定事無大小都要講英語，講中國話難道不行嗎？」於是，錢先生拂袖而起，不僅不再去開什麼大會、小會，而且不再赴中大視事。夫子「道不行，乘桴浮於海」，「亞聖」留守新亞大營，道路傳聞，九龍農圃道（新亞原址）與沙田馬料水之間，從此多事，發生了一連串大小「冷戰」、「熱戰」場面。總的戰略形勢似乎是：中文大學以壓倒優勢，著著進逼，而新亞陣營（以唐『亞

聖』掛帥）節節敗退（或作戰略上的陣地轉移），以攻為守，連消帶打，並不時相機出擊逆襲。「一九七六年十二月二十四日，是一個慘澹的日子，新亞書院董事李祖法、沉亦珍、吳俊升、劉漢棟、郭正達、錢賓四、唐君毅、徐季良、任國榮等九人發表辭職聲明。其中有言：『聯合制終被廢棄，改為單一集權制……同人等過去慘澹經營新亞書院以及參加創設與發展中文大學所抱之教育理想無法實現……是非功罪，並以訴諸香港之社會良知與將來之歷史評判』。一字一淚，令人不忍卒讀。假若這些創辦人不會天真地對政府存有一絲幻想，新亞便可如浸會書院一般保存獨立自主，而不會落得如此下場！」[1]唐君毅先生更是直斥「香港政府……無異於以中文大學為誘，以求消滅原有之新亞、崇基之存在與發展」，最後且言「但我希望與未來中大有關係的人，應當知道此未來之中大，乃來自一背信食言的罪惡」[2]，其沉痛憤懣之情，溢於紙上。這是兩位新亞聖人對新亞理想的堅持與捍衛。

作為新亞聖人，錢先生和唐先生還為新亞確立了理想，並全面詮釋了這些理想。新亞書院的教育理想是由包括學校宗旨、校歌、校規以及校訓構成的完整整體。新亞書院的宗旨是：上溯宋明書院講學精神，旁采西歐大學導師制度，以人文主義之教育宗旨，溝通世界東西文化，為人類和平，社會幸福謀前途。新亞書院的校歌歌詞是錢穆親自創作的[3]。歌詞裏面既有「天高明，人之尊，心之靈，廣大出胸襟」的為人目標，也有「五千載今來古往，一片光明」之對中華傳統文化的信心；既有「手空空，無一物，路遙遙，無止境」的花果飄零之感歎，更有「千斤擔子兩肩挑，趁青春，結隊向前行」的任重道遠的擔待精神。新亞書院的校規總共二十四條，核心在強調「求學」與「為人」的統一。這是對新亞書院所秉承的中華文化的理想落實到具體行為操作上的基本要求。校規特別強調：「求學

---

[1] 見《中大發展史》原刊，《中大學生報》1977年8月28日。

[2] 見《明報月刊》142期，唐君毅致該刊編輯函。

[3] 新亞書院校歌的內容：「山巖巖，海深深，地博厚，天高明，人之尊，心之靈，廣大出胸襟，悠久見生成。珍重珍重，這是我新亞精神。十萬裏上下四方，俯仰錦繡，五千載今來古往，一片光明。五萬萬神明子孫。東海西海南海北海有聖人。珍重珍重，這是我新亞精神。手空空，無一物，路遙遙，無止境。亂離中，流浪裏，餓我體膚勞我精。艱險我奮進，困乏我多情。千斤擔子兩肩挑，趁青春，結隊向前行。珍重珍重，這是我新亞精神。」

與做人，貴能齊頭並進，更貴能融通合一。做人的最高基礎在求學，求學之最高旨趣在做人。」[4]

　　將關於做人與做事、為人與為學的基本要求提升為基本理念，這就是新亞書院的校訓，取自《中庸》的兩個字：「誠明」。「誠明」二字的來歷源於《中庸》：「誠者，天之道也。誠之者，人之道也。」「自誠明，謂之性。自誠明，謂之教。誠則明矣，明則誠詼」。作為新亞書院的「聖人」和「亞聖」，錢先生和唐先生各寫過一篇闡釋新亞校訓「誠明」的文章。從他們的釋義中，可以看到新亞所追求的基本理想以及新亞的創辦人錢先生和唐先生所主張的為人與為學相統一的思想和精神。

---

[4] 載《新亞校刊》第2期，1953年。新亞書院校規的全部24條如此：1、求學與做人，貴能齊頭並進，更貴能融通合一。2、做人的最高基礎在求學，求學之最高旨趣在做人。3、愛家庭、愛師友、愛國家、愛民族、愛人類，為求學做人之中心基點。對人類文化有了解，對社會事業有貢獻，為求學做人之嚮往目標。4、袪除小我功利計算，打破專為謀職業、謀資歷而進學之淺薄觀念。5、職業僅為個人，事業則為大眾。立志成功事業，不怕沒有職業。專心謀求職業，不一定能成事業。6、先有偉大的學業，纔能有偉大的事業。7、完成偉大學業與偉大事業之最高心情，在敬愛自然，敬愛社會，敬愛人類的歷史與文化，敬愛對此一切的智識，敬愛傳授我一切智識之師友，敬愛我此立志擔當繼續此諸學業與事業者之自身人格。8、要求參加人類歷史相傳各種大學業、偉大事業之行列，必先具備堅定的志趣與廣博的智識。9、於博通的智識上，再就自己材性所近作專門之進修；你須先求為一通人，再求成為一專家。10、人類文化之整體，為一切學業事業之廣大對象；自己的天才與個性，為一切學業事業之最後根源。11、從人類文化的廣大對象中，明瞭你的義務與責任；從自己個性稟賦中，發現你的興趣與才能。12、理想的通材，必有他自己的專長；只想學得一專長的，必不能備有通識的希望。13、課程學分是死的，分裂的。師長人格是活的，完整的。你應該轉移自己目光，不要僅注意一門門的課程，應該先注意一個個的師長。14、中國宋代的書院教育是人物中心的，現代的大學教育是課程中心。我們的書院精神是以各門課程來完成人物中心的，是以人物中心傳授各門課程的。15、每一個理想的人物，其自身即代表一門完整的學問。每一門理想的學問，其內容即形成一理想的人格。16、一個活的完整的人，應該具有多方面的智識，但多方面的智識，不能成為一個活的完整的人。你須在尋求智識中來完成你自己的人格，你莫忘失了自己的人格來專為智識而求智識。17、你須透過師長，來接觸人類文化史上許多偉大的學者，你須透過每一學程來接觸人類文化史上許多偉大的學業與事業。18、你須在尋求偉大的學業與事業中來完成你自己的人格。19、健全的生活應該包括勞作的興趣與藝術的修養。20、你須使日常生活與課業打成一片，內心修養與學業打成一片。21、在學校裏的日常生活，將會創造你將來偉大的事業。在學校時的內心修養，將會完成你將來偉大的人格。22、起居作息的磨煉是事業，喜怒哀樂的反省是學業。23、以磨煉來堅定你的意志，以反省來修養你的性情，你的意志與性情將會決定你將來學業與事業之一切。24、學校的規則是你們意志的表現，學校的風氣是你們性情之流露，學校的全部生活與一切精神是你們學業與事業之開始。敬愛你的學校，敬愛你的師長，敬愛你的學業，敬愛你的人格。憑你的學業與人格來貢獻於你敬愛的國家與民族，來貢獻於你敬愛的人類與文化。

二、錢穆對「誠明」之釋義

　　錢穆對「誠明」的解讀是從「誠」和「明」分別去說的，並強調二者的有機結合。他認為，「誠」屬於德性行為方面，「明」屬於知識瞭解方面。「誠」是一項實事，一項真理。「明」是一番知識，一番瞭解。二者結合即「為學」與「做人」同屬一事的精神。

1、「誠」的四重功夫

　　錢穆認為，「誠」有四個層面，或者說，要做到「誠」須有四步功夫，即：言行合一、人我合一、物我合一、天人合一。

　　「言行合一」，或者說「內外合一」，也就是「口裏說的、心裏想的、外面做的、內心藏的，要使一致」，這就叫做「誠」[5]。錢穆認為，這是我們要做到「誠」的第一步也是最基本的功夫。不過，「言行合一」還只是在「成己」的途中做到了初步的「誠」。人總不是獨處的，總是要與我以外的其他人相處的，因此，要做到「誠」的第二步功夫便是「人我合一」。

　　從「誠」的角度講，「人我合一」應該是與「言行合一」統一的。按照錢穆的解釋就是，我們在獨居時該如我們在群居時；我們在人背後也該如在人面前；我們不欺騙自己，同時也不欺騙別人；我們不把自己當工具，同時也不把別人當工具。此所謂孔子說的「己所不欲，勿施於人」，「己欲立而立人，己欲達而達人」。做到了這個功夫，人們就自然會說你是一位「誠」實人。

　　「誠」的第三境界是「物我合一」。所謂「物我合一」，就是我們怎麼看待我們自己我們也就怎麼看待物，用一句比較現代的話說，把人當人看，把物當物看。錢穆說：「我有我的真實不虛，物有物的真實不虛。要把此兩種真實不虛，和合成一，便是誠了。如我飲食能解饑渴，這裏有實事、有實效，便是誠。但是有些物，飲食了能解饑渴；有些物，飲食了不能解饑渴，不僅不能解饑渴，而且會生病，這裏便有物的真實。所以人

---

[5]　錢穆：〈新亞校訓誠明二字釋義〉，《新亞遺鐸》（北京：三聯書店，2004年），頁66。

生便是這人的真實與物的真實之和合。」⁶錢穆所揭示的「誠」的這一層面含義，很有理論和現實意義。在工業化的時代，我們把「物」都「器具化」、「工具化」了，物不再被當作「物」本身，由此而至大量破壞生態環境，此皆於「物」不「誠」之過也。

「誠」的第四層境界是「天人合一」，也可說是「神我合一」。常人總覺得我的生活就是我的生活，我的生命我掌握，好像與「天」與「神」無關。但是，錢穆提醒我們這些常人：「你若問：天地間何以有萬物，何以有人類？我處在此人類中萬物中，何以能恰到好處，真真實實，完完善善地過我此一生？你若懂從此推想，從此深思，你便會想到天，想到神，你便會想到這裏面純是一天然，或說是一神妙呀！」⁷因此，「天人合一」或者說「神人合一」並不是那麼玄妙，只要你能夠真真實實、完完善善地做一人，過一生，那你便可達到「天人合一」、「神我合一」的境界了。

錢穆認為，這四步「誠」字工夫，是有高低層次之分的，必須漸次做到，才是真正做到了「誠」。「你必先做到第二、第三步工夫，才能漸次懂得第四步。你必先做到第二步工夫，才能做好第三步。但你又必先能做到第一步，才能做好第二步。」⁸而這說來容易，做起來實則很難的。根本的就是要「明」，要明白其中的道理、真理。這樣，錢穆就從分析「誠」入手而過度到「明」了。

2、「明」的四重真理

在錢穆看來，「誠」是行為，是需要行的「客觀」真理；「明」則是對這「客觀」真理的認知、瞭解。要在行為上作到「誠」，就必須在認知上做到「明」；同時，要真正做到認知上的「明」，也必須行為上要「誠」。錢穆說：「若你明白得第一番道理，你便能言行合一、內外合一，你便養成了一個真人格，有了一個真人品。否則，你言行不一致，內外不一致，好像永遠戴著一副假面具，在說假話、做假事，你將會自己也不明白自己究竟是怎樣一個人，在做怎樣一回事。因此，不誠便會連帶地

---

⁶ 同前註。
⁷ 同前註。
⁸ 同前註。

不明，不明也會連帶著不誠。」[9]

如果你在行為上確實要誠誠實實做人，決心不說假說、不做假事，那麼，你就會懂得「人我合一」這一真理了。你自己就會明白，不管是否有人在場，不管是否有人知道，你都應該是一樣的。這便是對人如對己，對己如對人。如何「對人」和如何「做人」，原是一件事的兩個方面。一個人當先懂得「人」，才懂得如何「對人」和「做人」。反過來說，你如果懂得如何「對人」和如何「做人」了，也就自會懂得如何才是一個「人」了。

人要「做人」，就不得不懂得對「物」。因為人總是「與物為伍」的，饑了要吃，冷了要穿。如果不懂得物，不懂得「與物為伍」，人便會被餓死，被凍死，如此，又怎麼能談「做人」呢？如果你真懂得對物了，那麼你就應該明白，物是沒有「虛偽」的，天地間萬物，盡是一個「誠」字，全都有它們自己的一番「真實不虛」的真理。當天地間萬物都以它們的全部「誠實」與「真理」來對你時，人怎麼可能用「虛偽」來對物呢？於是，人之為人，真該要明「物」理的。明物之理，在一個「誠」字，由是，人與物合一了。

只有當一個人通達人情、明白物理了，他才真正懂得如何真真實實、完完善善地做一個人。如此再沿著此路通達下去，人便可以做到「天人合一」的「神」的境界了。

錢穆把明白「言行合一」、「內外合一」的真理叫做「人格真理」；把明白「人我合一」的真理叫做「社會真理」、「人文真理」；而把明白「物我合一」的真理叫做「自然真理」、「科學真理」；把明白「神我合一」、「天人合一」的真理叫做「宗教真理」、「信仰真理」。

錢先生認為，「人生逃不出此四項真理之範圍，我們全部生活在此四項真理中」[10]。在人生實踐中，一方面，我們要對這四項真理逐步研尋、分途研尋，分別明白這四項真理；另一方面，我們又必須把這四項真理融通會合，懂得這四項真理其實根本的還是一項真理，並把這「一」個「真理」作為人生之「道」「一以貫之」地堅持貫徹到人生旅途中去。錢穆認為，這便是《中庸》所謂「誠則明，明則誠」的道理，也是新亞書院將「誠明」二字作為校訓的基本緣由。

---

[9] 同前註。

[10] 同前註。

如果我們把錢穆對「誠明」的闡釋連接起來，他實際上是在呈現一種中國人做人的基本理路：首先，要明白「德行與認識合一」這是做人的最高理想；其次，要在「言行合一」方面落實這種認識，由此你可以形成「真人品」；其次，要通達人情，以待己之方式待人，從而做到「人我合一」；其次，你還需要明白物理，成己也成物，從而達到「物我合一」；最後，當你成己、成人也成物了，你也就成為真實完善的一個人，而這同時也就是天命之實現，也就達到了為人的最高層次「天人合一」。

從錢穆對新亞校訓「誠明」的釋義可以看出，他的信念和思想，已經不是一個「歷史學家」可以概括的了，更多的，體現為一個「思想家」的視野。其實，錢穆晚年的《晚學盲言》就是作為一個思想家在構建一個完整的思想體系。[11]

三、唐君毅對「誠明」之釋義

如果說，作為歷史理性非常厚重的歷史學家的錢穆，釋義「誠明」側重於從歷史文化意識角度分析提煉「誠明」的四重境界的話，那麼，作為一個生命性情十分厚重的「仁者型」哲學家的唐君毅，釋義「誠明」則更關注的是我們在現實的生命情調中「誠明」可能彰顯的不同方面和層次。

唐君毅認為，簡單地說，「誠即是真實，明即明白」。「真實明白」，就是「誠明」的本真義，或者說，至少是它彰顯於我們生活中的含義。接下來，唐君毅分析了這種彰顯於我們生活中的「真實明白」的三個層次四個方面。

1、客觀事理的「真實明白」：真理及真理的標準的多元性

客觀的「真實明白」就是「客觀的真理」，就是事物或者事件本身的呈現，是不帶虛偽的「誠」。求真理即求誠。他說：「我們說誠即真實，此真實可以是指一客觀的真實，如客觀的事實真理，都是客觀的真實。依

---

[11] 錢穆：《晚學盲言》（桂林：廣西師範大學出版社，2004年）。分「宇宙天地自然」15篇、「政治社會人文」30篇、「德性行為修養」45篇共三部分90篇，達70萬字。

次說，誠明的校訓，其意即是要大家同學，明白真理的是事理，或求真理而明白之。」[12]

　　唐君毅以他一貫的敘述風格，從日常最簡單最直接的「真理」出發闡釋深刻的真理。他指出，讀書就是為求真理；如果讀書只求記誦具體的知識結論以應付考試，就不是為求真理而明白之，就不是求「真實明白」，也就不是「誠明」。

　　既然讀書是為了「求真理」，那就得對「真理」本身有所瞭解、有所「明」。

　　唐君毅認為，「真理」有各種各樣的，判斷「真理」的「標準」也有各種各樣的。

　　大體上說，真理可分為單個的命題（即日常所說的「話」）和體系化的理論（即通常所說的「學問」）兩個層次。不管事命題真理還是學問真理，唐君毅認為，其真之判定都有不同標準，大體上可以有四個方面的標準，即：是否自相矛盾、前後不一致；是否符合客觀的事理；是否有具體的效用；是否符合當然的理想規範。數學邏輯中的真理，只是以邏輯的不自相矛盾為「真」；歷史與純粹理論的自然科學、社會科學，則須同時符合客觀事理才可以為「真」；應用的技術知識，則還須應用於技術的目標實現才為「真」；文學藝術與道德倫理學的知識，則更須合於美與善的理想、規範才能為「真」。

　　唐君毅在這裏指出了多元的真及真的標準，有邏輯的真，有事實的真，有應用的真，有規範的真。這就表明，在不同的學問中，真與不真判別的標準不全是一樣的，或者可以說，各種學問中有不同的真理。真理有種種，判別真理的標準也有種種。唐君毅批評那種只以一種真理標準概括其他，抹殺其他的態度，稱這種「以為其他真理不存在」的態度，是不「誠」不「明」。而要「免於輕易概括之意見之錯誤」，對哲學中關於「真理的理論」的真理進行深入系統的瞭解，是最好的途徑，否則，便「只有天生的廣博的胸懷，然後才能知真理的世界之大，以免於此種錯誤」[13]。

---

[12] 唐君毅於1969年應新亞書院同學的邀請，做了釋新亞校訓「誠明」的演講。以「略釋『誠』『明』」為題，原載於1969年6月2日的《新亞學生報》第31期，後轉載於《新亞生活》雙週刊第12卷，收錄於《唐君毅全集》第7卷。

[13] 唐君毅：〈略釋誠明。〉，《新亞生活》雙週刊第12卷。

2、主觀言行的「真實明白」：人生理想的踐行和理想實現之艱難

唐君毅認為，明白客觀事理還只是我們向「誠明」邁出的第一步。要「誠明」，更重要的是要落實到個人的人生實踐上，即在主觀上要做到言和行的「真實明白」。

第一，言的「真實明白」：避「妄語」而說老實話

言的「真實明白」即是說老實話，即孔子所謂的「知之為知之，不知為不知」。

世界無窮，世間的學問也無窮；知識無窮，真理亦無窮。任何人所知道所能知道的都極其有限。所以，對於求知識、求真理，「不知」是不可怕的，可怕的是以不知為知，不知而說「知」。不知而說「知」，是欺人欺己，使人不明白真實，是為「狂言妄語」。「妄言」有各種各樣的。有意的不知說知，以自欺欺人，是顯然的妄語。對他人的妄語不加判斷，便隨附和，是妄語；流行的標語、口號、惡俗的詞句，聽慣了，隨口說出，這也是妄語。為了討不同的人喜歡，而隨便說不同的話，而不問其真實與否，此亦是妄語。在行文說話中，不知不覺間帶出了一句並非自信為真的話，也是妄語。隨意編造文字，是妄語；由思想混亂而說出的無意義的語言，也是妄語。這些「妄語」，根本上就是言說的不「真實明白」，即言語的不「誠」。

這些「狂言妄語」未必真能欺人，卻可欺己。它阻塞了自己求明白真理、求學問知識之進步的路徑。因為一切的狂言妄語，都好似在我們自己與真理之間築一道高牆，會使我們自己不明白真理，而使我們在求學問知識的歷程中不能真正的進步。唐君毅甚至認為，不作狂言妄語是一切想求學問知識的人的根本。如果一個人根本上壞了，枝葉是決不會繁榮的；根本上不壞，枝葉必然會不斷長出。

在唐君毅看來，說老實話，不妄言，即是「誠」，明白其意義與價值，便是「明」。人類之妄語，即使學者或賢者，有時也是不可避免的。人在「妄語」時，往往並不知道那就是「妄語」。所以，客觀地說，人要作到說話全無一句話是妄語，不是容易的事。當然，「不免於妄語而說已能不妄語，不容易的事說其容易，此亦是妄語。」一個人做到全無一切妄

語，才是真正的「誠」，這當然是不容易的；而能夠對自己與他人的一切
妄語，皆明白其是妄語，則是「明」，這「明」也是不容易的。

第二、行的「真實明白」：避「偽行」而行真實行

「誠明」的再深一層意義，是從人的行為、生命精神與人格自身上說
的，即行為的「真實明白」。人可以妄語欺人，也可以偽行欺人。表面與
人親熱，而內心則懷敵意與利用之心，這便是行為的不真實明白，是虛偽
的行為。人的聲音笑貌、行止坐臥的一切行為，無不可以偽裝。一個真正
誠實的人，不只是說真實話的人，也一定是一行真實行、無虛偽的行為
的人。

虛偽的行為之所以虛偽，是因為它與我們內心中所原有的不一致。
由此，我們可以說，凡是我們的行為與心意中所想的不一致者，都可以說
是虛偽的。譬如，我們有許多習慣的、本能的、衝動的行為，常常不自覺
的自然發出，這些行為並不是我們自己主觀上認為應當發生或者我們自己
認為是合理的，可是，我們卻會因為已經形成的生活和行為習慣，本能
地、衝動地發出此行為，一當行為發出後，自己的意識才知其不當有、不
合理。唐君毅認為，凡是我們「知其不當有而又有」的行為，都是與我們
「所想的當有者」不一致的，即都具有行為上的「虛偽性」。這種行為由
於與我們「所想的當有者」不一致，便都可造成我們自身的生命精神或人
格的一種「內在的分裂」、「內在的矛盾」。這樣的「虛偽的行為」，儘
管不是我們自覺的「當有者」，卻也都是為了形成我們統一的生命精神統
一的人格時所必須加以去掉的。因為，如果我們沒有形成統一的生命精
神、統一的人格，那麼，我們的生命精神與人格，就還是「尚未真實的形
式」，即「尚未真實的存在」，亦即做人未做到「真誠」的標準。所以，
凡是我們身上還存有「不合理而不當有之行為」時，我們就還不是一「真
實存在」的人，也就還不能算一「真誠」的人。

客觀地說，人要使其行為全是合理的，全是「當有而後有」的，實是
千難萬難的事。任何人都不敢說自己已經成為一「全副的真誠」的人，也
不敢說我們已經是一「全副的真實存在」的人。果能做到的，我們便說他
是「聖賢」了。可是唐君毅指出，世間是沒有一個聖賢在生前自己就說他
自己是聖賢的。聖賢對生前的人所說的，只是我們「做人的理想」，這理
想可能我們永遠達不到。

　　但是，唐君毅認為，不能在現實中自成「聖賢」並不是我們放棄求行為之「真實明白」的理由。就如我們在知識上，儘管我們不能宣稱我們已經獲得了全部真理，但是我們卻必須要樹立「永遠要去求真理」的求知理想一樣；我們在行為上，儘管我們不能宣成我們已經成為沒有「虛偽行為」的「聖賢」，但是我們仍然必須要確立「永遠要學為聖賢」，要不斷地踐行聖賢的行為與生命精神及人格的人生理想。

3、超越宇宙的「真實明白」：成己成物之宇宙大道

　　唐君毅認為，「誠明」的最高層次，「可以從誠之成己成物的意義，說到誠之為一宇宙的大道。」這個意義上的「誠明」實是指超越的「真實明白」，即超越一己之「真實明白」，或者也可以說是宇宙的「真實明白」。

　　唐君毅認為，「誠」即「成」，一切事物之成都是誠。事物不成，即無事物；故曰「不誠事物」。求真理求知識，是成就對真理的知識；對真理之知識不「成」，則無知識亦無真理可見。說話是為成就表意，妄語狂話，不真表意，不能成就表意；表意不成，話即不成話，亦不是話。使行為合理，是成就行為，成就統一的生命精神人格；統一的生命精神人格不成，則人不成人，亦不是人。如此推論，以致天地萬物要成為天地萬物，上帝要成為上帝，鬼神要成為鬼神，都賴乎此一個「成」字。此「成」即是「誠」。這樣，在唐君毅看來，「誠」即是一切人與天地萬物上帝鬼神之所以成為人與天地萬物上帝鬼神之道，即「宇宙之道」。

　　「成」既然是「宇宙之道」，那麼，什麼是「成」呢？唐君毅指出，不是說只「一時有了」便「成」了，「必須有，而且繼續不已的有，然後成」。譬如治學，必須是「繼續不已」的治學，才能「成」學；譬如說話，必須是「繼續不已」地說到「前後一致」、「內外一致」的話，才「成」話；譬如做人，必須是「繼續不已」地向做人的理想前進，才「成」人；譬如天地萬物，必須「繼續不已」地以天地萬物呈現，天地萬物才「成」天地萬物；譬如上帝鬼神，必須「繼續不已」地救人愛人，才「成」上帝鬼神。總之，一切存在的，都必須「繼續不已」地存在，然後才可能是有「成」的存在，「真實」的存在。

　　「繼續不已」，亦即是「承先啟後」，即是「繼往開來」。承先啟後，就是使「先」更光大；繼往開來，即是使「往」更光大。光大即是

「明」，亦即是繼續不已的結果，即「成」或「誠」的結果。所以有誠有
成，即有明。唐君毅指出，中國之「明」的意義原是月明透入窗。窗外有
明月，窗內亦有明月。這便是光明之由窗外到窗內，而繼續不已。如果有
窗簾隔了，明月之光便斷了，窗內一片黑暗。所以明月之光明，亦必需繼
續不已的向窗內照入，才有此窗內之光明。所以，唐君毅深切地指出：
「中國教育文化，不能承續五千年之教育文化，以開啟中國未來之教育
文化，中國之教育文化即非真實的存在；新亞書院之教育不能承繼新亞之
原始教育精神，開啟未來之新亞教育精神，新亞書院之教育亦非真實的存
在。」[14]

四、餘論

　　錢穆和唐君毅釋「誠明」之義，都本乎《中庸》的基本理路，以「為
學」與「為人」之統一為基本旨歸，可謂語重心長、至理透徹。作為新亞
書院的「聖人」和「亞聖」，在闡釋新亞校訓、規誡新亞學子方面，可謂
「循循善誘」而又「誨人不倦」了。

　　錢先生的釋義就像他的歷史學著作，清楚明白，義理清晰。從做
到「誠」的四重功夫內外合一、人我合一、物我合一、天人合一，說到
「明」的四重真理人格真理、人文真理、科學真理、信仰真理，給我們以
真正的洞識，解心中之疑團，真可謂「聖人」之「微言大義」。

　　唐先生的釋義就像他的人生哲學著作，盤盤旋轉，豁達寬宏，細膩
入微。從「事理」說到「人理」再說到「天理」。他的四個層面的分析說
明，大體上可以歸為客觀（客觀的「真實明白」，觀事理）、主觀（語言
的「真實明白」和行為的「真實明白」，觀人理）、超越主客觀（宇宙的
「真實明白」，觀天理）三重境界，而這正是他晚年的宏大巨著《生命存
在與心靈境界》觀世界、觀人生、觀宇宙的三個基本向度。

　　簡單地將錢穆和唐君毅對「誠明」的釋義作一對比，我們發現，錢
穆的釋義是典型的史學家的釋義，詞句的準確梳理，語言的簡潔，態度的
超然客觀，都可以在錢穆的釋義中感覺出來。儘管，錢先生作為一個具有
思想家風格的史學家，作為一個對儒學和中國傳統文化十分景仰的「國學

---

[14] 同前註。

大師」，他將「誠明」所蘊含的人生哲學揭示的非常清晰透徹，但是，從字裏行間可以感覺到，錢先生對「誠明」所昭示的人生哲學，更多是一種「欣賞」和「贊成」的態度。

唐君毅是一哲學家，是一性情哲學家，更是一信仰儒學的儒者。從唐君毅的釋義中我們看出，他語言運用上的「苦口婆心」，他表達上的性情體證，他論證方式上的主觀性，以及他對「誠明」所昭示的人生哲學的「信仰」和「踐行」態度，都是非常鮮明的。他的釋義不是一個客觀的學者的釋義，而是一個實際踐行者的自我主觀表達。

唐君毅說理過程中的「情」的投入，是他「仁者」的生命性情的流露和體現，這一點是不同於錢穆作為歷史學家的就事論事就理說理的「冷靜」的。

或許，正因為有這種對「誠明」教育理想的闡釋角度的不同，一方面可以為新亞人提供既理性又性情的教育人生目標；另一方面，也使得在新亞教育理想面臨挑戰時，錢先生可以「客觀」「理性」地離開，而唐先生則用自己的全副生命直頂上去，哪怕是頭破血流。生命使然，性情使然也！由此也可知，同一個理想，可以有不同的解讀、不同的堅守。

讀歷史59　PC0446

北學南移
──港台文史哲溯源（學人卷I）

主　　編／鮑紹霖、黃兆強、區志堅
責任編輯／鄭伊庭
圖文排版／連婕妘
封面設計／王嵩賀

發 行 人／宋政坤
法律顧問／毛國樑　律師
出版發行／秀威資訊科技股份有限公司
　　　　　114台北市內湖區瑞光路76巷65號1樓
　　　　　電話：+886-2-2796-3638　傳真：+886-2-2796-1377
　　　　　http://www.showwe.com.tw
劃撥帳號／19563868　戶名：秀威資訊科技股份有限公司
　　　　　讀者服務信箱：service@showwe.com.tw
展售門市／國家書店（松江門市）
　　　　　104台北市中山區松江路209號1樓
　　　　　電話：+886-2-2518-0207　傳真：+886-2-2518-0778
網路訂購／秀威網路書店：http://www.bodbooks.com.tw
　　　　　國家網路書店：http://www.govbooks.com.tw

2015年4月　BOD一版
定價：360元
版權所有　翻印必究
本書如有缺頁、破損或裝訂錯誤，請寄回更換

國家圖書館出版品預行編目

北學南移：港台文史哲溯源. 學人卷 / 鮑紹霖, 黃兆強, 區志
堅主編. -- 一版. -- 臺北市：秀威資訊科技, 2015.04-
　　冊；　公分. -- (史地傳記類)
　BOD版
　ISBN 978-986-326-324-1 (第1冊：平裝). --
ISBN 978-986-326-325-8 (第2冊：平裝)

　1. 知識分子　2. 學術思想　3. 香港特別行政區　4. 臺灣

673.84　　　　　　　　　　　　　　　　　104001305

讀者回函卡

感謝您購買本書，為提升服務品質，請填妥以下資料，將讀者回函卡直接寄回或傳真本公司，收到您的寶貴意見後，我們會收藏記錄及檢討，謝謝！
如您需要了解本公司最新出版書目、購書優惠或企劃活動，歡迎您上網查詢或下載相關資料：http:// www.showwe.com.tw

您購買的書名：_____

出生日期：_____年_____月_____日

學歷：□高中 (含) 以下　　□大專　　□研究所 (含) 以上

職業：□製造業　□金融業　□資訊業　□軍警　□傳播業　□自由業
　　　□服務業　□公務員　□教職　　□學生　□家管　□其它_____

購書地點：□網路書店　□實體書店　□書展　□郵購　□贈閱　□其他

您從何得知本書的消息？

　□網路書店　□實體書店　□網路搜尋　□電子報　□書訊　□雜誌
　□傳播媒體　□親友推薦　□網站推薦　□部落格　□其他_____

您對本書的評價：(請填代號　1.非常滿意　2.滿意　3.尚可　4.再改進)

　封面設計____　版面編排____　內容____　文／譯筆____　價格____

讀完書後您覺得：

　□很有收穫　□有收穫　□收穫不多　□沒收穫

對我們的建議：_____

_____

_____

_____

11466
台北市內湖區瑞光路 76 巷 65 號 1 樓

秀威資訊科技股份有限公司 收
BOD 數位出版事業部

....

（請沿線對折寄回，謝謝！）

姓　　名：＿＿＿＿＿＿＿＿＿　年齡：＿＿＿＿＿　性別：□女　□男

郵遞區號：□□□□□

地　　址：＿＿＿＿＿＿＿＿＿＿＿＿＿＿＿＿＿＿＿＿＿＿＿

聯絡電話：(日) ＿＿＿＿＿＿＿＿＿＿ (夜) ＿＿＿＿＿＿＿＿＿＿

E-mail：＿＿＿＿＿＿＿＿＿＿＿＿＿＿＿＿＿＿＿＿＿＿